中国粮食安全问题研究丛书

大国粮食安全的底线思维：预警机制与实现路径

李文明　著

中国农业出版社

总　　序

国以民为本，民以食为天，食以粮为源。古今中外无不把“粮食”视为治国安邦、施政福民之圭臬。粮食安全问题关乎国计民生，关乎社会发展，关乎政治安定，世界各国都把粮食安全作为国家经济、政治、社会安全的重要组成部分。如何解决好粮食问题，如何确保国家粮食安全，对于我国这样一个拥有13亿人口的发展中大国而言，具有重大而深远的战略意义，更是施政安民的第一要务。

改革开放以来，我国农业发展取得了举世瞩目的成就，粮食综合生产能力不断增强，粮食安全保障水平不断提高。特别是进入新世纪以来，我国农业连年丰收，主要农产品供求基本平衡。自2004年以来，我国粮食生产连续十年增产，到2013年，粮食产量达到60 193.5万吨，粮食生产突破历史最高水平，人均粮食产量达到或超过世界平均水平。我们可以自豪地说，我国用占世界9%左右的耕地、6%左右的淡水，养活了占世界20%左右的人口，为在全球范围内消除饥饿与贫困做出了巨大贡献。

我们还要清醒地看到，随着工业化和城镇化的深入发展，市场化和全球化程度的加深，实现粮食供求平衡的压力加大，保障国家粮食安全的任务艰巨。从中长期看，我国人多地少的现实难以改变，人增地减的趋势难以扭转，淡水资源短缺、地区分布不平衡的形势更加严峻；随着经济社会的发展、人们生活水平的提高，人口数量的增加、膳食结构的改变、粮食加工业的发展，粮食供求关系日益趋紧；国际粮食供求形势不容乐观，粮食价格波动剧烈，粮食市场跌宕起伏，对我国粮食供求和价格都将产生深刻影响。总的来看，我国粮食供求偏紧将成为一种常态，保障粮食安全的诸多隐忧更值得警惕和深思。

中共十八大报告明确提出，要加快发展现代农业，确保国家粮食安全和重要农产品有效供给。2013 年 12 月召开的中央经济工作会议强调指出，要把切实保障国家粮食安全，作为经济工作的首要任务。2014 年中央 1 号文件又进一步明确提出，要抓紧构建和实施以我为主、立足国内、确保产能、适度进口、科技支撑的国家粮食安全战略。要不断提升农业综合生产能力，确保谷物基本自给、口粮绝对安全。要更加积极地利用国际农产品市场和农业资源，有效调剂和补充国内粮食供给。要在重视粮食数量的同时，更加注重品质和质量安全；要在保障当期供给的同时，更加注重农业可持续发展。

为深入贯彻落实中共十八大、中央经济工作会议和 2014 年中央 1 号文件精神，全面系统地研究我国粮食安全的现状与未来，中国农业出版社组织国内权威专家编写了《中国粮食安全问题研究丛书》。粮食安全问题是一个十分复杂的问题，既涉及国内又涉及国外，既有生产问题又有流通问题，既有发展问题又有改革问题，既是经济问题又是政治问题，既有实践问题又有理论问题，需要各方面开展深入研究并进一步形成共识。该丛书共分 12 册，主要内容包括：粮食供求形势分析、粮食生产经营主体、粮食市场流通、粮食产业链和供应链、粮食安全预警机制、粮食主产区发展、粮食期货市场、粮食国际贸易等。该丛书立足中国国情，联系国际市场，紧扣粮食安全主题，从多角度、多方面深入分析研究有关粮食安全的影响因素，既注重理论分析，又有实证分析，并提出了很多有针对性的政策建议。该丛书作者均为粮食问题研究领域的权威专家学者，书中的很多观点和看法具有一定的创新性和前瞻性，不仅具有较高的理论价值，而且具有较强的应用价值。

该丛书是 2013 年中央农村工作会议后国内推出的首套全面系统介绍我国粮食安全问题的系列丛书。该丛书的出版对于增强我国粮食综合生产能力，确保国家粮食安全，加快粮食主产区发展，促进农民增加收入，推进农业现代化具有十分重要的现实意义。该丛书对于我们把握当前我国粮食安全的状况与特点，分析新形势下我国粮食安全面临的问题和挑战，研究解决我国粮食安全问题的对策和措施具有积极的推动作用。该丛书既可以作为我国农业战线广大干部职工和科技工作者学习和研究我国粮食安全问题的参考资料，又可以为政府有关部门制定完善我国粮食安全战略和保障国家粮食安全政策措施提供借鉴。

我国粮食安全问题不仅是一个现实性的热点问题，更是一个需要长期关注的重点问题。随着经济社会的发展，粮食安全问题的研究范围也在不断拓宽和深化，比如粮食价格形成机制和市场调控问题、粮食品种质量和食品安全问题、实现高产高效与资源生态永续利用问题等。希望社会各界有识之士继续关注粮食安全问题，深入研究粮食安全问题，积极探索解决粮食安全问题的有效途径和办法，为切实保障中国人的粮食安全做出更大的贡献。

宋洪远

2014 年 5 月 13 日

自　序

在很多人眼里，“吃饭”只不过是一个自然而然的简单问题。但是，环顾我们置身的世界，粮食总体上并不够吃，饥饿的幽灵如影随形，还有相当一部分人“没有饭吃”，他们买不到或买不起所需要的粮食，更奢谈营养、健康。2011—2013年，占全球人口总数12%的8.42亿人口长期遭受饥饿，56个国家食物短缺现象严重。而且随着世界粮食能源化、金融化显现，以及发展中国家工业化、城市化推进，出现“与人争粮”、“与粮争地”，甚至富人与穷人“争粮”，这无疑都会加剧全球粮食短缺的形势。

“为政之要，首在足食”。作为发展中的世界农业大国和人口大国，经过几代人的不懈努力，中国粮食安全取得了举世瞩目的成绩。当前，我国经济社会发展正处于新的转型期，党中央国务院立足国情农情，审时度势，对于国家粮食安全的顶层设计和战略认识不断深化。2013年底召开的中央农村工作会议和2014年的中央1号文件强调，要抓紧构建新形势下的国家粮食安全战略，中国人的饭碗任何时候都要牢牢端在自己手上，我们的饭碗应该主要装“中国粮”，这是治国理政必须长期坚持的基本方针。我们不得不接受这样的现实，我国粮食供给的增长速度越来越赶不上需求的增长速度，粮食供求动态紧平衡常态化成为我们长期面对的基本国情。近14亿中国人逐步由“吃得饱”转向追求“吃得好”、“吃得健康”，对绿色有机食品的需求越来越高。在整个世界缺粮的形势下，随着我国资源约束趋紧，生态环境不断恶化，粮食供求矛盾凸显，质量安全不容乐观，技术进步在短期内难以从根本上弥补耕地不足和灾害影响，粮食安全的隐忧的确值得深思。

“凡事预则立，不预则废。”我们不能陷入“布朗旋风”，而对中国的粮食安全持有悲观的论调，但是有必要从坏处着眼准备，警醒世人理性客观地面对“近忧远虑”，对粮食安全的前景有一个相对清晰的判断，以积极主动地应对这一长期性和艰巨性的挑战，趋利避害，争取最好的结果。粮食安全的公共物品属性决定了其不是一个单纯的经济问题，更是一个政治问题和社会问题。因此，粮食安全边界的确定不能囿于经济学的窠臼，否则可能会导致宏观调控政策偏离现实甚至出现失误。如何运用“底线思维”的方法，防微虑远，综合考虑国内资源环境约束、粮食供求紧平衡格局和国际贸易环境变化，准确判断形势，重塑底线边界，建立健全科学高效的预警机制，探寻新形势下保障粮食安全的有效路径，实施以我为主、立足国内、确保产能、适度进口、科技支撑的新型国家粮食安全战略，是一项具有战略性和紧迫性的重要课题。在全球化条件下，粮食安全从不排斥发挥国际市场的积极作用，近年来我国粮食净进口量大幅增加，对国际市场的依赖程度日益加深，需要有选择性地利用好国内外两种资源和两个市场。

破解粮食安全问题，难以回避客观矛盾，对于两难甚至多难的选择始终都绕不开，也躲不过。比如，如何清醒地把握粮食进口的度，理性守住立足国内自给的底线，牢牢把握粮食安全的主动权，以及如何平衡谷贱伤农和米贵伤民的关系，粮食产销区利益和责任的关系，生产布局的资源优势和比较优势的关系，粮食总量平衡和区域、品种等结构性矛盾的关系等。再如，城市工商资本势不可挡地进入农村，如何缓冲对农民就业和发展空间的挤占，应对大规模土地“非粮化”对粮食安全的冲击；国内粮食供求关系之弦越绷越紧，如何权衡不断加大的粮食供需缺口和饱受关注的粮食质量安全的关系；农村大批优质劳动力流入城市且难以回流，如何构建新型农业经营体系，引导培育新型职业农民，解决未来谁来种地和怎样种地问题；粮食价格面临天花板制约，价格形成机制还不完善，种粮效益支撑农民收入增加的力度趋于减弱，如何持续调动发展粮食生产的积极性等。

粮食安全是一个宏大全面的问题，但不是铁板一块，需要分层级、分链条、分区域、分品种剥茧抽丝。毋庸置疑，供求总量平衡是保障粮食安全的前提，这涉及国内粮食生产、粮食储备、粮食进口与粮食需求。结构性问题长期没有引起足够的重视，区域布局和品种比例的失调可能会放大粮食安全的风险，甚至在供需总量平衡的情况下也可能导致粮食危机。从区域结构来看，粮食大宗“北粮南运”、“大进大出”的格局，对现代粮食物流提出严峻的挑战；从品种结构来看，谷物特别是口粮的自给程度，在新的粮食安全战略下的重要地位更加凸显。城乡低收入群体受经济收入和分配机制等因素影响，能否获得自身所需的粮食，这个“最后一公里问题”也不容忽视。对于粮食安全问题，既需要分层次进行逐级研究，也需要从全产业链的纵向视角进行审视。基于此，才有可能进一步完善粮食安全预警机制，健全新型的粮食安全战略构架，提出行之有效的政策保障体系。

我生在沂蒙山区，儿时对乡亲们稼穑耕耘的记忆历历在目，晨曦薄雾中开始一天的辛勤田间劳作，炎炎烈日下汗流浃背地躬身犁地播种锄草收割，夜晚昏黄的灯光下在庭院谷场里颗粒归仓。乡愁是一种美好的回忆，虽然我远离家乡到了城里读书工作，但对农业和粮食所怀有的朴素情结，难以割舍，愈发醇厚，对亿万农民群体以及为“三农”工作付出心血的人们，一直心感由衷的敬佩，这也是感召我砥砺前行的动力。我是幸运的，成长在波澜壮阔的改革时代，能够倾注情感和精力于“三农”领域这样一个长久的事业。20世纪末以来的改革开放发端于农村，当今中国正处在全面深化改革的新阶段，农村改革又一次站在了新的历史起点上。深化农村改革如同驾驶满载的汽车，目的地和大方向是明确的，但是乘客和司机对行驶线路的选择、车速快慢的权衡、安全平稳的把握等，看法可能不尽一致，实践证明，“把方向”的人对路况复杂程度，考虑得会更加周详。因此，对于改革“大胆”和“保守”的争论也应理性看待。

是为本书写作的初衷。

李文明

2014年2月

摘　要

粮食危机是一场全人类共同面临的“输不起的战争”。伴随人口增加、工业化城市化发展、粮食能源化趋势显现，世界粮食需求正在发生历史性新变化。与此同时，伴随气候变化影响加大、资源约束趋紧、科技革命深化等，世界粮食生产也面临着新的形势。

粮食安全预警工作在世界范围内受到普遍重视，但目前国际上尚没有公认的粮食安全衡量方法，国内外专家学者一直在探索更为科学有效的粮食安全预警体系。鉴于粮食安全的系统性、复杂性和动态性，如何全面认识粮食安全问题，实证分析粮食安全面临的近忧远虑，客观衡量粮食安全的程度，并在此基础上实现早期对粮食安全进行科学有效预测预警，建立健全符合我国国情的粮食安全预警机制，提出粮食安全紧急调控方案以及中长期政策框架，正是本书要回答的一系列问题。

本书运用底线思维方法，提出了粮食安全“三个层级”理论，通过情景模拟和现实分析进行了分层研究。第一层级粮食安全主要反映国家层面的粮食供需平衡状况，粮食总供给量必须满足粮食消费需求的增长，可以通过自给或进口的模式实现，其涉及整个国家，实质上是一个长期性、全局性、总量性问题，供需总量严重失衡必然会导致一部分人群粮食消费不足，影响到一个国家的粮食安全。第二层级粮食安全主要反映区域布局和品种结构状况，粮食供应结构配置必须科学合理，其涉及局部地区，实质上是一个局部性、结构性问题，供需结构严重失调将会加剧粮食安全的风险，甚至在总量供需平衡的情况下，同样会出现粮食安全问题。第三层级粮食安全主要反映家庭层面的粮食供给保障状况，居民必须获得自身消费需要的粮食，其涉及局部人群，实质上是一个经济性、获得性问题，居民家庭受经济收入和分配机制等因素影响食物获取，必然会恶化粮食安全状况。

本书从纵向全产业链视角系统考察了粮食安全的影响因素，提出了粮食供求“动态平衡”概念，我国几十年来的粮食安全是一个由低水平均衡向相对高水平均衡转变的过程，尽管目前我国粮食产量比新中国成立初期翻了两番多，但是供求形势依然处于紧平衡状态，并且对国际市场的依赖程度日益加深。在生产领域，通过农资价格和粮食生产价格的关系以及种粮利润成本分析实证研究了农业的市场风险，提出了粮食增产背后掩盖的深层次矛盾；在流通领域，实证研究了粮食流通对生产的引导作用，并提出粮食流通环节推高消费价格，造成实际粮食生产价格的涨幅远远低于实际消费价格，并呈现两种价格差距拉大的趋势；在贸易领域，用粮食净进口量和虚拟利用境外土地资源两种方法测算了粮食对外依存度，结果表明我国粮食安全形势远不像想象的那么乐观，并对粮食禁运等问题进行了具体分析。

本书通过模拟粮食安全预警方法，构建出符合我国国情的粮食安全的预警指标体系和预警模型，提出粮食安全预警机制的总体框架，包括信息收集与整理系统、预警分析系统、警示预报系统、警情调控系统等部分，对不同层面进行预警系统评价分析以及预警模型的预测与模拟运行。其中，本书提出涵盖宏观到微观层面、涉及整个粮食产业链条的20项预警指标，将粮食安全警级划分为五个等级。本书吸收了政府部门和高校科研机构数十位专家学者，对粮食安全预警研究的宝贵意见，形成了一系列权威翔实的调查问卷，并运用层次分析法（AHP）综合确定不同层面指标体系以及分层面单个警情指标的权重。另外，本书对1978—2010年我国粮食安全程度进行全面评估，在实践中检验预警体系的可靠性和稳定性，并对2010—2030年的粮食安全进行了趋势预测。研究表明，近30多年来我国粮食安全程度之所以稳固提高，主要得益于宏观层面粮食供求关系的改善，其次得益于微观层面低收入群体食物获取能力的提升，而中观层面的粮食区域布局、品种结构以及年际间波动等带来的挑战趋于显现，中长期保障我国粮食安全的压力越来越大。

本书最后提出要建立健全粮食安全预警机制，通过寻找粮食安全警源并探索消警对策。一是要建立从中央到地方一体化的粮食安全预警机制，以及从宏观到微观层面一体化的粮食安全预警体系；二是制定粮食安全短期调控方案，紧急动用粮食储备、进出口、应急加工等以尽快增加粮食供给，调整粮食消费需求规模和结构，同时尽快调整种植业结构，增加粮食播种面积，保证粮食生产及时跟进等即期性措施，提高应对突发性事件的能力；三是设计粮食安全中长期政策框架，宏观层面要立足于实现供需总量动态平衡，中观层面要立足于优化粮食供需区域和品种结构配置，微观层面要立足于提升弱势群体食物获取能力；四是加强粮食安全预警机制的组织保障，加大对粮食安全预警体系建设的财政扶持力度，并把粮食安全预警机制纳入立法程序。

目　录

第一章 导　论

第一节　研究背景与意义

粮食安全与能源安全、金融安全并称为全球三大经济安全，粮食安全战略成为国家安全战略的重要组成部分，越来越成为社会各界共识。粮食安全是全世界共同面临的严峻挑战，也是全人类长期努力的目标。伴随人口增加、工业化城市化发展、粮食能源化趋势显现，世界粮食需求正在发生历史性新变化。与之同时，伴随气候变化影响加大、资源约束趋紧、科技革命深化等，世界粮食生产也面临着新的形势。第二次世界大战以后，世界经济社会进入了一个相对稳定的时期，随着土地制度变革、科技进步的加快，世界粮食生产进入了一个快速发展的时期。但是，世界人口也快速增长，粮食人均占有水平呈现出明显的阶段性特征。发展至今，世界粮食生产能力确实有所提高，但处于饥饿和营养不良状态的人口有增无减。据 FAO《2010 世界粮食不安全状况》，2010 年全球有 9.25 亿人在遭受饥饿，几乎占发展中国家人口的 16%。全球周期性的粮食危机总是不期而至。近年来，国际粮食形势异常严峻，世界粮食短缺、粮食价格剧烈波动、极端性天气灾害频繁发生，越来越引起国际社会和世界各国的广泛关注。2008 年初，随着国际粮价的暴涨，许多缺粮的低收入发展中国家面临严重的政治和经济问题。FAO 和 IMF 等国际机构宣布全球有 30 多个国家面临饥荒，许多人面临死亡的威胁；联合国粮食计划署和国际粮食基金会宣布可用于援助饥荒国家的资金面临耗竭的危机；海地总理甚至因粮食危机引发的社会动荡而被迫下台；十多个传统粮食出口国纷纷限制甚至禁止粮食出口。世界粮食储备曾一度下降到 30 年来的最低水平，世界主要粮食价格自 2005 年来曾上涨 80%。据 OECD 和 FAO 的预测，未来 10 年（2011—2020 年）国际谷物的供给和需求都将持续增加，并维持紧平衡的态势。

“农为邦本，食为政首”，“民以食为天”，“粮食丰，则天下安”，这是为中国几千年历史所证明了的朴素真理，我国社会所经历的急剧而深刻的历史性嬗变，始终都难以绕开农业问题特别是粮食问题。历朝历代的统治阶层都对粮食问题有着高度的认识。中国历史上区域性的粮食危机频繁发生，回溯自夏、商时期以来，4 000 多年里关于“灾害”、“饥荒”的记载就超过 5 000 次，平均不到 1 年就会发生 1 次。在近代史上，因生产能力和抗御自然灾害能力的低下，所导致的局部灾荒几乎没有断过。新中国成立以来，特别是改革开放以来，经过几代人的不懈努力，我国用世界近 9%的耕地和不足 7%的水资源，解决了十几亿人口的吃饭问题，基本解决人民温饱，并向全面建设小康社会迈进。目前我国粮食安全的状况总体上是安全的，但是从中长期看，“紧平衡”将是我国粮食供求的常态，保障粮食安全的压力依然巨大。

随着我国工业化、城镇化和经济全球化的推进以及城乡居民人均收入水平的提高，将会带来六个方面的问题。一是在粮食供求关系绷得越来越紧的形势下，资源刚性约束和生态不断恶化的现实，凸显传统的粮食安全战略难以持续，必须利用好国际市场，但是全球粮食贸易空间仅占我国粮食需求一半的现实，又决定了不可能过度依靠进口，如何平衡好立足国内和适度进口的关系，能否把持住迅猛攀升的进口依赖程度，防止突破安全底线，是不可回避的战略课题；二是在工业化、城镇化的进程中，在地方土地用途利益严重差异化导向下，耕地资源面临继续减少的巨大压力，技术进步短期内难以从根本上弥补耕地不足和灾害影响，粮食生产仰赖天时的局面仍未得到根本性地转变；三是相对非农生产和非粮作物而言，粮食生产比较效益总体上处于弱势，保护种粮农民生产积极性的压力增大；四是发展非粮产业为该地区带来了更快的经济增长，粮食生产的布局不是按照资源优势而是按照经济比较利益原则调整，由此区域间粮食产需不平衡的矛盾将更加突出；五是在粮食消费形态上，代之而起的是食品加工和饲料用粮等间接粮食消费的急剧增加，粮食二次消费为主体的消费模式导致粮食消费总量的扩张；六是随着经济社会转型，收入分配格局失衡导致贫富差距逼近警戒红线，如何保障低收入群体的食物供给也更加受到关注等。

当今世界，人类经济社会活动的非农化趋势不断强化，人们的生活消费方式也日益多元化，粮食经济在 GDP 中的比重趋于下降，对于粮食之外的需求不断增加。尽管如此，但粮食的不可替代性永远不会改变，而且转化类的间接粮食消费需求还会持续增加，粮食安全的公共属性永远不会改变，而且打上政治社会烙印的启示越来越深刻，农业的基础地位也永远不会改变，而且越来越成为经济社会发展的稳压器和蓄水池，特别是在新的时代条件下将更加凸显。

中国人的饭碗任何时候都要牢牢端在自己手上，这是我国一贯坚持的治国理政基本方略。这不排斥有选择性地利用好国内外两种资源和两个市场，前提是理性守住立足国内自给的底线，清醒地把握粮食进口的度。在1996年召开的世界粮食首脑会议上，我国就曾经承诺粮食自给率保持在95%。2008年公布的《国家粮食安全中长期规划纲要（2008—2020年）》明确将保障国内粮食生产占消费的比例在95%以上作为硬约束指标。然而仅两年的时间，我国粮食贸易量大幅攀升，2010年粮食净进口量占消费的比例就已经超过了10%，2010年，我国净进口的粮食就达到6559万吨，相当于国内粮食产量的12.0%。如果按照净利用境外虚拟土地资源测算，2010年的粮食净进口量相当于净使用境外虚拟粮食播种面积5.37亿亩①，占当年国内粮食播种面积的32.6%。我国是发展中的农业大国和人口大国，粮食安全在国民经济社会中具有基础战略性和特殊重要性的地位。因此，必须坚持立足国内的方针解决吃饭问题，避免全球性的自然灾害等因素造成的世界性粮食减产、库存量下降的威胁，摆脱由于政治、战争等因素造成的粮食禁运和运输通道切断的制约，我国决不能也不可能过度依靠国际粮食进口来保障大国粮食安全。

鉴于我国的基本国情以及复杂多变的国际背景，从整体上把握粮食安全的发展趋势，根据不同社会经济条件下粮食供求的规律，适应国家粮食与农业领域宏观管理现代化与决策科学化的需要，建立健全符合我国国情的粮食安全预警系统，进一步解决好粮食安全与社会经济发展的关系是非常必要的。粮食安全预警工作的开展在世界范围内受到普遍重视。早在1975年，联合国粮农组织（FAO）就已经建立了“全球粮食和农业信息及预警系统”(GIEWS)，对全球粮食情况进行持续考察和评估，定期发布世界粮食安全预警情况，预测世界作物前景与粮食形势，监测全球粮食价格，对存在潜在

① 亩为非法定计量单位，1亩=1/15公顷。——编者注

粮食危机的国家提供早期预警，及时提供未来粮食展望信息。1991 年 7 月，FAO 召开了“加强亚太地区国家早期预警和食物信息系统”的工作会议。印度曾在美国农业部（USDA）的帮助下建立了一个耗资 100 万美元的粮食预警系统。中国过去主要进行了部门性的预测预报工作，如农业部和中国农业科学院等有关部门所进行的粮食和农业发展趋势的年度定期预测和较为系统的中长期发展预测；中国人民大学于 1992—1994 年间发表了农业经济预警研究报告；1996 年农业部市场信息司受 FAO 委托就中国粮食安全预警及其组织机构与职能运作进行了分析研究[①]。1997—2000 年，中国农业科学院农业信息研究所受国家自然科学基金委员会委托主持的“九五”重点项目《粮食与食物安全早期预警系统研究》，提出了我国粮食与食物安全预警原型系统，对我国粮食与食物安全状况进行了预警分析和判断。我国粮食安全预警系统的建立与完善，可以及时、准确地从整体上把握粮食安全基本态势，并根据相关动态预警指标的变化对我国粮食安全状况可能出现的问题提前预警预报，为有关部门决策提供可靠程度较高的预测信息，为采取紧急调控措施以及设计中长期粮食安全框架提供依据，达到有效保障国家粮食安全的目标。

近些年来，围绕中国的粮食安全问题出现了一些具有代表性的研究成果，使得关于中国粮食安全现状及实现方式的理解进一步深化。明确粮食安全的边界是测度粮食安全状况并进行早期预警的前置条件。粮食安全的内涵一直在不断充实发展，粮食安全的概念也在不断演变。国内外关于粮食安全的界定有从重视宏观层面向重视微观层面转变的趋势，需要从不同的层面、不同的阶段来理解。实质上，粮食安全的公共属性决定了粮食安全不仅是一个经济性问题，更是一个社会性、政治性问题，我国的粮食安全问题不同于一般的发展中国家，更不同于发达国家，不可能简单套用 FAO 关于粮食安全的概念，确定我国粮食安全的边界，应当从基本国情出发，只有在宏观层面上实现了动态的供求平衡，在中观层面实现了区域结构和品种结构的合理配置、流通体系健全高效，在微观层面保障了居民家庭必要的粮食获取能力，才能抵御各种不可预测的风险，从而保障粮食安全。

① 安晓宁. 1998. 粮食安全预警的理论、方法及其系统设计［J］. 世界农业（8）.

当前，关于中国粮食安全预警体系的研究取得了积极进展，无论在预警模型的设计上，还是在权重赋值的研究方法上都有所突破，但是关于粮食安全的衡量并没有统一的标准，所采用的测量指标及权重赋值也存在一定的差异，对于新型粮食安全预警机制有待继续探究。总体上看，国外研究主要从微观层面以粮食消费对象的实际消费水平来反映粮食安全状况，而国内学者则主要从宏观层面采用粮食供求总量安全指标衡量国家的粮食安全水平。现有的研究主要存在以下几个方面的问题，一是有些研究尽管提出了较为系统的粮食安全预警指标体系，涵盖层面较广，有些学者也注意到中观层面粮食流通如粮食价格、粮食分销能力等因素，以及微观层面弱势的低收入人群粮食获取能力对国家粮食安全的影响，但是提出的指标体系在具体实践过程中可操作性并不强；二是预警模型的适用领域相对局限，所选择的指标反映了粮食安全某些层面，不够全面，有的只是一种粮食生产警情的预报，有的只是一种市场风险预警，而不是粮食安全警情的预报；三是预警模型的指标权重赋值存在客观性和主观性的权衡问题，有的指标权重赋值过于主观，而有的从统计学的角度出发追求指标权重赋值的客观性，而对于专家经验判断考虑不足，只是一种形式上的创新，其对于粮食安全的预警能力有限。

正由于粮食安全问题的系统性、复杂性和动态性，既涉及宏观、中观和微观等多个层面，又涉及生产、消费、库存、进出口、流通等诸多环节，对于粮食安全问题的认识还有待于进一步深化，如我国粮食安全状况到底安全还是不安全？粮食安全面临哪些近忧远虑和机遇挑战？同时，粮食安全很难用某一个指标完全衡量，很多专家学者一直在探索更为科学、更为有效度量的方法，但目前国际上尚没有公认的粮食安全测度方法，粮食安全预警机制还有待于进一步深入研究，如何筛选出一套我国粮食安全的预警指标体系，构建符合我国国情的粮食安全预警模型，进一步提出我国粮食安全的保障体系势在必行。随着国家经济管理职能的转变以及我国粮食安全面临的新形势，准确判断目前国家粮食安全的形势，完善我国粮食安全的预警指标体系，建立健全我国粮食安全预警机制，是适应国家粮食与农业领域宏观管理现代化与决策科学化的客观现实要求。因此，如何系统全面地认识粮食安全问题，如何实证分析粮食安全面临的近忧远虑，如何客观衡量粮食安全的程度，如何在早期对粮食安全进行有效预测预警，如何建立科学的粮食安全预警机制，无疑都具有十分重要的理论价值和政策价值。

第二节　国内外研究现状

粮食安全是一个永恒的话题，随着经济社会和国际形势的不断发展，粮食安全领域也出现了新的情况，很多问题还有待于进一步研究。近些年来，围绕中国的粮食安全问题已经出现了一些具有代表性的研究成果，如陈锡文等（1995，2008）、柯炳生（1995）、朱希刚（1997）、朱泽（1997）、黄季焜等（1998，2003，2004）、程国强等（1998）、严瑞珍等（2001）、马九杰等（2001）、朱晶（2003）、王秀清（2004）、何秀荣等（2004）、钟甫宁（2004，2009）、卢锋（2004）、黄祖辉（2007）、韩俊（2010）等，这些研究试图从不同的角度对中国的粮食安全问题进行解析，使得关于中国粮食安全现状及实现方式的理解进一步深化。

一、粮食安全概念的研究

选取测度粮食安全状况以及进行早期预警的指标，首先要明确粮食安全的概念。粮食安全的内涵一直在不断充实发展，粮食安全的概念也在不断演变。不同时期、不同国家和地区、不同群体的理解存在明显差别，国内外不同组织和专家学者对粮食安全给出的定义不下百个，分别从不同的角度对粮食安全进行了界定。

1. 国外关于粮食安全概念的研究

1974 年 11 月联合国粮农组织（FAO）在第一次世界粮食首脑会议上提出了粮食安全的概念，即保证任何人在任何时候，都能得到为了生存和健康所需要的足够食物。1983 年 4 月，联合国粮农组织（FAO）总干事爱德华·萨乌马对粮食安全的概念作了第二次界定，即粮食安全的最终目标应该是确保所有人在任何时候既能买得起又能买得到他们所需要的基本食物。1996 年 11 月，第二次世界粮食首脑会议通过了《罗马宣言》，联合国粮农组织（FAO）对粮食安全概念作出了第三次表述，即让所有人在任何时候都能在物质上和经济上获得足够有营养和安全的食物，来满足其积极和健康生活的膳食需要及食物喜好，才实现了粮食安全。缺少任何一个因素都将导致粮食不安全。

2005 年 5 月，联合国粮农组织（FAO）对粮食安全的概念进行了微调和修正，将粮食安全定义为“所有人在任何时候都能获得充足、安全、营养的食物，以满足其积极、健康生活的膳食需要”[①]。这一定义具体包含以下几个要点：①粮食安全是针对积极、健康膳食需要的，不能将所有对粮食需要都作为安全需要；②粮食安全不仅体现在数量上，而且体现在安全性和营养性上；③粮食是人们维持生存的基本需要，粮食安全是针对所有人口的；④粮食安全不仅仅体现在某一时段，而且要有高度的稳定性。阿尔伯托·瓦尔德斯认为，粮食安全是缺粮食国家或这些国家的某些地区或家庭满足标准粮食消费水平的能力。

Frankenberger 等（1997）注重从营养安全的最微观角度理解粮食安全，即如果一个人能够安全地获得营养充足的食物消费，进而满足其维持生存生长或保证从疾病、生产及哺乳、体力劳动引起的疲乏中恢复正常的能力等正常生理需要，则可以被认为是营养安全的。岸根卓郎（1999）认为粮食安全包括两个方面的基本内容，一是避免粮食危机、食生活的稳定化，要保障生存性粮食可获得，属于基础粮食安全，二是食生活的高级化和多样化，要保障粮食营养、品质等内容，属于次级粮食安全。Smith 等（2000）认为，宏观层次上国家食物获得能力不足和微观层次上由于贫困导致的家庭及个人的食物获取能力不足是引起粮食不安全的两个基本原因。

2. 国内关于粮食安全概念的研究

我国政府（1992）提出粮食安全是指能够有效地提供全体居民以数量充足、结构合理、质量达标的包括粮食在内的各种食物，这一概念强调粮食供求均衡，同时对粮食结构和质量进行了界定。胡靖（1995）把粮食安全看作农业部门社会效益的一个组成部分——农业的产权外政治效益（AP），政治效应是全社会共同利益的代表，是政府进行农业保护的真正

① FAO. 2005a. Assessment of the World Food Security Situation, Food and Agricultural Organisation of the United Nations. Committee on World Food Security, 23 - 26 May 2005, Rome. http: // www. fao. org.

目的，其从农业的价值和功能角度指出粮食安全具有公共物品的性质，实现粮食安全是政府的社会职责，对粮食安全的投入是一种类似国防的预防费用。朱泽（1997）认为，粮食安全是指国家在其工业化的进程中满足人民日益增长的粮食需求和粮食经济承受各种不测事件的能力。吴志华（2003）认为粮食安全是指一个国家或地区为保证任何人在任何时候都能得到与其生存和健康相适应的足够食物，而对粮食生产、流通与消费进行动态、有效平衡的政治经济活动。娄源功（2003）认为我国的粮食安全是指国家满足人们以合理价格对粮食的直接消费和间接消费，并具备抵御各种粮食风险的能力。闻海燕（2003）指出，粮食安全体系包括生产出足够多的粮食、有一个高效率的流通组织来供应、确保所有需要粮食的人在任何时候都能获得粮食。

国家粮食局（2004）认为，粮食安全是指一个国家满足粮食需求以及抵御可能出现的各种不测事件的能力，其基本内涵包括物质保障能力和水平、消费能力和水平以及保障粮食供给的途径和机制等三个方面。钟甫宁等（2004）认为，粮食安全应当从四个层次来理解，一是供应量是否满足基本需要，二是供应在时空上分布是否均衡，三是所有的人是否能容易地获取基本的粮食，四是粮食是否符合卫生、营养和健康的标准。马九杰、张象枢、顾海兵（2001）认为应当从宏观层面、微观层面和最微观层面来界定粮食安全概念。其中，宏观层次的粮食安全可通过全球及整个的国家食物获取能力来反映，全球食物获取能力取决于全球的粮食生产总量，一个国家在特定年份的粮食获取能力则主要取决于该国的粮食生产量、粮食储备量、食物净进口量（包括国际粮食援助）；微观层次的粮食安全反映在家庭和个人的粮食获取能力上，而家庭和个人的粮食获取力取决于该家庭的“全部收入”；最微观层次的粮食安全直接涉及个人的营养安全（nutrition security）状况。吴宾、党晓虹（2008）粮食安全问题有宏观到微观的多个层面，引起粮食不安全的原因也多种多样。而其最基本的原因有两个，一是在宏观层次上国家食物获得能力不足，即在粮食供应量上出现的短缺；二是在微观层次上贫困导致的家庭及个人的食物获取能力不足，即粮食分配在个体上出现的短缺。

总体来看，国内外关于粮食安全的界定有从重视宏观层面向重视微观层面转变的趋势，需要从不同的层面、不同的阶段来理解。本书综合以上概念认为，粮食安全的公共属性决定了粮食安全不仅是一个经济性问题，更是一个社会性、政治性问题，对我国粮食安全概念的界定应当从基本国情出发，只有在宏观层面上实现了动态的供求平衡，在中观层面实现了区域结构和品种结构的合理配置、流通体系健全高效，在微观层面保障了居民家庭必要的粮食获取能力，才能抵御各种不可预测的风险，从而保障粮食安全。

二、粮食安全预警指标的研究

要对粮食安全状况进行测度和衡量，必须筛选出一套科学合理的粮食安全预警指标体系。

1. 国外关于粮食安全预警评价指标的研究

目前，国外的研究比较倾向于通过选取微观层面的指标衡量粮食安全状况，主要是采用家庭食物消费和能量摄入类指标、营养及病理状况类指标以及家庭收入及贫困类指标等。

FAO采用一个国家（或地区）总人口中营养不良人口所占的比重作为评估标准，对世界粮食安全状况进行评价。如果人均每日摄入热量少于2 100卡[①]，即处于营养不良状况，如果一个国家或地区营养不良人口的比重达到或超过15%，则该国属于粮食不安全国（或地区）。（Bouis，1993；Maxwell，Frankerberger，1992）认为可以采用家庭食物消费和能量摄入类指标衡量粮食安全，通过对一个家庭实际食物和卡路里消费能力与相应年龄、性别、人口的食物和卡路里需求基准的差额考察，来确定其粮食安全还是不安全。

世界粮食安全委员会秘书处（2000）提出了衡量粮食安全的一套指标体系，并在2000年9月的第二十六届世界粮食安全委员会上得到批准。这一指标体系具体包括营养不足的人口发生率、人均膳食热能供应、谷物和根茎类食物热量占人均膳食热能供应的比例、出生时预期寿命、5岁以下儿童死亡率、5岁以下体重不足儿童所占比例、体重指数小于18.5的成人所占比

① 1卡＝4.18焦耳。

例等 7 项指标。Smith（2000）等认为，通过不同年龄阶段的儿童发育状况，如身高、胖瘦、体重状况等可以反映其营养状况以及粮食安全状况，儿童营养状况被看作是粮食不安全的代表性指标之一。

美国农业部经济研究局采用调查问卷的方式评估粮食安全状况，该问卷涉及三大类项目，分为 18 个具体问题。其中，第一类住户项目包括 3 个问题：①担心在有钱购买更多食品之前把食物消费完毕；②所购买的食品不能持久，没有钱购买更多食品；③消费不起营养均衡的食物。第二类针对成年人的项目包括 7 个问题：①成年人缩减进食或减少进餐顿数；②成年人所食用的饭量少于应该食用的数量；③成年人在 3 个月或以上都缩减饭食量或减少进食顿数；④成年人没有足够的支付能力购买食物而挨饿；⑤成年人体重下降；⑥一整天未进餐；⑦在 3 个月或以上一整天没进餐。第三类针对儿童的项目包括 8 个问题：①依赖少数几种低价食物喂养儿童；②不能为儿童提供营养均衡的食品；③儿童吃不饱；④缩减儿童饭食量；⑤儿童挨饿；⑥儿童减少进餐顿数；⑦在 3 个月或以上儿童减少进餐顿数；⑧儿童一整天未进餐。

2. 国内关于粮食安全预警评价指标的研究

朱泽（1997）采用四项指标简单平均法，通过粮食产量波动率、粮食储备率、粮食自给率、人均粮食占有率四项指标评估我国粮食安全状况。假定以上四项指标对 λ 的解释度是相等的，则 $\lambda_i=(\sum\lambda_{ij})/4$，其中，$\lambda_{ij}$ 为第 i 个国家 j 项指标取值。λ 越接近 1，表示粮食安全程度越高；λ 越接近 0，表示不安全程度越高。该研究将中国与世界重要粮食生产与消费国的粮食安全系数进行了比较，得出了中国粮食安全整体水平仅次于加拿大、法国、美国与澳大利亚等四国，高于世界平均水平的结论。该研究对于开启我国粮食安全指标评价体系的研究作出了贡献，但是这一研究只是一个初步性的，例如四项指标简单平均不尽合理，因为各项指标对粮食安全综合评价的重要程度是有区别的，相同的指标权重赋值会影响评估结果的准确性，在此基础上逐渐有更多的研究深入地开展。

马九杰、张象枢、顾海兵（2001），在对国外关于粮食安全的前沿研究进行系统梳理的基础上，认为完整的粮食安全概念包括从宏观到微观的多个层次（UNICEF，1998；Frankenberker 等，1997；Smith，2000）。因此，对粮食安全的衡量与评价也可以从宏观与微观两个层面上展开，如图1-1所示。并提出使用六项指标加权平均法得出粮食安全综合指数，具体包括食物及膳食能量供求平衡指数、粮食生产波动指数、粮食需求波动指数、粮食储备需求比率、粮食国际贸易依存度系数、粮食及食物市场价格稳定性等6项指标，指标的权重分别为：0.3、0.2、0.2、0.1、0.1、0.1。另外，总体上粮食获取能力充足甚至出现粮食过剩局面并不能保证每个地区、每一个家庭和个人都实现粮食安全。如地区间发展失衡、收入分配不均、地理位置偏远等会使得在总体粮食安全的情况下，部分地区或部分人口处于局部性粮食不安全的状态。因此，全面衡量粮食安全，不能忽视粮食流通体制、粮食实体分销能力、粮食不安全脆弱人群的收入变化等方面对粮食安全的影响，除了考虑总体粮食安全能力外，还应考虑区域间、人群间粮食获取能力差异。在此基础上，该研究又提出了反映粮食安全的两项补充性指标：国家粮食分销能力指标——地区间价格差异水平、居民收入分配与差距指标——贫困人口比率。该研究提出了一套较为全面系统的粮食安全预警指标体系，综合了国内外研究的不同侧重领域，涉及了粮食安全的宏观层面和微观层面，较之以前的研究取得了重要的进展，但是不同层面的预警指标选取并不均衡，对于中观层面和微观层面的指标涉及还较少，还不够详尽，更为重要的

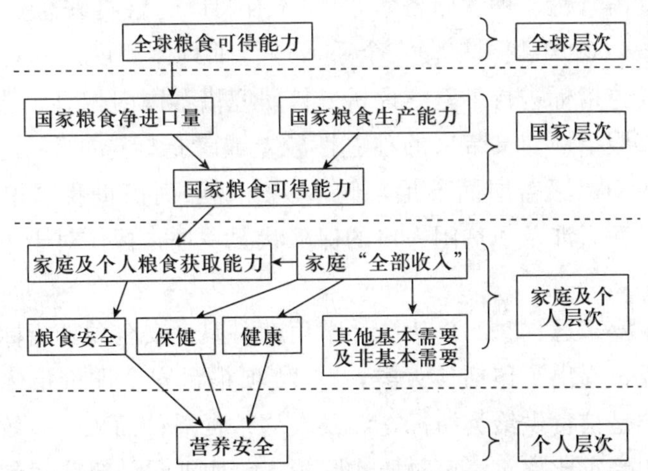

图1-1 从宏观层面到微观层面的粮食安全体系

资料来源：马九杰，等，2001. 粮食安全衡量及预警指标体系研究. 管理世界（1）.

是，这是一个复杂的预警系统，有些指标过于繁琐，可能是由于数据方面的原因该研究并没有对粮食安全状况进行具体测算，在具体运行过程中可操作性有待检验。另外，如程亨华、肖春阳（2002）、刘振伟（2004）等也提出了反映粮食安全状况的指标和标准，也未对粮食安全状况进行具体测算。

刘晓梅（2004）提出了四项指标加权平均方法，通过人均占有粮食量、粮食总产量波动系数、粮食储备率、粮食进口率（或粮食自给率）指标评估我国粮食安全状况。该研究对不同粮食安全指标重要程度差异性的认识进一步深化，但仍然局限于朱泽（1997）提出的四项指标，并且也只是粗略地对当时我国的粮食安全状况作出了整体判断，从横向角度与世界主要国家进行了比较，但并未从纵向角度对具体年份的粮食安全水平做出测算，进而没有对粮食安全水平的变化趋势做出分析。龙方（2007）采用人均粮食播种面积、人均粮食占有量、粮食总产量波动率、粮食的储备率、粮食自给率、缺粮人口比率、粮食价格变动率等 7 项指标，运用加权平均法测算出了2000—2006 年我国粮食安全系数。李文明等（2011）在已有相关研究成果的基础上，基于对国情粮情的全面把握和对粮食安全研究的经验判断，采用六项指标加权平均法，选择粮食自给率、粮食生产波动系数、粮食播种面积、人均粮食占有量、粮食储备水平和贫困人口的粮食安全保障状况等指标，对 2001—2009 年我国粮食安全系数进行了具体测度，并对粮食安全的总体状况和具体指标进行了基本评析。该研究借鉴国内相对成熟的预警指标体系，尽量克服指标交叉带来的独立性较差或者指标选择不尽全面的情况，但是同样存在指标涵盖层面不足，侧重从宏观层面衡量我国粮食安全的状况，在微观层面只涉及了贫困人口的保障状况一项指标，对于中观层面的指标并没有涉及。

鲜祖德、盛来运（2005）从统计学角度对粮食安全预警指标体系作了更加深入地研究，提出了包括 4 大类，共 14 项粮食安全评价指标体系，具体包括：第一类是粮食供给类指标，涉及人均粮食播种面积、有效灌溉面积比重、播种面积受灾比率、每亩物质实际投入、农业科技进步贡献率等 5 项指标；第二是粮食需求类指标，涉及产需缺口、人均口粮满足程度、缺粮户比重、缺粮省（自治区、直辖市）缺粮程度等 4 项指标；第三类是粮食市场类指标，涉及粮食消费价格指数、农业生产资料价格指数、外贸依存度等3项指标；第四类是粮食库存类指标，涉及国家库存、农户存粮等2项指标。该研究采用标准比值法，可以使评价值在100%上下取值，根据各项指标对粮食安全状况的重要性赋予不同权重，然后加权平均，实际测算出了2000—2004年我国粮食安全的综合系数，与以往的研究相比，该预警指标体系能够涵盖生产、消费、流通、库存等领域，不同环节各个指标相对独立，可操作性较强，是一套较为科学、系统、完整、可行的指标评价体系，但是该研究还是更多地侧重于宏观层面，对于中观层面特别是微观层面的指标涉及不足。

由于粮食安全的系统性和复杂性，既涉及宏观、中观和微观等多个层面，又涉及生产、消费、库存、进出口、流通等诸多环节，所以难以用某一个指标有效地衡量粮食安全状况。一直以来，国内外学术界在不断探索更为科学、更为有效度量方法，但是关于粮食安全的衡量并没有统一的标准，所采用的测量指标及权重赋值也存在一定程度的差异，尚没有公认的测度衡量粮食安全状况的方法，对于运用指标体系进行粮食安全的实证分析有待进一步探究。总体上看，当前关于粮食安全预警指标体系的研究主要存在以下两个方面的问题，一是国外研究主要从微观层面以粮食消费对象的实际消费水平来反映粮食安全状况，而国内学者则主要从宏观层面采用粮食供求总量安全指标衡量国家的粮食安全水平；二是有些研究尽管提出了较为系统的粮食安全预警指标体系，涵盖层面较广，部分学者也注意到中观层面粮食流通如粮食价格、粮食分销能力等因素，以及微观层面弱势的低收入人群粮食获取能力对国家粮食安全的影响，但是提出的指标体系在具体实践过程中可操作性并不强。

三、粮食安全预警模型的研究

鉴于我国的基本国情以及复杂多变的国际背景，粮食安全的近忧远虑等一系列影响因素不容忽视，粮食安全的系统性、复杂性和动态性，对粮食安全预警模型也提出了更加迫切、更加现实的要求。从20世纪90年代以来，关于中国粮食安全预警系统的研究取得了一些重要成果，所建预警模型主要有刘明、顾海兵（1993）、顾焕章（1995）、朱泽（1997）、李志强（1998）、马九杰等（2001）、肖国安等（2006）、王川等（2008）、陈静彬（2009）、门可佩等（2009）等。

刘明、顾海兵（1993）采用的粮食安全预警模型主要是基于粮食趋势产量增长率进行预警。该模型选择粮食趋势产量增长率为警情指标，计算公式为 $R_t = Y_t / YTD_{t-1} \times 100 - 100$，式中 R_t 为粮食趋势产量增长率，Y_t 为 t 年的实际产量，YTD_{t-1} 为 $t-1$ 年的粮食趋势产量，t 为年份。并在全面考虑我国粮食生产的自身变动规律及特征、我国人口增长的趋势、我国工业发展的速度、世界农业生产的发展和未来我国粮食进口及储备的需要等因素的基础上，确定粮食生产警限。该模型虽然体现了粮食安全的主要方面，采用单一指标评价，简便易行，可操作性较强，但是对于粮食流通、储备、进出口、消费等环节的多种因素并没有涉及，因此，该模型只是一种粮食生产警情预报，并不是粮食安全警情的预报。

顾焕章、王曾金、许朗（1995）采用的粮食安全预警模型主要是基于宏观层面粮食供求关系进行预警。该模型主要考虑了以下 4 项警情指标，一是市价警界差距率及警度，$W_r = (P_m - P_r) / P_r \times 100\%$，式中 W_r 为警界差距率；P_m 为粮食市场价；P_r 为粮食收购价；二是比较利益差距率及警度，比较利益差距率就是粮农与其他种植业、养殖业和工副业收入差距率，其计算公式为 $RRP = [(ROP - RFP) / RFP] \times 100\%$，$RFR = [(RCR - RCF) / RCF] \times 100\%$，$RFI = [(RCI - RCF) / RCF] \times 100\%$，其中 RRP 为种粮与其他种植业收入差距率、RFP 为种粮亩收入、ROP 为种植其他作物亩收入、RCR 为养殖业人均收入、RFR 为种粮与养殖业收入差距率、RFI 为种粮与工副业收入差距率、RCF 为种粮人均收入、RCI 为工副业人均收入；三是灾害预测。四是粮食储备量。该模型选择了粮食市场价格和比较利益作为反映粮食生产与流通的重要指标，进而评估粮食安全状况，具有一定的理论创新性和现实指导性，但是该模型中的粮食市场价格和比较利益两项指标的警度是根据农民心理预期来确定的，存在一定的主观性。另外，该模型并没有对上述四项相互独立的警情指标作出一个简明量化的总体评判。

朱泽（1997）采用的粮食安全预警模型主要是基于选择的四项指标简单加权得出的粮食安全系数进行预警。该模型选择了粮食总产量波动系数、粮食自给率、粮食储备水平、人均粮食占有量等 4 个警情指标，在此基础上测算粮食安全系数，其计算公式为：$\lambda_i = (\Sigma\lambda_{ij})/4$。其中，$\lambda_{ij}$ 为第 i 个国家 j 项指标取值。λ 越接近 1，表示粮食安全程度越高；λ 越接近 0，表示不安全程度越高。该模型对于开启我国粮食安全指标评价体系的研究作出了贡献，不仅选择了四项反映粮食安全的经典指标，而且具体测算出我国粮食安全的综合系数，并与世界重要粮食生产与消费国的粮食安全系数进行了比较研究。但是该模型只是描绘出了一个粮食安全预警的雏形，对四项指标赋予相同的解释度，尽管方便计算，却很难与现实情况吻合。

李志强、赵忠萍、吴玉华（1998）采用的粮食安全预警模型为景气分析预警模型。该模型选择不同的指标作为警情指标和警兆指标，分别作出预测，并运用 ARIMA 模型分析粮食生产增长与警兆指标的时差关系，得出了景气循环曲线。该模型选择国内粮食生产增长率（*RFP*）、人口增长的粮食需求增长率（*RDP*）、收入增长的粮食需求增长率（*RDI*）、净出口率（*RNI*）等 4 项指标作为警情指标。设定粮食供需平衡警戒线（*WFE*）＝国内粮食生产增长率（*RFP*）＋净出口率（*RNI*）－人口增长的粮食需求增长率（*RDP*）－收入增长的粮食需求增长率（*RDI*）。另外，该模型根据对粮食生产的重要程度选取了 14 个反映粮食生产的警兆指标，通过 ARMA 模型分析了粮食生产增长与这些指标的时差关系，将其分为 7 个先行扩张指标和 7 个一致指标。该模型将粮食安全预警指标分为警情指标与警兆指标分开预警，系统考虑了国内粮食生产、进出口贸易、人口增长、收入增长等多方面因素，利用景气循环法对粮食生产与消费的景气状态作出判断，直观形象地刻画出粮食安全的变化过程，在该领域具有一定的研究价值。但是该模型在预警指标体系中没有涉及粮食库存消费比率和粮食生产价格等指标，这将在很大程度上影响模型的预警能力。

马九杰、张象枢、顾海兵（2001）采用的粮食安全预警模型涉及了从宏观到微观层面的预警指标。该模型从宏观与微观两个层面对粮食安全的衡量与评价，提出使用六项指标加权平均法得出粮食安全综合指数，具体包括食物及膳食能量供求平衡指数、粮食生产波动指数、粮食需求波动指数、粮食储备需求比率、粮食国际贸易依存度系数、粮食及食物市场价格稳定性等 6 项指标，指标的权重分别为：0.3、0.2、0.2、0.1、0.1、0.1，并将粮食安全划分为 7 个等级。但是，总体上粮食获取能力充足甚至出现粮食过剩局面并不能保证每个地区、每一个家庭和个人都实现粮食安全。如地区间发展失衡、收入分配不均、地理位置偏远等会使得在总体粮食安全的情况下，部分地区或部分人口处于局部性粮食不安全的状态。因此，全面衡量粮食安全，不能忽视粮食流通体制、粮食实体分销能力、粮食不安全脆弱人群的收入变化等方面对粮食安全的影响，除了考虑总体粮食安全能力外，还应考虑区域间、人群间粮食获取能力差异。在此基础上，该模型又提出了反映粮食安全的 2 项补充性指标：国家粮食分销能力指标（地区间价格差异水平）、居民收入分配与差距指标（贫困人口比率）。另外还设计了粮食安全预警的 18 项警兆指标。该预警模型在综合国内外前沿研究的基础上，构建了一套较为全面系统的指标体系，涵盖了粮食安全的宏观层面和微观层面，与以往的研究相比，取得了重要进展，为探索粮食安全预警的模型方法提供了十分有价值的借鉴。但是该模型也存在一些问题，如对于不同层面的预警指标选取并不均衡，对中观层面和微观层面的指标涉及还较少；有些指标过于繁琐，可能是由于数据方面的原因该研究并没有对粮食安全状况进行具体测算，在具体运行过程中可操作性有待检验；在警情指标中选取热量摄入量衡量指标，将粮食整体供求安全与居民食物安全混同一起预警，使得问题更加复杂化，可能会影响预警模型的运行效果。

黄季焜、李宁辉（2003）采用的中国农业政策分析和预测模型（简称 CAPSiM）是一个农业部门内部的均衡模型。CAPSiM 模型系统由 13 大类子模型系统组成，总体包括国内生产模型、国内需求模型、库存模型、贸易模型和市场平衡模型。其生产模型中包括 12 种农作物产品以及 7 类畜禽产品和水产品，需求系统中消费品分成 20 类。该模型预测的变量主要有各种农作物的播种面积、单产和总产，各种畜产品的产量，各种消费品的生活消费量和其他消费量（如种子需求、工业需求、产后损耗等），各种农产品的进口和出口数量，各种农产品的生产者价格和消费品的零售价格等。CAPSiM 模型是对于粮食安全预警领域的研究具有开创性的贡献，表现出较强的综合性、系统性、多功能性，但该模型是一个庞大复杂而又灵敏的系统，如各种供给和需求弹性的实证研究结果的差异性会对模型的运行结果产生不同程度的影响，可能会制约模型的推广和应用。

肖国安、王文涛（2006）采用的粮食安全预警模型主要体现了粮食安全的动态性特点。该预警模型选择了5项短期警情指标：粮食产量增长率（*LC*）、粮食需求增长率（*LX*）、粮食总库存率（*LK*）、价格指数（*G*）、粮食自给率（*LZ*）。将预警警情划分为严重短缺、短缺、平衡、剩余、过剩5个层级。该模型预警的动态性主要体现在，根据$LC+LK+g\times LZ-LX$的动态变化进行动态预警。该模型突出了动态平衡预警的理念，这是在该领域的一个明显进步，其考虑了粮食储备、粮食价格在不同年际间的影响，如考虑了上年价格因素对下年粮食产量的影响，以及储备随产量及需求增加而增加等因素。但是该模型也只是从宏观层面的供求角度进行动态预警，而对中观层面的粮食配置结构的动态平衡、微观层面的粮食获取的动态平衡难以考虑在内，在指标的选取上并没有实质性的进展。

王川、王克（2008）采用的粮食安全预警模型主要是以大豆为例运用BP神经网络进行的市场风险预警。该模型以大豆生产价格指数的波动率作为警情指标，筛选确定出我国农产品市场风险预警的9项警兆指标：单产增长率（X_1）、生产规模增长率（X_2）、生产成本增长率（X_3）、该产品与其他可替代比较成本收益率比值（X_4）、居民食用消费增长率（X_5）、工业用消费增长率（X_6）、种用消费增长率（X_7）、受灾面积增长率（X_8）、国际市场价格变动率（X_9）。该模型选取的警兆指标涉及了供给方面和需求方面，以及自然、经济、政策与国际环境。该模型通过运用BP神经网络对大豆市场风险预警进行了实证分析，网络训练和验证结果表明BP神经网络很好地拟和、预测出了我国大豆市场风险水平，说明基于BP人工神经网络的农产品市场风险预警模型是切实可行的。但是该模型仅仅以大豆为例对市场风险进行预警，只是将大豆生产价格指数的波动率作为警情指标，局限性很大，没有对其他粮食品种进行拟合预测。

陈静彬（2009）采用的粮食安全预警模型运用熵值和灰色关联分析等方法对湖南省粮食安全进行预警研究。该模型从生产、消费和灾毁影响3个方面建立粮食安全预警指标体系，包括粮食产量（X_1）、人均播种面积（X_2）、农业增加值占国内生产总值的比重（X_3）、耕地有效灌溉面积（X_4）、农业劳动力（X_5）、人均粮食占有量（X_6）、省外调入粮食量（X_7）、调往省外粮食量（X_8）、农产品生产者价格指数（X_9）、人均耕地面积（X_{10}）、受灾面积（X_{11}）、成灾面积占受灾面积的比重（X_{12}）等指标。门可佩等（2009）采用的粮食安全预警模型通过灰色关联分析和层次分析法（AHP－GRA集成法）确定指标权重，进行粮食安全预警。该模型也是从生产、消费和灾毁影响3个方面建立粮食安全预警指标体系，包括粮食产量（X_1）、粮食播种面积（X_2）、人均播种面积（X_3）、耕地有效灌溉面积（X_4）、农业增加值占国内生产总值的比重（X_5）、人均粮食占有量（X_6）、粮食进口额占农产品进口总额的比重（X_7）、粮食出口额占农产品出口总额的比重（X_8）、粮食价格指数增长率（X_9）、受灾面积（X_{10}）、成灾面积占受灾面积的比重（X_{11}）等指标。上述两个模型的特点在于采用熵值法、灰色关联分析法和层次分析法相结合进行研究，使得权重赋值增强了客观性，在研究方法上有一定的创新性。但是模型存在以下问题：一是预警指标仅仅包括生产、消费两个方面，指标选取存在局限性，并且对于宏观层面的供求关系反映也不充分，应该还包括储备指标，而关于灾害性指标与生产性指标存在一定的交叉和重复；二是在研究方法上，侧重于从统计学的角度出发追求指标权重赋值的客观性，而对于经济性、社会性和现实性因素考虑不足，对预警结果的准确性造成影响。

总体来看，对于粮食安全预警模型的研究无论在指标体系框架的设计上，还是在指标权重赋值的研究方法上都取得了显著的进展。但是目前的研究主要存在以下两个方面的问题：一是预警模型的适用领域相对局限，所选择的指标反映了粮食安全某些层面，不够全面，有的只是一种粮食生产警情的预报，有的只是一种市场风险预警，而不是粮食安全警情的预报。二是预警模型的指标权重赋值存在客观性和主观性的权衡问题，有的指标权重赋值过于主观，而有的从统计学的角度出发追求指标权重赋值的客观性，而对于专家经验判断考虑不足，只是一种形式上的创新，其对于粮食安全的预警能力有限。

第三节　技术路线

本书的技术路线图如图1-2所示。

研究背景
文献综述
导　　论
理论基础
研究方法
粮食安全的系统识别和层级划分
宏观视角（一级）
国家层面—供需平衡
中观视角（二级）
区域层面—结构均衡
微观视角（三级）
家庭层面—收入保障
案例分析：粮食安全？不安全？
粮食安全的因素分析
粮食生产领域
粮食流通领域
粮食消费领域
粮食贸易领域
粮食安全：近忧远虑？机遇挑战？
粮食安全的预警机制
警情指标的选择与确定
警兆指标的选择与确定
预警方法选择及模型调试构建
预警模型的预测与模拟运行
粮食安全预警结果分析评价
宏观层面警情分析
中观层面警情分析
微观层面警情分析
警示预报—报警—有警？
警示预报—报警—无警？
理论方法
总结梳理
粮食安全保障体系的政策建议
进一步的
研究展望

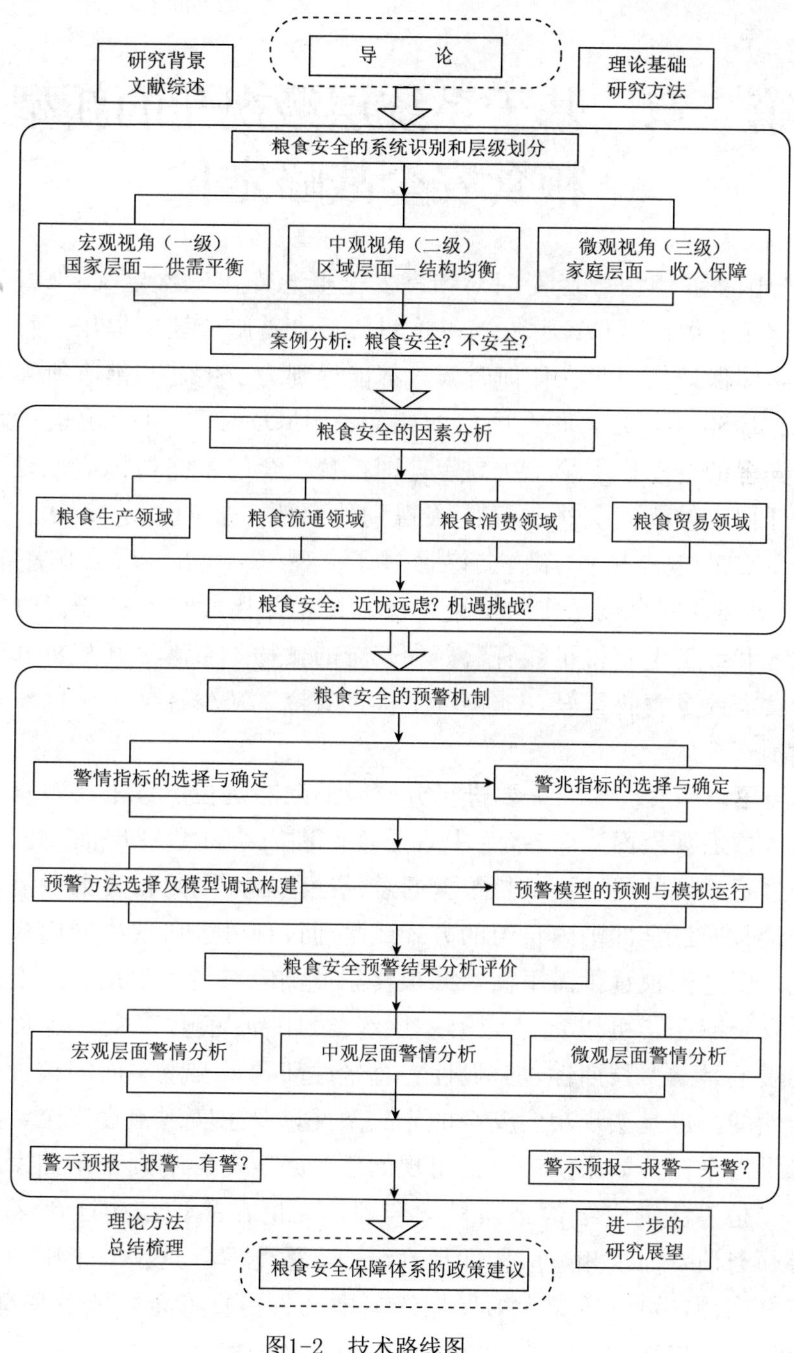

图1-2　技术路线图

第二章 基于系统层级视角的新型粮食安全战略定位

联合国粮农组织曾经专门对粮食安全概念作出三次定义。1974年11月联合国粮农组织（FAO）在第一次世界粮食首脑会议上提出了粮食安全的概念，即保证任何人在任何时候，都能得到为了生存和健康所需要的足够食物。1983年4月，联合国粮农组织（FAO）总干事爱德华·萨乌马对粮食安全的概念作了第二次界定，即粮食安全的最终目标应该是确保所有人在任何时候既能买得起又能买得到他们所需要的基本食物。1996年11月，第二次世界粮食首脑会议通过了《罗马宣言》，联合国粮农组织（FAO）对粮食安全概念作出了第三次表述，即让所有人在任何时候都能在物质上和经济上获得足够有营养和安全的食物，来满足其积极和健康生活的膳食需要及食物喜好，才实现了粮食安全。缺少任何一个因素都将导致粮食不安全。

保障国家粮食安全，需要进行分层级的战略定位。本书将粮食安全划分成一级（宏观层面）、二级（中观层面）和三级（微观层面）三个不同的层级进行系统的研究。一是粮食的总供给量必须满足粮食消费需求的增长，无论是通过全部国内自给的方式或是通过部分进口解决国内粮食供应的方式，要达到粮食供需平衡，即粮食总量供应充足。这是一个宏观层面的粮食安全问题，可以定义为第一层级（宏观）粮食安全，涉及整个国家，实质上是一个长期性、全局性、总量性问题。宏观层面的粮食安全是最低层面的，也是实现粮食安全的先决条件，要想实现粮食安全，必须达到总量供需平衡，如果供应总量出现问题，必定会影响到一个国家的粮食安全。二是粮食供应结构必须科学合理，无论在品种结构还是区域结构上，必须与消费需求相适应，即粮食结构高效配置。这是一个中观层面的粮食安全问题，可以定义为第二层级（中观）粮食安全，涉及局部地区，实质上是一个局部性、结构性问题。中观层面的粮食安全是实现粮食安全的重要内容，也是容易轻视的一个领域，如果粮食供应在区域结构和品种结构上得不到合理有效的配置，即使在总量上实现供需平衡，也同样会出现粮食安全问题。三是居民能够获得自身消费需要的粮食，无论在食物获取权还是居民收入水平上，必须得到充分保障，即粮食消费得到满足。这是一个微观层面的粮食安全问题，可以定义为第三层级（微观）粮食安全，涉及局部人群，实质上是一个经济性、获得性问题，只要有钱就能买得到粮食。微观层面的粮食安全是最高层面的，也是实现粮食安全的最终目标，在宏观和中观层面粮食安全得到保障的前提下，只要居民收入达到必要水平，从机制上保障居民的食物获取权，最终能够消费到所需要的粮食，就能真正实现粮食安全。

一般来说，宏观层面的粮食安全在某种程度上决定着中观层面的粮食安全，中观层面的粮食安全在某种程度上又决定着微观层面的粮食安全，表现出一定的梯度性，只有一个国家粮食供应充足时，通过科学合理的配置，局部地区和部分品种的粮食消费才能得到相应满足，进而该时期的家庭、个体才有可能实现粮食安全。但是，宏观粮食安全并不能保证中观层面的粮食安全，如在整体上有实现粮食安全能力的情况下，尽管总量达到了供需平衡，但由于区域结构的不合理或者品种结构的失衡等问题，也会导致局部地区或部分品种的粮食短缺，造成中观层面的粮食安全问题；中观层面的粮食安全也并不能保证微观层面的粮食安全，尽管所有区域和所有粮食品种都实现了供需平衡，但由于分配不均导致的收入差距过大以及食物获取权难以得到保障等问题，并不能保证人人都能按照所需获得粮食，因为不同家庭和个体之间的粮食获取能力存在差异，从而会使得某些贫困家庭或低收入个体粮食短缺，造成微观层面的粮食安全问题。

因此，消除宏观和中观层面粮食不安全风险是消除家庭和个人粮食不安全风险的基础和前提。当国家整体获取粮食能力不充足时，就无法保障各区域的正常粮食供应，也不可能保障每一个家庭和个人的粮食安全。实际上，粮食安全的不同层次是互相联系的。提高整个国家的粮食获取能力是实现粮食安全的基础；优化不同区域的粮食结构和不同品种的粮食结构，对于实现粮食安全，具有重要作用；而只有消除贫困，解决微观层次的粮食安全问题，才能真正实现全局的粮食安全。

第一节　第一层级粮食安全的底线思维

第一层级（宏观）粮食安全实质上是一个粮食生产和消费的总量平衡问题。其不仅是一个全局性的问题，涉及整个国家的粮食安全问题；也是一个长期性的问题，如处理不好则在短期内难以从根本上改变粮食安全的局面；同时还是一个基础性的问题，在一定程度上决定着二级区域粮食安全和三级居民粮食安全。

一、一级粮食安全情景模拟

本书假设一种极端情景来模拟第一层级（宏观）的粮食安全问题。

在全球范围内，极端天气和严重自然灾害如冰雪、洪涝、干旱以及飓风等持续性发生，肆虐整个地球，发生大规模军事战争并在世界范围内持续蔓延，多种因素交织放大，造成世界粮食大面积减产，粮食生产大国的生产供给保障能力受到严重冲击，纷纷限制粮食出口以保障本国的粮食供应，主要粮食进出口贸易渠道被切断，粮食大宗的运输遇到严重障碍，粮食安全出现巨大隐患并表现出危机性先兆，粮食净进口国家已经无法通过粮食进口平抑粮食短缺。

随着全球粮食供求关系的急剧失衡，导致国际粮食价格的空前暴涨，带来民众对粮食安全问题的深切忧虑和普遍恐慌，通过粮食市场价格的传导机制，以及主观性心理预期的影响，使得世界性通货膨胀加剧和消费需求急剧扩张，特别是贫穷国家由此陷入饥荒，也导致国际粮食期货市场有了更大的炒作空间，粮食供求失衡的状况将进一步恶化。

由此一系列主客观因素累积叠加、连锁传导，大范围的粮食安全问题凸显，并趋向集中爆发大规模的世界性粮食安全危机，一场“无声的海啸”，严重影响经济社会发展甚至政权稳定，进而引发整个全球范围内的危机。当然，这是一种极端的情况，是整个人类最不愿看到的悲剧场景。

二、一级粮食安全现实分析

1. 在科学技术进步没有从根本上弥补传统掠夺性耕作模式以及灾害影

响之前，对人类可能落入“马尔萨斯陷阱”的担忧，绝非危言耸听

人类对解决吃饭问题一直存在两种对立的粮食观，即盲目乐观论主义和悲观论主义。粮食问题“悲观论”的典型代表是马尔萨斯的人口论。18 世纪末 19 世纪初，马尔萨斯曾指出人口增长和粮食生产的增长必须保持平衡是一个自然规律。由于土地报酬递减，粮食生产的增长只是按算术级数增长，而人口在没有妨碍的情况下则会按几何级数增长。当人口增长超过粮食增长时，自然规律就会发挥作用，通过积极的抑制（如战争、瘟疫）和消极的抑制（如晚婚晚育、不婚不育），强制性地实现人口和粮食增长之间的平衡。随着科学技术的不断进步，世界粮食产量不断增长，而人口规模虽然不断膨胀，但增长速度似乎得到一定的控制。马尔萨斯的预言在迄今两个世纪的历史中并没有得到证实，人类没有落入“马尔萨斯陷阱”。我们知道，马尔萨斯陷阱的立论依据是没有技术进步，这是一个缺陷，如果技术进步达到一定程度，粮食生产增长有可能会突破算术级增长的趋势。

粮食问题“乐观论”者却认为，粮食作为一种可再生的资源，不同于石油等矿产资源，加上科技进步，粮食可以无止境地生产出来。那么，人类是否会彻底摆脱“马尔萨斯陷阱”的困扰，永远高枕无忧呢？人类有理由对自己的前景持乐观态度，但我们应该保持清醒，这种乐观情绪可能只是暂时的。

世界粮食生产科技尽管取得了长远的发展，但是在耕地资源的有限制约下，技术进步的速度也并没有达到理想的预期，近几十年来粮食生产依然只是实现着缓慢的增长，加之受气候灾害等影响，特别是极端性天气灾害更趋频繁发生，粮食生产还面临着较大的波动风险，世界粮食生产总体上也还是维持“靠天吃饭”的局面。如果世界粮食供应短缺只是暂时性的，那么严重关注这一问题似乎是多余的。然而，令人遗憾的是，这似乎是个长期性的问题。在技术进步没有从根本上弥补对耕地、水等生产要素的掠夺性耕作以及灾害影响之前，人类是否有可能落入“马尔萨斯陷阱”？这不是杞人忧天，也绝不是危言耸听，我们在痛苦地思索着，难以绕开现实，妄下结论，恐怕在很长的历史时期内都很难有一个清晰的答案。

当然，我们没有必要对粮食安全持消极悲观的论调，但是有必要从坏处着眼准备，警醒世人理性客观面对现实，使人们对解决吃饭问题有足够的重视，以对粮食安全的前景包括风险有一个相对清晰的判断，积极主动地应对这一长期性和艰巨性的挑战，从而努力争取最好的结果。

实际上，世界范围内的粮食危机是一个周期性的过程，悲观论和乐观论一直伴随着歉收和丰产而交替处于主导地位。20 世纪 40 年代后，世界经济社会进入一个相对稳定的时期，粮食生产也进入了一个快速发展的时期，粮食多年供大于求，悲观主义逐渐被盲目乐观情绪所取代。20 世纪 70 年代初，连续两年气候异常造成全球性粮食歉收，加上苏联大量抢购粮食，出现了世界性粮食危机，乐观情绪在严峻的形势面前荡然消失，1972 年罗马俱乐部发表的《增长的极限》报告，对粮食生产的限制、人口的无限制增长将导致大规模的饥荒进一步表示忧虑。1973—1974 年，联合国粮农组织连续召开粮食大会，但是世界粮食形势更趋严重，问题并没有得到解决。1979 年，联合国粮农组织决定，从 1981 年开始将每年的 10 月 16 日定为“世界粮食日”，以进一步唤起世界各国对粮食及农业问题的重视。

尽管如此，由于多年来世界粮食生产量低于消费量，不足的供给不断消耗着粮食库存，据联合国粮农组织估计，到 2008 年全球粮食储备已降至 1980 年以来的最低水平，仅能满足 50 多天世界消费。2005—2007 年，世界粮价普遍暴涨一倍甚至两倍，2008 年上涨势头更加迅猛，在很多国家激发了社会不稳定事件。墨西哥、印度尼西亚、意大利等国民众游行示威上街抗议粮价上涨，美国部分地区民众不满超市限量购买粮食，索马里、阿富汗、苏丹、刚果（金）等国因此出现社会动荡，巴基斯坦因部分粮食品种短缺导致社会骚乱，甚至海地政府总理为此下台。

2. 世界人口数量持续增加，已经突破 70 亿人口大关，到 21 世纪中期将再增长 20 亿人口，保障全球性粮食安全面临更大挑战

在漫长的人类历史上，世界人口增长一直非常缓慢。17 世纪以来，世界人口增长才有所加快。19 世纪初（1830 年），世界人口就达到 10 亿，100 年后（1930 年）人口数量翻了一番达到了 20 亿，此后世界人口增长的速度加快，每增加 10 亿的时间不断缩短。20 世纪是世界人口增长最快、最多的世纪，在短短一个世纪的时间里，人口增加了 45 亿人，相当于 20 世纪初世界人口总量的 3 倍。在 20 世纪的最后 40 年，基本上每隔 12～14 年，全世界的人口就会增长 10 亿。进入 21 世纪以来，世界人口在高基数水平上继续增长，人口增速逐渐放缓。如图 2－1 所示，世界人口从 1950 年 25 亿人增加到 2011 年的 70 亿人，在 61 年的时间里人口增加了 45 亿人，增长 177.3%，连续跨越了 30 亿（1960 年）、40 亿（1974 年）、50 亿（1987 年）、60 亿（1999 年）、70 亿（2011 年）5 个重大台阶。据报道，到 2011 年 10 月世界人口达到 70 亿人，按照目前这个趋势世界人口大约在 2028 年突破 80 亿，2050 年突破 90 亿，在本世纪末超过 100 亿。

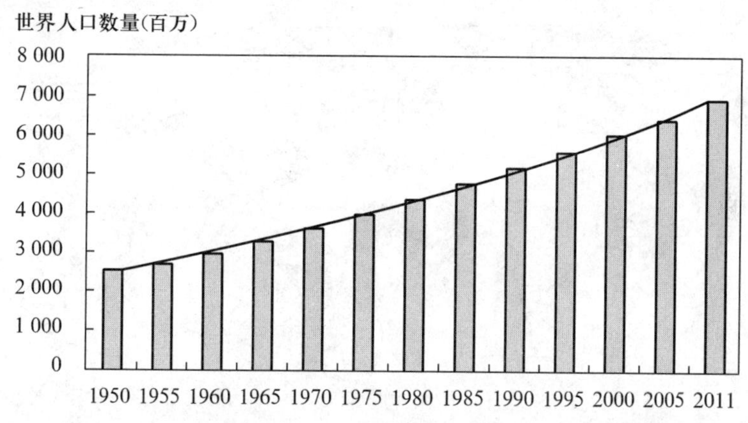

图 2－1　世界人口增长趋势

资料来源：《国际统计年鉴》、《中国人口和就业统计年鉴》。

联合国报告指出："到本世纪中期，世界人口将增长 20 亿，其中大部分人口会出生在贫瘠地区，他们将使饥饿、贫穷和环境问题雪上加霜。如果我们无法控制增长幅度，地球自然生态系统将会崩裂，人类将面临灭顶之灾。"

3. 世界粮食供给总量不足，粮食生产年际间波动幅度较大，粮食消费伴随着能源化趋势刚性增长，粮食库存消费比呈下降趋势

一个多世纪以来人口的高速增长和庞大的人口基数，带来粮食消费需求的快速增加，对解决全球饥饿带来严峻挑战，加之粮食消费需求的升级，"不但要吃饱，还要吃好"，在解决徘徊在饥饿边缘的人口的同时，还要满足以解决温饱人口对肉、蛋、奶的日常生活需求，随之带来饲料转化粮的大量需求。另外，特别是近年来，随着石油等能源价格的不断上涨，发展生物质能源作为替代能源在全球范围内迅速崛起，工业用粮大幅增长，世界银行一份报告称，给一辆 SUV 的油箱加满生物燃料所需的粮食大约相当于一个人一年的口粮，汽车与人争粮，导致粮食消费需求结构更加复杂恶化。再加上国际资本的投机炒作，推动需求剧增，导致粮价大幅上涨，贫困人口的粮食消费负担加重，饥饿人口规模大量增加。上述因素使得粮食总量在供给紧张的情况下，进一步加剧了世界粮食供给和消费的失衡。如图 2-2 所示，目前世界上还有 33 个国家存在粮食供应严重缺口、出现大范围粮食获取困难或者出现局部严重粮食不安全情况。

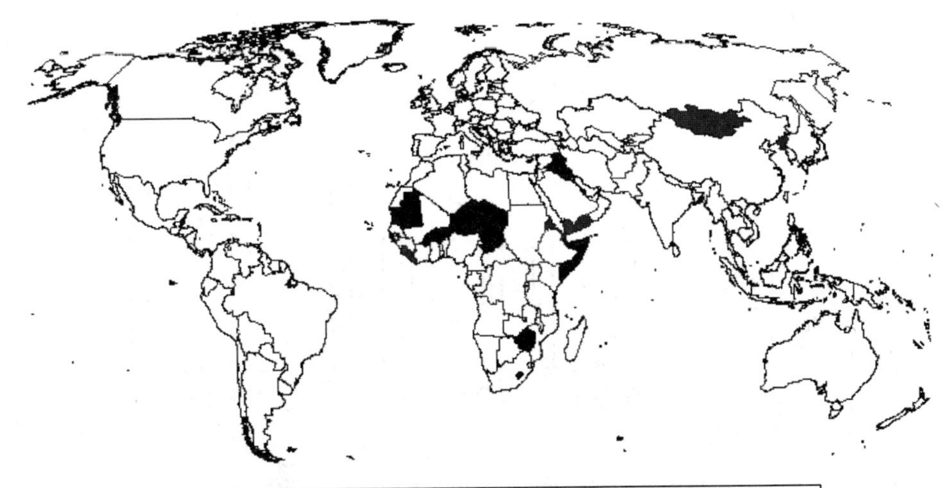

图 2-2　世界上需要外部粮食援助的国家

资料来源：http://www.fao.org/giews/english/hotspots/map.htm，2012-02-22.

自 20 世纪 80 年代以来，世界粮食供需格局一直艰难维持在紧张的平衡状态（如图 2-3 所示）。在 1980 年至 2011 年 32 个年份中，有 17 个年份世界粮食供大于求，有 15 个年份世界粮食供不足需，存在产消缺口。世界粮食产量从 1980/1981 年的142 923.8万吨，到 2011/2012 年增加到 228 007.6 万吨，增加幅度为 59.5%，年均增长 1.52%，而在同期，世界人口数量也经历了几乎同样的增长速度，从 1980 年的 44.5 亿人，到 2011 年增加到 70 亿人，增加幅度为 57.4%，年均增长 1.47%。同时，世界粮食生产的年际间波动幅度也较大，最高的增产幅度为 10.86%(1984 年)，最高的减产幅度为 4.28%(1993 年)。在世界粮食总量上的供需缺口背后，是更加复杂深刻的结构性问题，全球饥饿问题比供需缺口数量严重地多。在世界粮食供需勉强维持平衡的大背景下，由于地区发展不平衡、收入差距过大、自然条件恶劣、地理位置偏远等原因，造成粮食供给分配的极不均衡，相当一部分人处于饥饿的困境，据报道，比如非洲人均粮食消费仅有0.43千克/天，东非一些老百姓每天只能吃1～2餐，而且食物分量只有西方人的1/10～1/4，食物营养也很低，由于近年来粮食价格不断上涨，降低了有效粮食消费，恶化了粮食供需状况。另外，尽管世界粮食库存数量有所增加，但是库存消费比呈现下降趋势，部分年份勉强维持甚至低于17％～18％的警戒线。

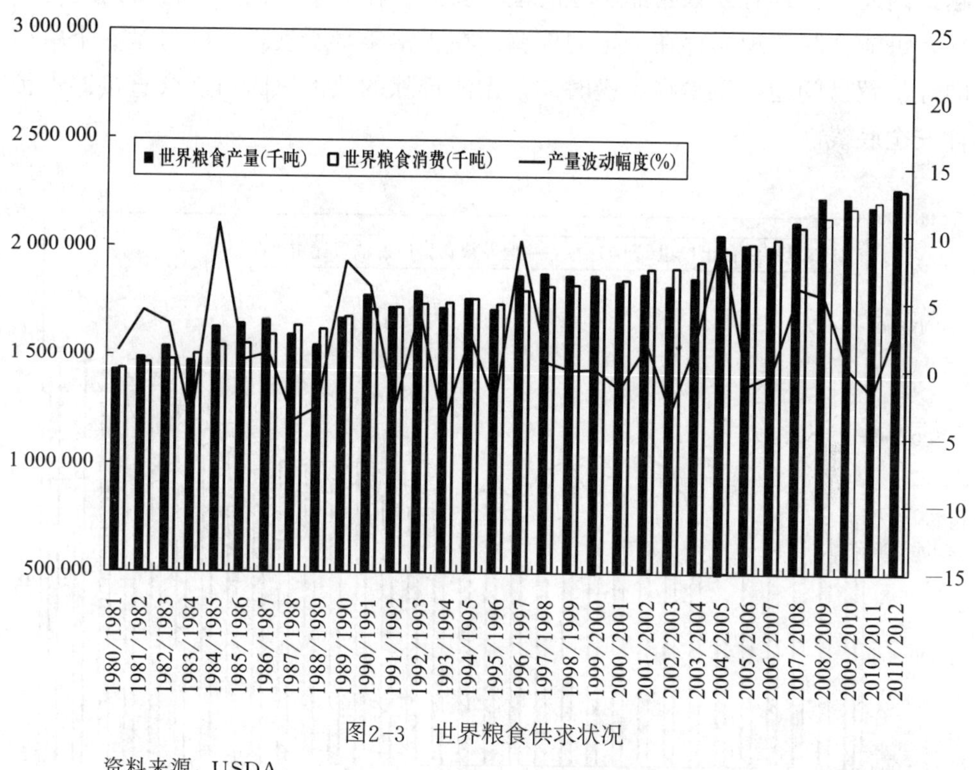

图2-3 世界粮食供求状况

资料来源：USDA。

4. 世界粮食进口和出口比重呈现下降趋势，过分强调发挥比较优势和市场化取向有失偏颇，持续获得大规模稳定的外部粮食供给难度较大

在经济全球化的背景下，有专家学者（蔡昉，1997；卢锋，1999；茅于轼，2004）认为传统的粮食安全观是狭隘的、静止的，依靠国内生产实现粮食安全既不必要也不经济，国际贸易会对我国的粮食安全提供必要的保障，通过国际贸易可以发挥中国农业的比较优势，有助于实现粮食安全。从经济学角度来看，主张扩大国际贸易是有道理的，这主要基于粮食的经济学属性，即粮食作为一种特殊商品所具有的私人品属性。但是，粮食安全具有公共品属性，这与粮食的私人品属性看似矛盾，实际上并不存在冲突，粮食是粮食安全的指向，粮食安全则是由于粮食供给充足、配置合理所形成的稳定秩序（高帆，2005）。粮食安全在国民经济社会中具有基础战略性和特殊重要性的地位，其公共品属性决定了粮食安全的实现不是一个单纯的经济学问题，因此，将具有公共物品属性的粮食安全放在竞争性商品的框架内进行解释，可能会脱离现实存在一定的偏差。在正常年景所表现出的只是一个单纯的经济贸易问题，但是在关键时期，无法排除的政治风险可能会直接冲击粮食安全底线。

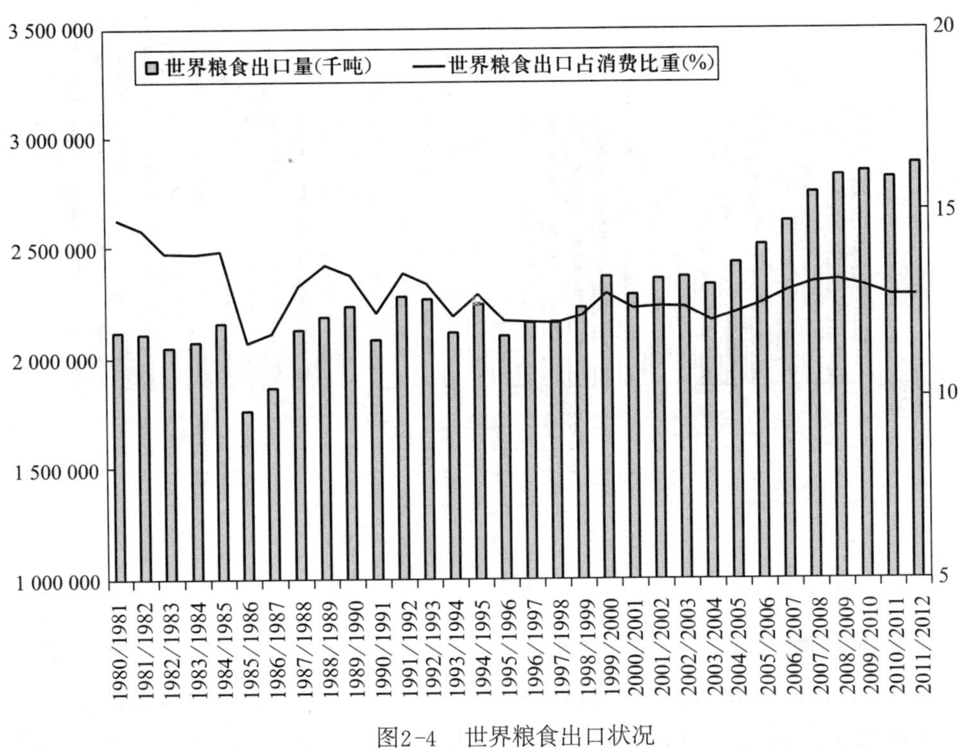

图2-4　世界粮食出口状况

资料来源：USDA。

下面再来分析一下国际粮食贸易的现实状况，到底能够给各国实现粮食安全提供多大的空间。如图 2-4 所示，自 20 世纪 80 年代以来，世界粮食贸易并不稳定。一方面，世界粮食出口量总体呈现增加趋势，从 1980/1981 年的 21 247.4 万吨增加到 2011/2012 的 28 798.4 万吨，增加 7 551.0 万吨，增幅为 35.5%，年均增加 0.99%，但是粮食出口量在部分年份间的波动表现得较为剧烈，以 1985/1986 年为例，世界粮食出口量比上年度减少了 3 788.8万吨，降幅为 18.0%。另一方面，世界粮食出口量占世界粮食消费的比重却呈现下降趋势，从 1980/1981 年到 2011/2012 年中，世界粮食出口占消费比重平均为 12.8%，出口占消费比重从 14.8%降低到 12.7%，在曲折中趋于下降，同时不同年份之间的贸易比重也出现较大波动。近年来，在国际油价不断飙升的刺激作用下，美国 2007 年年底通过《能源独立与安全法案》，鼓励大幅增加生物燃料的使用量，由于美国是全球最大的粮食出口国，用于生物燃料的农作物消耗量增加，出口量减少。可见，在世界粮食总量供应紧张的情况下，试图通过世界粮食贸易来实现各个国家的粮食供求平衡，解决粮食安全问题，从数量上特别是从比重上来看，是很难做到的。以我国为例，2010 年中国粮食消费量为 55 000 万吨，而 2010 年世界粮食出口总量为 28 329.8 万吨，也就是说将整个世界全部的出口量全部进口到我国，也仅能满足 51.5%的粮食消费需求，因此过度依靠世界粮食贸易解决大国的粮食安全问题是不可能做到的，而且，一个国家越是在发生粮食危机时，人们对于粮食短缺会产生普遍恐慌和粮价暴涨的心理预期，首先挑战的就是本国政府的能力和威信，各国出于稳定国内粮食市场和经济社会稳定发展的考虑，往往会调整惯常的粮食贸易政策，例如采取限制出口等措施，缩减粮食贸易份额，从而使得原本粮食贸易比重就较低的情况进一步恶化。

三、一级粮食安全案例借鉴

1. 全球范围内的粮食危机[①]

在游牧与农业文明时期，世界范围内的大饥荒总是呈周期性爆发。时至今日，全球粮食安全问题的阴影仍然挥之不去。

① 资料来源：周艾婷．2009.《从世界粮食危机看中国粮食安全问题》[D]. 广州：广东外贸大学．石如东．1995.《粮食：美国对外政策中的战略武器》[J].《当代思潮》(2) 等资料整理。

世界银行的统计资料显示，1982—1984 年撒哈拉以南非洲国家发生严重旱灾，波及 36 个国家 1.87 亿人口，即大约 80%的国家和 46%的人口受到威胁。在灾情最严重的 1984 年，仅谷物就比灾前的 1981 年减产 14%，加上豆类及块根类作物的歉收和牧草干枯造成牲畜大批死亡，整个地区至少缺粮 1 840 万吨，这次旱灾中死于饥饿的人口逾百万，直接受到饥饿威胁的人口达 3 000 多万。仅重灾的埃塞俄比亚一国在 1984 年 2 月至 11 月的 9 个月中，就饿死了 30 多万人。

1990 年 5 月 31 日的一期法国《新观察家》周刊的文章指出，马里、乍得、贝宁、布基纳法索等国每日人均不足 2 000 卡路里。主要受害者是儿童，1988 年约有 30 万儿童因营养不良而死亡。《东京新闻》一篇题为《非洲面临史无前例的饥荒》的报道援引联合国世界粮食计划署的统计，非洲已有约 2 700万人濒临饿死的境地。特别是苏丹、埃塞俄比亚、利比里亚、安哥拉以及莫桑比克 5 国，它们必须得到 270 万吨的粮食援助才能渡过饥荒难关，其他非洲国家还缺少总计为 120 万吨的粮食。埃及《金字塔报》文章透露，由于食品匮乏，第三世界国家每天约有 4 万儿童死亡，每年大约有2 000万人饿死。

2007 年以来，国际粮食局势风起云涌，粮食价格一直处于强势上升态势。世界粮食供给大幅度减少，粮食出口国不同程度的出现库存短缺状况，消耗量与日俱增进一步加剧了粮食紧张和缺粮恐慌。粮食价格暴涨，正在带来社会灾难。粮价大幅度上涨是一场“无声的海啸”，在很多国家引发了社会危机。国际货币基金组织官员更是警告：“粮价继续上涨会引发战争。”目前，粮食危机已经使多个国家出现动荡局面，不少国家因此发生骚乱和流血冲突。

2008 年 4 月，第 12 届联合国贸易和发展大会在加纳首都阿克拉举行。联合国秘书长潘基文呼吁世界各国行动起来，尽快应对粮食危机。他强调，过高的粮食价格削弱了国际社会在对抗饥饿和营养不良问题上的努力，并在许多国家引发了社会动荡。联合国倡导国际社会及早协调行动，控制粮食危机的事态发展。否则，粮食危机最为严重、粮食储备不足而人口巨大的国家，就可能进一步滑向“战乱国”或“失败国”，从而对世界和平形成更大的威胁，使国际形势更加动荡不安[①]。国际货币基金组织和世界银行更是警

① 周光杨，潘基文呼吁尽快解决粮食危机，新华网。

告，对于那些购买力较弱、难以确保粮食稳定供应的穷国来说，粮食问题很可能引发地缘关系的紧张，在极端情况下会导致战争[①]。全球化的发展使得全球政治和经济联系越来越紧密。世界性粮食危机的爆发，使得各国都难以独善其身。越来越多的国家正在陷入脆弱而危险的境地。

在非洲、拉美和亚洲，有不少的国家粮食主要依赖进口。当国际粮食价格上涨时，政府没有足够的外汇去购买粮食就不得不提高粮食价格。高粮价引起了低收入阶层的强烈抗议，导致非洲、拉美以及亚洲穷国频频爆发游行、示威、罢工乃至骚乱。

2007年底以来，阿富汗、索马里、苏丹、刚果（金）等国因粮价上涨引发社会动荡，喀麦隆、布基纳法索、塞内加尔、科特迪瓦等多国相继发生"粮食骚乱"，造成人员伤亡。埃及民众因面包涨价而引发了声势浩大的抗议，造成7人死亡和50多人受伤。津巴布韦、毛里塔尼亚等国家和地区，也发生了因粮价上涨而引发的抗议活动[②]。

自2007年底，墨西哥民众因玉米价格上涨游行示威。秘鲁因粮价上涨引发抗议。2008年4月以来，海地连续发生因粮食问题而引起的骚乱，人们无法抵御粮价飘升带来的冲击，纷纷走上街头，进行了大规模的游行示威抗议活动，造成5人死亡和20多人受伤，总理亚里克西也成为第一个在粮食危机中黯然下台的政府首脑[③]。

印度尼西亚民众因创纪录的黄豆价格上街抗议，巴基斯坦因小麦短缺导致社会骚乱。中国虽然没有发生剧烈社会动荡，但粮价的上涨加剧了人们对粮食紧缺的担忧，粮食安全的忧虑剧增。

到2007年12月为止，全球已经有37个国家爆发了因粮食危机引起的社会危机，20个国家实行了某种形式的价格管制措施[④]。

粮食危机使有钱有粮的发达国家也难以独善其身，意大利市民游行抗议粮价上涨，美国西部、东北部消费者不满超市限量购买粮食，日本家庭主妇则四处寻觅蛋糕黄油[⑤]。

受到不利天气影响，欧盟农产品歉收库存下降，加之全球市场供应紧

---

① 周光杨，潘基文呼吁尽快解决粮食危机，新华网。

②③④ 江涌，直面世界粮食危机：一场沉默的海啸不期而至，求是。

⑤ 新闻晨报，大米限供黄油难买世界粮食危机波及大部分国家。

张，粮食产品进出口贸易格局完全改变。由于生产供给不足，欧盟不得不完全依赖于进口，这进一步导致欧洲市场上粮食价格大幅上扬。作为众多食品主要成分的谷物，其价格在一年里从每吨179欧元飙升至300欧元，欧盟统计局公布的数据显示，2007年10月份欧洲市场上面包、干酪和其他食品的价格上涨了3.8%，为5年多来的最快涨幅①。随着欧盟的谷物库存降至24年来的最低水平，欧盟不得不同意暂时取消对大部分谷物产品征收的进口关税。对于那些不太富裕的欧洲家庭来说，粮价上涨令人忧心忡忡。

2. 大国政治外交的粮食武器②

粮食贸易或援助时常作为大国政治外交的手段，用以干预别国内政。中国有一句名言，叫做“民以食为天”。古希腊的唯心主义大哲学家苏格拉底，以同样简捷的语言宣布了一个朴素而其实是唯物主义的思想：“不懂得全部小麦问题的人，没有资格当政治家。”

所谓“没有扭曲的、充分竞争的、跨国界的、完备的市场体系”，仅仅是新古典主义经济学带有乌托邦色彩的幻想，现实中根本不存在。曾是美国里根政府农业部长的约翰·布洛克在一次听证会上直言不讳地说：“粮食是一件武器，而使用它的方式就是把各个国家系在我们身上，那样他们就不愿和我们捣乱。”1974年，美国中央情报局以《人口、农业生产和气候趋势的潜在后果》的报告中说，世界对美国粮食越来越大的依赖“预示着美国权力和影响的增长，特别是对那些穷困的、缺少农业资源的国家来说更是这样”。第三世界缺粮“可使美国得到前所未有的一种力量，……华盛顿对广大的缺粮者实际上就拥有生杀予夺的权力”。

1949年新中国成立后，美国等西方盟国对中国的粮食封锁和商品禁运一直延续到20世纪70年代初期。1945年，美国向南斯拉夫提供巨大的粮食援助，支持铁托总统为摆脱苏联的控制而进行的改革。1965—1967年，美国对印度限制粮食出口迫使改变其反对美国入侵越南的外交政策。1970年，美国对智利的粮食援助随着尼克松政府反对的阿连德当选总统后而立即停止，继而在其下台后又很快恢复。1973年，美国由于国内食品价格史无

① 海口经济信息，欧盟面临粮食危机。

② 资料来源：石如东.1995.《粮食：美国对外政策中的战略武器》[J].《当代思潮》(2).周立.2008.《解密全球粮价暴涨背后的“食物帝国”》.《中国青年报》.2008.5.12.等资料整理。

前例地上涨，对大豆、棉籽及其制品实行禁运，日本97%的大豆依靠进口，其中92%来自美国，因此受害最大。

美国的过剩粮食加强了它在国际上的政治与经济权力。无粮不稳，这是人所共知的道理。正是由于美国的粮食援助，才得以保持了西欧国家经济上的稳定，而这种稳定则首先是“为了防止苏联扩张的威胁和西方国家中共产党人获取政治利益的堡垒”。战后美国不仅加强对南朝鲜提供粮食援助，而且对菲律宾、印度尼西亚、尼加拉瓜、巴西和很多其他国家也都是这样。这种援助，按丹·摩根的说法，“美国的政治和经济利益显然是被考虑在内的”，目的首先是“加强这些国家防止共产主义的渗透和开创新的市场”。他说：“在美国，要把同共产党人做交易与政治分开是不可能的。”

1962年，原苏联小麦歉收，政府决定从美国进口小麦弥补自己的粮食短缺。这在美国的反应，犹如一潭静水里扔进了一块大石头。“苏联是敌人，政治上的强大压力阻止两国经济上的接近，更不许可拿粮食去喂饱苏联人。”这里提供了两种趋向：如伊利诺伊州的参议员保尔·道格拉斯所说，向苏联提供粮食，会“损害靠内部革命推翻苏联和中国的最好的希望”；另一方面，大量过剩粮食又赋予美国应该充分利用的力量。结论是，不妨趁此机会向苏联出售粮食，耗费苏联有限的外汇储备，换取它低于石油输出国组织的价格的石油，并迫使它减少对石油输出国组织的控制。农业部长哈丁在给尼克松总统的报告中说，这样的销售“是为美国最大利益服务的”。最后，美国提供给苏联的贷款达5亿美元，条件是苏联必须保证在3年中至少购买7.5亿美元的美国粮食。

1991年9月17日路透社的一篇新闻分析提出了这样一个疑问：苏联的饥民比苏丹和埃塞俄比亚的饥民更值得帮助吗？美利坚大学国际经济学专家詹姆斯·韦弗说：“援助是以反共产主义为条件的。”美国参议院营养和人类需要特别委员会主席麦戈文宣称：“我们处理剩余粮食并不是根据哪里最需要这些粮食，而是根据对外事务方面权力与政治上的考虑。换句话说，我们用粮食作为弹药。……我们‘粮食用于和平’计划中的粮食很少运往非洲，虽然非洲有成千上万的人活活饿死。”美国学者斯特林·沃特曼和小拉尔夫·卡明斯在20世纪80年代初出版的《世界粮食问题——挑战和战略》中说：“大量的美国粮食援助给予了那些对美国有明显政治利益的国家。”“美国以粮食援助作为外交政策的工具。”

1980—1981年，苏联入侵阿富汗，美国对其实行谷物禁运。但当20世纪80年代末苏联进行改革时，西方议员阿德·梅尔科特立即指出：苏联需要多少粮食就提供多少粮食。之后是苏联解体。以美国为首的西方国家在导致苏联国家解体和社会主义制度被颠覆的历史逆转中怎样功劳赫赫，已经不再是需要用外交辞令遮遮掩掩的秘密了。

1990年11月4日，英国《星期日泰晤士报》指出“西方国家担心，食品的严重短缺，甚至可能的饥荒，可能在苏联引起强烈的抗议，从而严重损害戈尔巴乔夫为使这个国家走上自由市场道路而作的努力。这些努力受到白宫和华盛顿的欢迎。……西方对苏联的援助同苏联奉行的国内外政策是密切相关的，西方国家一直以经济援助为诱饵，促使苏联政策朝着它们所期望的方向变化。事实上，援助问题不只是一个经济问题，而是一个极大的政治问题。”

最近一次明显的以粮食作为武器来干预他国内政的事件，要算是美国对朝鲜的粮食援助政策了。1994年以来，朝鲜连续几年歉收，国内粮食供应严重短缺。美国联合日本、韩国对朝鲜提供粮食援助，但条件是，朝鲜必须放弃核计划，并在缓和朝鲜半岛局势方面与西方合作。

第二节　第二层级粮食安全的底线思维

第二层级（中观）粮食安全实质上是一个涉及局部地区的结构性问题，也是一个涉及粮食品种的结构性问题，在一定程度上受制于一级粮食安全实现程度。假设一个地区发生局部性自然灾害、突发事件，导致本地区粮食供应出现问题，在宏观层面粮食供给有余的情况下，可及时调拨粮食平抑短缺，如果粮食储备、粮食物流体系出现问题，将会导致粮食调运不及时甚至调不出来的情况。另外，一个区域的粮食品种供应结构也要与消费需求结构相适应，而不是简单地总量平衡。二级粮食安全是保障总体粮食安全的重要环节，在一定程度上直接决定三级粮食安全的实现。

一、二级粮食安全情景模拟

本书假设一种极端情景来模拟第二层级（中观）粮食安全问题。

一个国家在一定时期内，发生区域性的极端天气和严重自然灾害，如冰雪、洪涝、干旱、地震以及飓风等，或发生较大规模的社会、政治或群体性突发事件甚至战争等，局部地区粮食减产甚至绝收，主要运输通道受突发灾害影响，短时期内难以打通，从外地或就近粮食储备库调运粮食的渠道受到严重阻碍，短时期内导致本地区粮食供应告急，缺粮严重。如果是粮食主销区，情况将更为糟糕，原本该地区的粮食就产不足需，存在很大的粮食缺口，再加上外地的粮食运不进来，供应链条被切断，严重依赖外地粮食供应的局面无疑是雪上加霜，局部性的粮食安全问题凸显。

随着缺粮人口规模不断扩大，缺粮数量不断上升，人们的个体心理预期进而演变成群体性的普遍恐慌，在相对封闭的区域内粮食价格暴涨，出现有钱买不到粮食甚至哄抢粮食的局面。另外，在市场机制的作用下，一个地区的粮食生产的品种结构发生了较大的调整，但与该地区的消费结构存在较大差异，或者粮食储备的品种结构不合理，也会引发结构性的粮食供需矛盾，带来部分品种的粮食不安全，在上述情境下也会带来一定程度的粮食危机。

二、二级粮食安全现实分析

中国历史上区域性的粮食危机频繁发生。在近代史上，因生产能力和抗御自然灾害能力的低下，所导致的局部灾荒几乎没有断过，由于当时中央政府没有能力及时地调控全国粮食在各省间的分配，所以经常会发生地方性的饥荒。据统计，在中国近代史上，有记载的人相食事件就有170多起。天灾人祸频发的年代“人吃人的社会”，不是一种比喻，“社会”前面那四个字绝不是形容词。新中国成立以来，特别是改革开放以来，经过几代人的不懈努力，我国用世界近9%的耕地、不足7%的水资源，解决了十几亿人口的吃饭问题，基本解决人民温饱，并向全面建设小康社会迈进，用事实有力地驳斥了美国农业和环境问题专家布朗“谁来养活中国”的质疑。但是，应该清醒地看到，我国在中观层面的粮食安全问题，如区域结构、品种结构、物流水平等表现得并不乐观，应该引起我们的警醒和深思。

（一）从区域结构来看，南方粮食生产渐趋萎缩，粮食生产重心逐步北移，主销区产量比重已降下滑到6%

我国粮食生产区域分布广，全国31个省（自治区、直辖市）都有粮食生产活动，但由于我国各地自然条件、资源禀赋、生产技术水平及经济发展程度不一，形成了粮食区域和品种结构的不同情况。

历史上，我国粮食供应一直是“南粮北调”格局。江苏、两广、两湖一带是主要的粮食生产和供应区，“湖广熟，天下足”生动地反映了千百年来“南粮北调”的历史。自 20 世纪 80 年代特别是进入 90 年代以来，我国粮食供需格局发生了较大转变，粮食生产继续向优势区域集中，粮食生产重心逐步北移，粮食流通格局出现了由“南粮北调”到“北粮南运”的重大转变。我国北方地区①粮食生产趋增，占全国比重逐年上升，到 2010 年北方地区粮食播种面积占全国的 55.3%，产量占全国的 54.4%，分别比 1980 年增加 5.3 个百分点和 13.8 个百分点。从目前的情况来看，河北、内蒙古、辽宁、吉林、黑龙江、山东、河南等北方 7 个产区的粮食产量占全国粮食总产的比重在逐步提高，江苏、安徽、江西、湖北、湖南、四川等南方 6 个产区的比重在逐步下降②。南方粮食生产萎缩，随着东南沿海工业化、城镇化加快推进，粮食播种面积不断减少，逐步由粮食产区转化成销区，人均粮食占有量不断下降，供需缺口越来越大。

如图 2－5 所示，2007/2008 年度，我国粮食供需存在缺口的地区主要集中在东南沿海等发达省份，缺口超过 500 万吨的省份主要有广东、福建和浙江，缺口超过 250 万吨的省市主要有北京、山东和海南。我国粮食供应结余的地区主要集中在几个粮食主产区，结余超过 500 万吨的省份主要有黑龙江、吉林、河南、安徽等四个主产区，结余超过 250 万吨的省区主要有内蒙古、辽宁、江苏和江西等四个主产区，另外新疆作为传统的产销平衡区粮食也出现结余。

根据各区域粮食产量、粮食播种面积和提供的商品粮数量及其占全国的比重、粮食供求状况等，我国粮食和农业主管部门将全国划分为粮食主产区、粮食产销平衡区、粮食主销区三种类型。其中粮食主产区包括黑龙江、辽宁、吉林、内蒙古、河北、江苏、安徽、江西、山东、河南、湖北、湖

① 北方地区包括北京、天津、河北、山西、内蒙古、辽宁、吉林、黑龙江、山东、河南、西藏、陕西、甘肃、青海、宁夏、新疆等 16 个省（自治区、直辖市）；南方地区包括上海、江苏、浙江、安徽、福建、江西、湖北、湖南、广东、广西、海南、四川、重庆、贵州、云南等 15 个省（自治区、直辖市）。

② 聂振邦．2008．现代粮食流通产业发展战略研究［M］．北京：经济管理出版社：116.

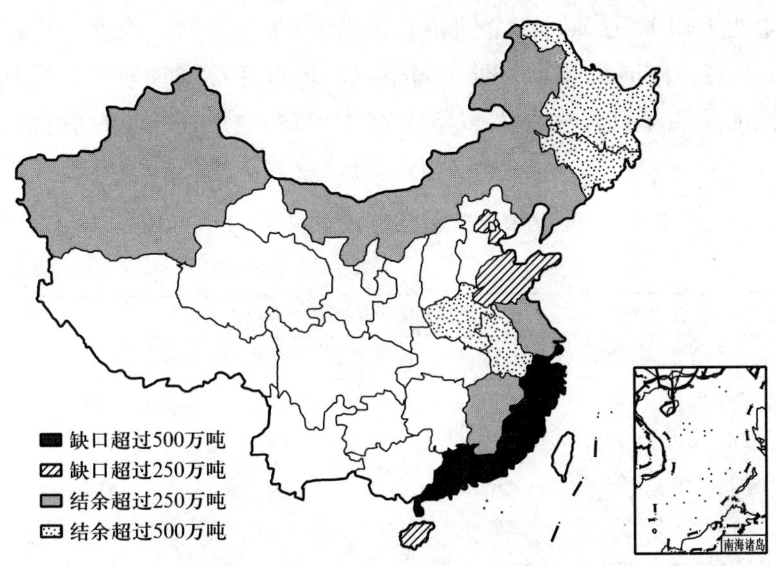

图 2-5 我国主要粮食分省结余分布（2007/2008 年度）

资料来源：于旭波．2009．粮油食品安全与产业发展［C］．中国农业大学论坛：06.

南、四川等 13 个省（自治区），粮食产销平衡区包括山西、广西、重庆、贵州、云南、西藏、陕西、甘肃、青海、宁夏、新疆等 11 个省（自治区、直辖市），粮食主销区包括北京、天津、上海、浙江、福建、广东、海南等 7 个省（直辖市）。

1. 主产区粮食产大于需，余粮较多，库存较为充裕

全国粮食生产主要集中在粮食主产区，主产区的粮食产量不断提高，且比重呈现上升趋势，全国粮食生产进一步向主产区集中，近年来粮食主产区的粮食生产比重已经增加到 75%左右。从表 2-1 看，在 1980 年粮食主产区产量为 22 205.0 万吨，占全国粮食总产比重为 69.3%，到 1990 年粮食产量增加到 32 501.6 万吨，比重提高到 72.8%，到 2010 年粮食产量继续增加到 41 184.1万吨，比重进一步提高到 75.4%[①]。总体上，粮食主产区粮食产大于需，余粮较多，库存较为充裕。从 2004 年的粮食区域平衡情况来看，13 个粮食主产区粮食产量 34 115 万吨，占全国粮食产量的 72.6%，而同期粮

① 其中在 2000 年粮食主产区粮食生产比重出现较大幅度下降，主要是由于行政区划的调整导致统计口径的变化，重庆市于 1997 年成为直辖市，从主产区划为产销平衡区。

食消费量为 30 109 万吨，占全国粮食消费量的 61.3%，粮食主产区产大于需 4 006 万吨。同时近几年临时存储小麦、稻谷库存增加较多，增加了粮食宏观调控的物质基础，库存大多集中在主产区，使得产区的粮食供给更加集中。

表 2-1　我国粮食产量区域变化状况（1980—2010 年）

单位：万吨，%

年份	粮食主产区		产销平衡区		粮食主销区		全国	
	产量	比重	产量	比重	产量	比重	产量	比重
1980	22 205.0	69.3	5 293.5	16.5	4 557.0	14.2	32 055.5	100.0
1985	27 439.3	72.4	5 743.9	15.2	4727.6	12.5	37 910.8	100.0
1990	32 501.6	72.8	6 897.5	15.5	5 225.2	11.7	44 624.3	100.0
1995	34 470.1	73.9	7 226.6	15.5	4 965.1	10.6	46 661.8	100.0
2000	32 607.4	70.6	9 135.8	19.8	4 474.4	9.7	46 217.5	100.0
2005	35 443.1	73.2	9 543.5	19.7	3 415.6	7.1	48 402.2	100.0
2006	36 824.3	74.0	9 400.9	18.9	3 522.7	7.1	49 804.2	100.0
2007	37 640.2	75.0	9 335.7	18.6	3 184.3	6.3	50 160.3	100.0
2008	39 917.5	75.5	9 708.6	18.4	3 244.8	6.1	52 870.9	100.0
2009	39 710.2	74.8	10 011.1	18.9	3 361.0	6.3	53 082.1	100.0
2010	41 184.1	75.4	10 140.4	18.6	3 323.3	6.0	54 647.7	100.0

资料来源：根据历年《中国统计年鉴》、《中国农业统计资料汇编（1949—2004）》、《中国粮食发展报告》等资料整理。重庆市于 1997 年成为直辖市，从主产区划为产销平衡区。

2. 主销区粮食产需缺口逐年扩大，自给率下降，库存比较薄弱

从 20 世纪 90 年代以来，粮食主销区的粮食产量呈现下降趋势，且比重更加明显下降，近年来粮食主销区的粮食生产比重已经下降到 6%左右，特别是北京、上海、天津三大直辖市和经济比较发达的浙江省农业结构调整较快，粮食产量下降幅度较大，但在全国粮食产量恢复性增长的情况下，目前主销区产量有保持稳定的迹象，但比重仍有继续下滑的趋势。从表 2-1 看，在 1990 年粮食主销区产量为 5 225.2 万吨，占全国粮食总产比重为 11.7%，到 1995 年粮食产量降低到 4 965.1 万吨，比重下降到 10.6%，到 2000 年粮食产量继续降低到 4 474.4 万吨，甚至低于 1980 年的产量水平，比重进一步下降到 9.7%，到 2005 年粮食产量降低到 3 415.6 万吨，比重下降到 7.1%，到 2007 年粮食产量更是降低到改革开放以来的最低点 3 184.3 万吨，比 1980 年的产量水平降低 1 372.7 万吨，比重下降到 6.3%，2008 年以来主销区粮食产量出现小幅波动性增加，但 2010 年产量比重继续降低到改革开放以来的最低点 6.0%。粮食主销区粮食产量占全国粮食产量的比重，从 1980 年的 14.2%，到 1995—2000 年逐步下降到 10%左右，到 2005—2006 年，出现了更为严重的下降，已经下降到 7%左右，到 2007—2010 年，粮食产量比重已经降低到 6%左右，2010 年与 1980 年相比，主销区粮食产量占全国比重降幅高达 57.2%。总体上，主销区粮食产需缺口逐年扩大，自给率下降，库存比较薄弱。从 2004 年的粮食区域平衡情况来看，7 个粮食主销区粮食产量为 3 451 万吨，占全国粮食产量的 7.4%，而粮食消费量高达 8 731万吨，占全国粮食消费的 17.8%，主销区粮食产需缺口 1 056 万吨，主销区平均粮食自给率为 39.5%，其中北京市的自给率最低仅为 10.5%。同时，销区的粮食库存比较薄弱，更加剧了主销区的粮食紧张供应形势。

3. 产销平衡区产需缺口有所扩大，库存结构需调整优化

20 世纪中后期以来，粮食产销平衡区粮食生产有所提高，但粮食产量占全国的比重趋于下降，近年来粮食产销平衡区的粮食生产比重基本在 18.5%左右，产销平衡区的部分省区有向销区发展的趋势[①]。从表 2-1 看，在 2000 年粮食产销平衡区产量为 9 135.8 万吨，占全国粮食总产比重为 19.8%，到 2006 年粮食产量增加到 9 400.9 万吨，但比重下降到 18.9%，到 2010 年粮食产量继续增加到 10 140.4 万吨，比重却继续下降到 18.6%。总体上，产销平衡区产需缺口有所扩大，库存结构需调整优化。从 2004 年的粮食区域平衡情况来看，11 个粮食产销平衡区粮食产量为 9 381 万吨，占全国粮食产量的 20.0%，而粮食消费量高达 10 251 万吨，占全国粮食消费的 20.9%，主销区粮食产需缺口 870 万吨，粮食产需缺口有所扩大。由于国家粮食库存大多集中在主产区，再加上产销平衡区扩大的产需缺口，粮食供应也需要加强，国家粮食库存的地区布局需要进一步调整和优化。

① 值得说明的是，正如上文所提到的，由于行政区划的调整导致统计口径的变化，重庆市于 1997 年成为直辖市，从主产区划为产销平衡区，对产销平衡区的情况影响较大，在此对于 1997 年以前的情况不做分析。

今后，随着市场机制对粮食资源配置基础性作用逐步加强和不同地区比较优势日益发挥，粮食生产进一步向优势地区集中，同时，我国粮食库存也大多集中在主产区，主销区的库存比较薄弱，全国粮食供求的区域结构性矛盾将更加突出。在当前粮食需求刚性增长、灾害天气频发以及国际粮食价格动荡影响下，像我国这样一个人口大国，粮食生产供应地区过于集中、地区产需发展的不平衡状况无疑会加剧国内粮食安全的隐忧。

（二）从品种结构来看，水稻、小麦和玉米三大谷物供求关系继续呈偏紧态势，大豆对外依存度已经高达 80%

国内粮食主要以稻谷、小麦、玉米、大豆四种粮食作物为主，其他粮食品种的消费为辅。从粮油品种结构看，我国粮食供需结构矛盾突出，粮食消费趋势加剧了粮食品种供需矛盾。

表 2-2　我国粮食分品种消费量（2003—2010 年）

单位：万吨

年份		2003	2004	2005	2006	2007	2008	2009	2010
稻谷	产量	16 065.6	17 908.8	18 058.8	18 171.8	18 603.4	19 189.6	19 510.3	19 576.1
	需求	19 205.0	18 925.0	18 250.0	18 065.0	17 935.0	18 171.7	18 171.7	18 468.0
小麦	产量	8 648.8	9 195.2	9 744.5	10 846.6	10 929.8	11 246.4	11 511.5	11 518.1
	需求	11 425.0	10 230.0	10 097.0	10 183.0	10 240.0	10 450.0	10 619.0	11 409.0
玉米	产量	11 583.0	13 028.7	13 936.5	15 160.3	15 230.0	16 591.4	16 397.4	17 724.5
	需求	11 410.0	11 565.0	12 640.0	14 100.0	14 260.0	14 593.0	14 330.7	15 970.0
大豆	产量	1 539.3	1 740.1	1 634.8	1 508.2	1 272.5	1 554.2	1 498.2	1 508.3
	需求	3 145.0	3 470.0	4 303.0	4 403.0	4 451.0	4 900.0	5 670.0	6 536.0
粮食	产量	43 069.5	46 946.9	48 402.2	49 804.2	50 160.3	52 870.9	53 082.0	54 647.7
	需求	48 625.0	49 090.0	49 775.0	50 800.0	51 250.0	51 700.0	52 300.0	55 000.0

资料来源：根据历年《中国粮食发展报告》整理测算得到。

1. 稻谷产量逐年提高，消费存在结构性问题，供需形势长期偏紧

从表 2-2 和图 2-6 看出，2003 年以来，我国稻谷供需形势由产不足需转变为供给略大于需求的格局，但总体供需长期偏紧，并且存在结构性问题，优质稻米品种有待进一步提高，籼稻供给相对充裕，粳稻供应较为紧张，随着人们消费水平和生活质量的日益提高，粳稻以其较高的品质在市场上越来越受到人们的欢迎，在居民的口粮消费中的比重有提高的趋势，加剧了粳稻的供需矛盾。全国稻谷产量持续增产，由 2003 年的 16 065.6 万吨，增加到 2004 年的 17 908.8 万吨，到 2005 年继续增加到18 058.8万吨，到 2008 年进一步增加到 19 189.6 万吨，到 2010 年已经稳步提高到 19 576.1 万吨，最近 7 年来增产幅度达到 21.9%。相比生产持续增加的形势，消费需求比较稳定，最近 5 年来基本保持在 18 000 万吨左右，但品种结构性问题较为突出。稻谷供需形势由 2003—2007 年的产不足需，到 2008 年以来转变为产略大需的格局，但供需形势仍然比较紧张。

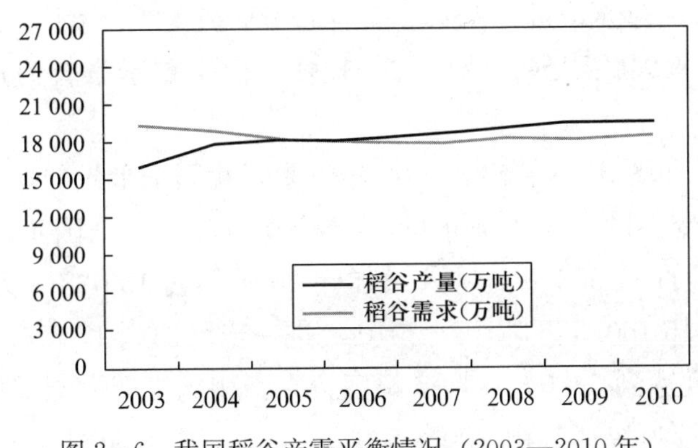

图 2-6　我国稻谷产需平衡情况（2003—2010 年）

资料来源：根据《中国统计年鉴》、《中国粮食发展报告》整理计算得到。

2. 小麦产量增幅较大，消费相对平稳，供需形势由产不足需转为产略大于需

从表 2-2 和图 2-7 看出，2003 年以来，我国小麦供需形势由产不足需转变为供给略大于需求的格局。全国小麦产量持续增产，由 2003 年的 8 648.8万吨，增加到 2004 年的 9 195.2 万吨，到 2006 年继续增加到 10 846.6万吨，到 2008 年进一步增加到11 246.4万吨，到 2010 年已经稳步提高到 11 518.1 万吨，最近 7 年来增产幅度达到 33.2%。相比生产持续增加的形势，消费需求比较稳定，最近 8 年来基本保持在 11 000 万吨左右，但小麦品种优质率需要进一步提高。小麦供需形势由 2003—2005 年的产不足需，到 2006 年以来一直保持产略大需的格局，但供需形势相对紧张。

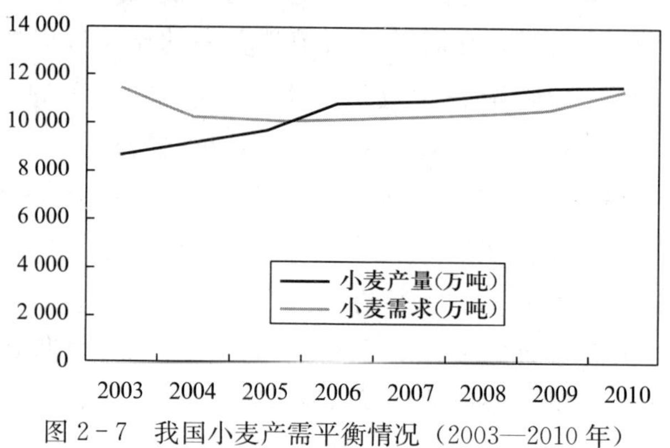

图 2-7　我国小麦产需平衡情况（2003—2010 年）

资料来源：根据《中国统计年鉴》、《中国粮食发展报告》整理计算得到。

3. 玉米产量增幅明显，消费增长较快，由供需紧张转为产大于需，节余较多

从表 2-2 和图 2-8 看出，2003 年以来，我国玉米供需形势已经由供需紧张的格局转变为供给大于需求的格局，节余较多。全国玉米产量持续增产，由 2003 年的 11 583.0 万吨，增加到 2004 年的 13 028.7 万吨，到 2006 年继续增加到 15 160.3 万吨，到 2010 年进一步增加到 17 724.5 万吨，最近 7 年来增产幅度达到 53.0%，增产幅度较大。相比生产大幅增加的形势，消费需求增加也较为快速，由 2003 年的 11 410 万吨增加到 2010 年的 15 970 万吨，增加幅度高达 40.0%，但小于生产的增加幅度。

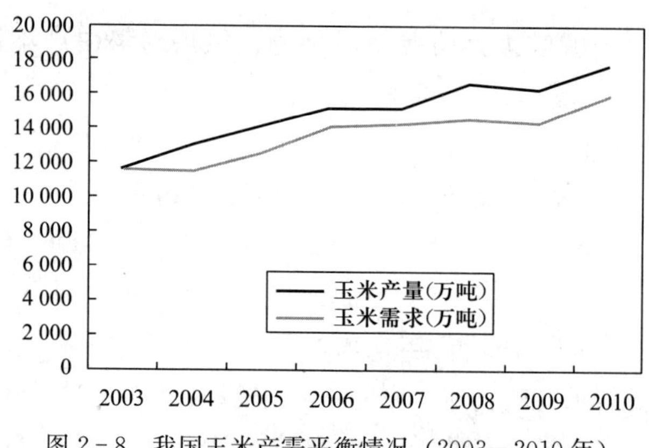

图 2-8　我国玉米产需平衡情况（2003—2010 年）

资料来源：根据《中国统计年鉴》、《中国粮食发展报告》整理计算得到。

4. 大豆生产日渐式微，需求快速增长，产需缺口不断扩大

从表 2－2 和图 2－9 看出，2003 年以来，我国大豆供需形势一直不容乐观，生产徘徊不前，需求迅猛增加，产需缺口呈现逐年扩大的趋势，2004 年自给率为 50.1%，到 2010 年已经持续降低到 23.1%。全国大豆生产较不稳定，表现出较强的波动性，2004 年为产量最高的年份，产量为 1 740.1 万吨，2007 年为产量最低的年份，产量为 1 272.5 万吨，与 2004 年相比，波动幅度高达 26.9%。与生产的波动趋势相比，消费需求持续迅猛增加，由 2003 年的 3 000 多万吨，到 2005 年快速突破 4 000 万吨，到 2010 年进一步增加到 6 536 万吨，比 2003 年增加了 3 391 万吨，增幅高达 107.8%。

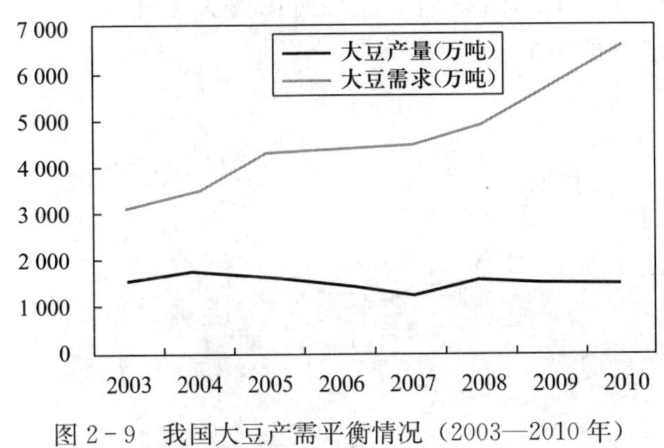

图 2－9　我国大豆产需平衡情况（2003—2010 年）

资料来源：根据《中国统计年鉴》、《中国粮食发展报告》整理计算得到。

总体来说，小麦由前几年产不足需转为产略大于需，但品种优质率优待进一步提高；由于大米在居民口粮消费中比重逐步提高，稻谷供需长期偏紧，存在结构性问题，籼稻供给相对充裕，粳稻供应较为紧张；玉米工业消费增长较快，将由以往供需平衡有余逐步转向供需关系趋紧，近年来供求关系相对缓和，余粮较多；大豆生产徘徊不前，需求增长较快，产需缺口迅速扩大；杂粮长期产不足需，常年需要进口调节。粮食库存品种结构与消费结构还不完全适应，需要进一步改善。

（三）面对粮食大宗跨省市“大进大出”的格局，落后的粮食物流体系严重制约了现代粮食流通的发展

目前，我国已基本形成几大粮食流通通道（如图 2－10 所示），主要包括：①东北地区粮食流出通道：东北三省和内蒙古东四盟（市）的粮食由铁路运往大连方向，再由水路运到东南沿海及南方粮食主销区省份，或出口到韩国等国家，以及由铁路经山海关运往关内。②黄淮海地区小麦流出通道：河北、河南、山东及安徽北部地区输出的小麦主要通过铁路运往周边的省份和华东、华南、西南、西北省区，部分通过铁路运往周边省市。③长江中下游稻谷流出通道：长江中下游的湖北、湖南、安徽、江西和四川五省输出的稻谷主要经铁路和公路干线运往东南沿海及西南地区。④东南沿海粮食流入通道：东北粮食产区经海路运输的稻谷、玉米及从国外进口的粮食从东南沿海各省市港口流入，再经公路或内河转运。⑤京津地区粮食流入通道：东北粮食主产区的稻谷、玉米由铁路运输经过山海关运往北京、天津等销区省份以及国外进口粮食的流入。

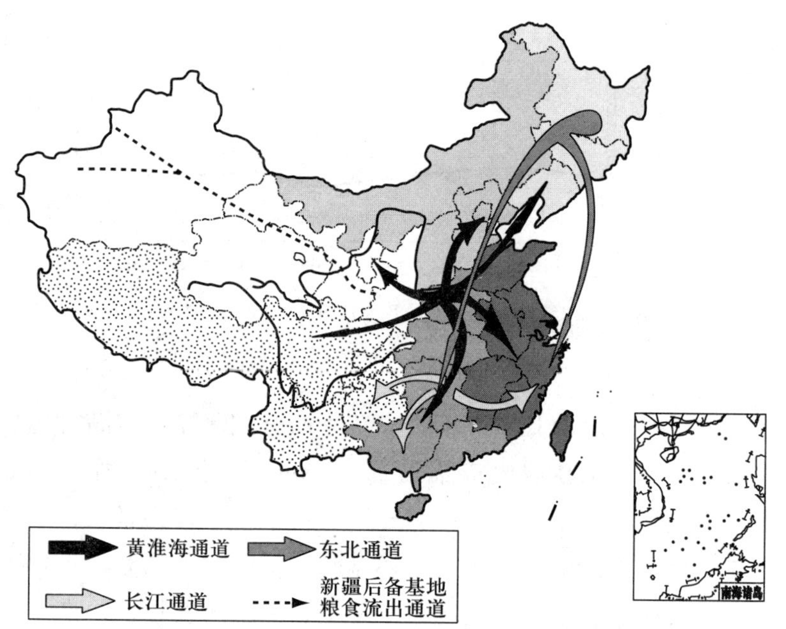

图 2-10　我国主要粮食物流通道示意图

资料来源：《粮食行业“十二五”发展规划纲要》。

总体来看，我国粮食物流体系适应长期形成的粮食大宗“大进大出”的格局，形成了产销区对接的五大粮食物流“大动脉”。但是我国粮食现代物流发展还比较落后，物流成本高、效率低、损耗大的问题仍很突出，粮食物流设施不能适应粮食现代物流发展的需要，不能适应市场经济条件下粮食跨省市流通的需要，严重制约了现代粮食流通的发展。一是仓储设施不能适应散粮接卸的需要。目前现有完好仓容中只有约11%是适合粮食散装散卸的立筒仓、浅圆仓，其余89%的平房仓不适应散粮接收发的需要。关内主产区交通枢纽地区和南方部分主销区，散粮中转库容不足。二是运输方式落后、运力不足，存在瓶颈制约。目前全国85%的粮食采用传统的包粮运输方式。铁路运力严重不足，我国年铁路运力约20亿吨，只能满足全国实际运输需求量的1/3，粮食的铁路运输需求常常得不到满足；粮食海运能力挖掘不够，北粮南运海上运输比例仍然不高。三是装卸自动化水平低。绝大部分粮食的装卸仍采用传统肩挑背扛的人工搬倒装卸方式。目前，全国只有约1.2%的粮库配备铁路散粮卸车设施，严重影响了铁路散粮车在全国范围使用。四是组织化程度低。物流资源分散，粮食经营企业数量多、规模小、产销脱节，难以形成规模效益。目前，以东北地区为例，粮食发运人多、户年均发运量低，不能满足运输部门整列、整船发运的要求，影响运输效率的提高。

三、二级粮食安全案例借鉴

1. 近代中国粮食危机和1942年河南大饥荒[①]

民国时期，频仍的自然灾害袭击各个省份。1918年大旱席卷了北方6个省，50万人丧生，317个县的庄稼严重受损。同年2月，陕西和甘肃发生大地震。1921年，6个省遭受大水侵袭[②]。次年，台风袭击汕头；第三年，12个省份经受水旱两种灾害。到1924年和1925年，自然灾害的范围更大，冲击加重。云南在遭受严重地震后又遇洪水。另有6个省的庄稼遭受虫灾，洪水在黄河流域泛滥。

经济因素和气候因素结合起来，1932—1935年中国农民陷入更加贫困的境地。造成农业危机的一个主要原因，是随着世界经济萧条而来的给中国

① 资料来源：根据（美）费正清，（美）费维恺编，《剑桥中华民国史》（1912—1949年下卷），中国社会科学出版社，1994年1月；金明大，《1942年河南旱灾真相》，《瞭望东方周刊》，2012年8月；周斌，《河南大饥荒一场人祸铸就的天灾》，《文史参考》，2012年第19期；腾讯网，《1942年河南饥荒人祸分析》，今日话题历史版，2012年11月第92期等整理。

② 章有义：《中国近代农业史资料》第2辑，第619页。

以打击的通货紧缩趋势。农产品价格因而猛跌，在1934年下跌到低于1931年水平58%的最低点。通货紧缩使得农民特别艰难，他们必须以现金还债、纳税或付租。在这同一时期，全国大部分地区又遇到记忆所及的最坏天气。特别是在1934—1935年，金融萧条处于低谷，旱灾、水灾、风灾和雹灾造成大范围的破坏。据农业专家测算，1934年稻米收获量低于1931年收获量的34%；大豆几乎下降36%，小麦下降7%。棉花是当年唯一超过1931年水平的主要农作物①。国民生产总值中，农业产值从1931年的244.3亿元下降至1934年的130.7亿元（时价）②。

1921—1941年，中国变得更加依赖进口粮食。事实上，在这20年间进口粮食之多是空前的，因为农业生产和农村集市销售均遭到破坏，使大城市的粮价相对于其他物价上涨了，从而使得外国粮食第一次变得反而便宜一些。由表2-3可看出，1920年以后，粮食进口急剧增加，在那10年里，每

表2-3　1911—1948年民国时期年平均粮食进口和出口

单位：吨

时期	进口	出口	净进口
1911—1915	390 770	139 590	251 180
1916—1920	328 670	355 560	−26 890
1921—1925	1 070 170	262 830	807 340
1926—1930	1 295 560	356 730	938 830
1931—1935	2 142 205	133 040	2 009 165
1936—1940	628 581	70 220	558 361
1941	1 147 300	10 800	1 136 500
1946—1948	109 833	500	109 283

注：粮食进口包括稻谷、小麦和面粉；粮食出口包括高粱、小米、小麦和面粉。1867—1949年资料单位为担，以20担=1吨的比率换算为吨。

资料来源：1911—1948年的资料来自萧亮林（音）：《中国外贸统计，1864—1949年》，第32、33、83页。

① 何廉：《改造中国农业的最初尝试，1927—1937年：评论》，载薛光前编：《紧张的10年：中国建国的努力，1927—1937年》，第235页。

② W.L.霍兰德和凯特·L.米切尔编：《太平洋诸问题，1936年：太平洋国家社会经济政策的目的和成果》，第166页。

年进口接近 100 万吨；然后，在 1931—1935 年跳到 200 万吨。抗日战争开始以后，粮食进口再一次跳跃；但 1941 年后下降，当时中国被封锁于国际贸易之外，国内的农业资源也由纤维和特种作物转到粮食生产。在饱受战争创伤的 20 世纪 40 年代，中国仅能自给。总之，我们的外贸统计表明，1920 年以后，中国比先前任何时期更加依赖外国的粮食。

民国时期的河南大饥荒发生在 1942 年前后。据当时的国民政府统计，1942 年，河南大饥荒造成 300 万老百姓饿死，另外有 300 万人逃难到省外。这个数字相当于中国军队在抗战中死伤人数的总和。如此大的民族灾难当时却在国民党政府的新闻封锁下湮没在历史深处。2012 年由冯小刚执导电影《一九四二》的上映，再次将这场近乎被人们遗忘的灾难凝重地呈现在世人面前。

1940 年和 1941 年，河南庄稼歉收，而 1942 年春小麦因干旱而枯萎，大旱之后又遭遇蝗灾，夏秋两季大部绝收。1942—1943 年冬天发生了全面的饥荒，遍及全省 110 个县。

关于 1942 年河南大饥荒中死于饥饿的人数，媒体普遍采用的数据是“300 万”，也有“500 万”之说，这个数据是记者白修德的估计，并非统计数据。但是，死于饥饿人数的规模之大是不容置疑的（图 2－11）。收录在国民政府赈济委员会档案中的《关于河南省旱灾情况及救灾情形的调查报告（1943 年 9 月 27 日）》，该报告的调查者张光嗣“于（1943 年）五月三十日自渝起程”，遍走“灾重各县”，调查统计了河南 29 个重灾县的人口死亡数据，具体数据如表 2－4：

因为日军破坏、蒋介石炸开花园口毁坏良田，再加之天灾，1942 年河南出现严重大饥荒，甚至出现人吃人的现象，造成 300 万老百姓饿死。而国民政府不仅隐瞒真相，还变本加厉地征丁征粮。从 1937 年抗战爆发到 1942 年河南遭灾，在这五年多的时间里，河南出兵出粮的数量都位列全国第一。这样的沉重负担，即使是风调雨顺，河南农民在交粮纳赋之后，也只能靠野菜杂粮勉强度日。军队向民间的过度索取，使民间的抗灾能力已经接近于零，许多农民早已陷入破产的边缘。一旦天灾来临，饥荒的爆发也就在所难免了。

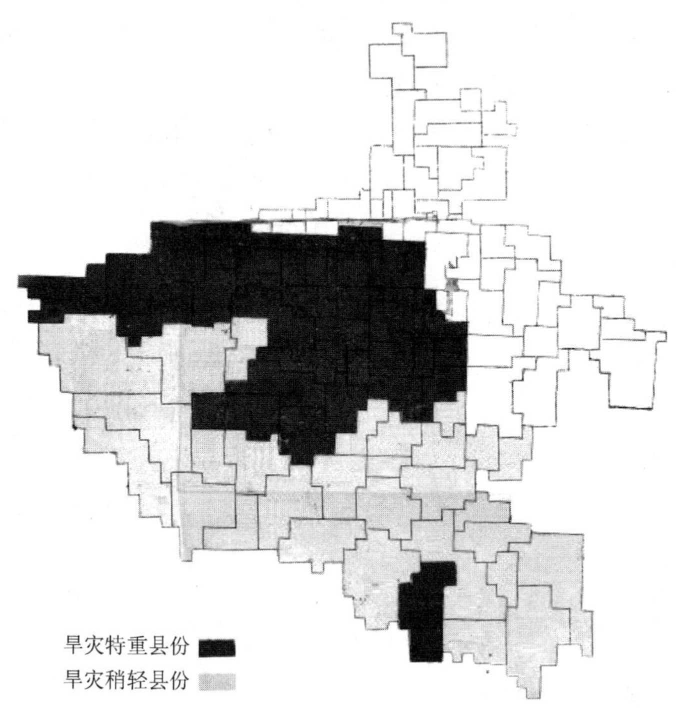

图 2-11　1942 年河南大饥荒灾情图

表 2-4　1942 河南大饥荒各县灾区死亡数目之调查统计

县名	全县人口死亡数目	县名	全县人口死亡数目	县名	全县人口死亡数目
孟县	95 121	禹县	151 028	长葛	58 802
潢川	37 392	荥阳	30 347	尉氏	29 654
新郑	34 353	密县	34 593	广武	15 875
汜水	14 306	许昌	183 472	鲁山	13 822
临颍	79 715	襄县	118 433	鄢陵	108 498
临汝	36 446	宝丰	11 539	郏县	34 458
郾城	40 835	叶县	103 737	方城	38 974
扶沟	44 210	西华	51 989	商水	25 899
项城	32 147	沈邱	12 815	登封	23 517
陕县	19 100	偃师	7 916	总计	1 484 983

资料来源：国民政府赈济委员会档案，《张光嗣关于河南省旱灾情况及救灾情形的调查报告》，1943 年 9 月 27 日。

赈灾时间太晚、河南三面受敌交通堵塞赈灾粮食运输艰难、乡绅富户们不肯出粮赈灾、各级赈灾官员贪污腐败，都是1942年河南大饥荒程度越趋严重的重要因素，媒体这方面的报道也已很充分。但有一个更关键的因素，似乎很少被媒体提及。很多史料记载，时任河南省政府主席李培基向中央所呈报告说“河南的粮食收获还好”，粮食局局长卢郁文也“不肯向重庆实情报灾”。当时河南省政府救灾方式犯了方向性错误，是死亡人数激增的一个重要原因。

河南省粮政局秘书于镇洲晚年如此回忆：“中央因全国各地物价涨幅甚巨，制定限价政策通令各省施行，河南省政当局，执行限价最力。当时粮食市价已上涨甚高，表报中央数字，仍按官方限价填写，中央根据表报粮价，认为河南灾情并不严重。邻近各省，因河南限价关系，商民集有余粮而亦不愿运豫销售。”于镇洲所言，并非孤证。许昌的救灾情况也是如此：“王桓武……不仅将粮价压得很低，而且派人查封各粮行的存粮，令其按他所定的低价出售。当时许昌周围各县所定粮价均高，而许昌独低，外粮不仅不来，许昌境内仅有的存粮还有私自运出者。因之粮源断绝，粮食奇缺。穷苦人民变卖田产可以得钱，但拿钱却无处买粮。[①]”在政府运输能力有限的情况下——正如亲延安的美国外交官谢伟思所说的那样：“正常时期，粮食可以从四个方面运进河南。而现在这些运输线有三个方面都控制在日军手里。来自陕西的第四个方面运输能力受到严重限制，因为在潼关到灵宝之间80公里的这一段铁路，正处在日军大炮射程之内。”——本应该更多地利用民间资源来救灾，但河南省政府的限价政策，直接导致外省对河南的民间粮食贸易陷于停顿。

2. 中国三年“自然灾害”时期的结构性饥荒[②]

在中国的灾害史上，区域性自然灾害几乎年年都有，最惨痛的灾害记忆

① 赵谨，《王桓武》，《许昌县文史资料·第2辑》。

② 资料来源：根据中共中央党史研究室著，《中国共产党历史》（第二卷），2011年1月；王珍，《新中国最惨痛的灾害记忆三年大饥荒》，《文汇读书周报》；范子英，孟令杰《有关中国1959—1961年饥荒的研究综述》，《中国农村观察》，2005.1；曹树基，《1959—1961年中国的人口死亡其成因》，《中国人口科学》（2005年第1期）；周飞舟，《“三年自然灾害”时期我国省级政府对灾荒的反应和救助研究》，《社会学研究》，2003年第2期等整理。

便是著名的“三年自然灾害”。1959—1961 年，在国内外文献中是通常被称为中国“三年自然灾害”、“严重困难”时期，或“灾荒”或“大饥荒”时期，各地普遍发生了粮食供应紧张的状况，很多地区出现了大规模人口的非正常死亡。本案例之所以称其为结构性饥荒，主要体现在不同地区之间的灾荒程度存在较大差异，城镇和农村人口的饥荒人口也存在较大差异。

公开的数据表明，这三年我国经历了一场大范围的灾难。20 世纪 80 年代初期关于“三年自然灾害”的统计数据逐渐公开，1958—1961 年，全国粮食总产量从 19 765 万吨降低到 13 650 万吨，减产 30.9%，其中 1959 年粮食产出下降了 15%，1960 和 1961 年只达到 1958 年水平的 70%。根据 2011 年官方发布的权威资料记载①，1959 年的旱灾是新中国成立 10 年来最严重的一次，受旱面积达 5 亿亩，其他灾害面积 1 亿多亩。1960 年 1 月至 7 月，全国累计受灾面积达 6.7 亿亩。其中受旱面积 6 亿亩，主要受旱地区是华北、西南、华南及西北部分地区。7 月上半月，全国洪涝面积共 3 900 万亩。广东、福建台风侵袭面积灾害 1 000 万亩。黑龙江、吉林内涝面积 1 100 万亩，河南南部、安徽北部和山东大部分地区连降暴雨，受灾面积 1 000 多万亩。其他灾害（冰雹、霜雪冻害）约 3 000 多万亩。由于严重的自然灾害，1959 年粮食少收 600 亿斤左右。

最大的问题是严重缺粮。一方面粮食连年大幅度减产，另一方面粮食的销售量却因城镇人口的剧增而不断增加。为了维持城镇商品粮供应，国家不断地向农村下达征购指标。由于高估产，1958 年至 1960 年连续三年，国家每年的征购量都高达 1 000 亿斤以上，几乎占当年总产量的 30%～40%。尽管如此，仍不能保证城镇人口的最低需要，只好不断动用粮食库存。

进入 1960 年后，库存急剧减少，周转调拨极为困难，大中城市基本上是调入一点销售一点，随时都有脱销危险。五六月间，中央几次发出紧急指示，要求为京、津、沪和辽宁等地调研粮食。当时，北京的粮食库存只够销七天，天津只够销十天，上海已几乎没有大米库存，只能靠借外贸部门准备出口的大米过日子；辽宁省十个城市的存粮也只够销八九天。

1960 年 9 月底，全国 82 个大中城市的粮食库存比上年同期减少近一

① 中共中央党史研究室著，《中国共产党历史》（第二卷），2011 年 1 月，561－563 页。

半，不到正常库存量的1/3。过去大量调出粮食的吉林、黑龙江、四川等省，也因连年挖了库存而无力继续大量调出。在此情况下，尽管采取诸如在调拨上搞南北季节性调剂、在销售上限制居民每次购买的数量等许多措施，但仍解决不了多大问题，只得靠减少城镇居民的供应定量、压低农村地区的口粮标准、大力提倡采集和制造代用食品等办法，来渡过缺粮难关。在农村，由于连年征购过头粮，许多省区农村的口粮也在急剧减少。

这三年大饥荒到底饿死了多少人？至今没有一个准确的数字。根据国家统计局官方权威数据，仅1960年全国总人口比上年减少1 000万，但学界特别是海外学者大多认可三年饥荒死亡人数为3 000万的估计。综合现有国内外的研究资料，因饥饿死亡人数规模大概在1 000万～4 500万，数据有较大出入。Ansley（1981年）估计的结果是1 650万，John（1982年）和Peng（1987年）估计为2 300万，Ashton（1984年）估计为2 950万，Banister（1987年）估计为3 000万，丁抒（1996）估计饿死人数至少在3 500万人，金辉（1993年）估计中国农村的非正常死亡人数为4 040万，Cheng（1994年）估计为4300万，另外由于这三年的人口出生率下降导致的没有出生或推迟出生的人口约为3 300万（Ashton等，1984）。

以曹树基的研究为例，1959—1961年中国的非正常人口死亡约3 250万，具体见表2-5。

专家和学者们从1959—1961年的自然灾害资料和气象学中分析，研究发现：从1959—1961年出现的主要自然灾情是旱灾，基本上属于局部性灾害，旱灾不具全国性后果。《中国人口年鉴》提供的数据显示，四川省的总人口在1958—1961年，连续4年负增长，净减人口达621万人（4年）；安徽省1959—1961年总人口净减439万人（3年，下同）；河南省总人口净减238万人；山东省总人口净减234万人；湖南省总人口净减183万人；广西壮族自治区总人口净减约100万人，等等。从这些单纯的数字里可以看出，四川是灾难最重的省份，非正常死亡的数字最高。

这三年大饥荒的起因到底是什么？答案也一直模糊不清，众说纷纭。刘少奇在1962年召开的“七千人大会”上曾提出了“三分天灾、七分人祸”的说法。

表 2-5　1958—1962 年全国各省灾区非正常死亡人口数

单位：万人，%

省名	灾前人口	非正常死亡人口	比例
安徽	3 446	633	18.37
四川	7 191.5	940.2	13.07
贵州	1 706.4	174.6	10.23
湖南	3 651.9	248.6	6.81
甘肃	1 585.7	102.3	6.45
河南	4 805.8	293.9	6.12
广西	2 009.9	93.1	4.63
云南	1 918.3	80.4	4.19
山东	5 343.5	180.6	3.38
江苏	5 296.3	152.7	2.88
湖北	3 074.9	67.5	2.2
福建	1 547.9	31.3	2.02
辽宁	1 931	33	1.71
广东	3 839.3	65.7	1.71
黑龙江	1 564	19	1.21
河北	5 544.6	61	1.1
江西	1 713.6	18.1	1.06
陕西	1 832	18.7	1.02
吉林	1 280.9	12	0.94
浙江	2 570.3	14.1	0.5
山西	1 621.1	6	0.37
合计	63 474.9	3 245.8	5.11

资料来源：曹树基，《大饥荒：1959—1961 年的中国人口》，香港时代国际出版有限公司，2005 年。

总体上看，学界解释饥荒成因的理论主要有三个，一是食物供应量下降(FAD)，这一观点着重于从供给方面找出原因，认为战争、自然灾害等可以在某一地方影响农业产出，导致食物供应量急剧下降并最终导致饥荒；二是食物获取权（Entitlement）的丧失，这一个观点强调尽管人均粮食产出的不足可能导致饥荒，但在某些地区在人均粮食不变的情况下，饥荒也可能发生，指出由非不可抗因素导致饥荒发生的可能性，这一理论现已为大多数学者所接受；三是大规模的非理性消费，“公共食堂”作为特殊的粮食消费机制，人人“敞开肚皮”吃，“寅吃卯粮”，造成人们过量消费，最终导致公地悲剧，形成饥荒，这是一种新的解释，但有学者认为证据不充分。

具体来看，关于饥荒成因主要包括以下6个方面：一是传统的官方权威提法，连年的自然灾害是导致灾荒的客观原因，“大跃进”、“反右倾”以及苏联的毁约也是重要因素；二是粮食的分配机制存在缺陷，政府对农民的粮食征购率过高，“过头粮”导致农民剩余粮食减少并最终导致饥荒；三是农民食物获取权的部分缺失，在城市偏向的粮食供应制度安排下，不管当年的产出情况如何，政府以城市居民生活需要来强制征收农村的粮食，城市居民在食物获取权上具有优先权，而农民只对剩余粮食具有支配权，进一步加重了饥荒的程度；四是农业生产制度已经崩溃，人民公社制度因为取消了“退出权”（自由退社的权利）而使得社员竞相消极怠工，最终导致农业生产率和粮食生产的迅速下降；五是粮食消费机制偏离轨道，1958—1959年中国实行“公共食堂”制度，在这种公共产权下，有些地方提倡“吃饭不要钱”，鼓励社员“放开肚皮吃饭、鼓足干劲生产”，而造成灾荒；六是政府调控救荒反应不够迅速，浮夸风导致的“大购大销”严重增加了运输体系和运输能力的负担，使得其本来就极为脆弱的应变能力在突然的灾荒面前几乎瘫痪。灾荒时期，即使省内的粮食返销和地区间的调运也陷入一片混乱，这也是粮食难以及时到达灾民手中的一个重要原因。

至今，很多老人对于50多年前的三年大饥荒悲惨情景记忆深刻，他们对于粮食有着特殊的感情，对于粮食危机有着切身的痛苦记忆。一个没有记忆的民族很容易再犯同样的错误。曹树基（2005）认为，三年大饥荒期间不同地区人口死亡数量的巨大差异，与一个地区的“历史记忆有关”。所谓“历史记忆”，这里指的是深藏于人们心中的对于历史时期灾害事件的记忆以及应对灾害的行为模式。这一因素极大地影响了各地的灾情以及人口死亡的程度。在这一解释中，大饥荒的历史循着以下模式展开：近百年来各地遭受的饥荒程度不一，有些地区经历过巨大的人口死亡，有些则否。因此，关于饥荒和人口死亡，各地存留有不同的民间记忆。1958年，各地承受相同或相近的政治压力。在经历过大饥荒的地区，人们对粮食的重视，远远超过未经过饥荒地区，不仅民间百姓如此，地方基层干部也是如此。因此，在这些地区，很少出现粮食亩产量的大浮夸，即使虚夸，幅度也有限。民间百姓对于粮食的高度重视，来源于对于大饥荒的记忆。这一因素成功地化解了来自上级政府的高压，政府对于民间粮食的征集是有限的，人民尚能依赖粮食而存活。历史记忆会随着时间的消逝而淡化直至消失，直至灾难降临，记忆重新获得、加强又至消失。当大饥荒没有得到人类智能的理性对待时，同样的灾难具有重复出现的特征。

3. 索马里的持续危机①

1991 年以来，索马里一直没有中央政府，之前又经历了几年的内战。2004 年以来，过渡性联邦政府曾试图行使权力，但一直无法将其控制力扩大至国家大部分地区。半独立的地方政府在北部的索马里兰和彭特兰已实施某种自治和行政权。近几年，冲突开始呈现地区间竞争的苗头。冲突导致了 1992—1993 年索马里中南部出现大面积饥荒。2000 年以来，该国各地区已出现局部粮食安全危机。2006 年，摩加迪沙的激烈战斗使该城约 50 万居民逃至城市西北部相对安全的阿夫戈耶走廊。2009 年，索马里约有 320 万人需要紧急粮食援助。其中过半为国内流离失所者；其余则或是受冲突影响，或受干旱及潜在的生计危机影响，或者两者兼而有之。2010 年初，虽然 2009 年粮食获得丰收，但粮食安全形势对索马里中南部和中部人口而言显得更加严峻，而安全局势已迫使几乎所有国际机构撤出了这些地区。

第三节　第三层级粮食安全

第三层级（微观）粮食安全是涉及局部人群的即期性问题，其实质是一个收入问题，即有钱就能买到粮食。长期以来的经济高速发展使得收入分配差距趋于扩大，粮食市场化不断推进，短时间内由于粮食价格的剧烈波动，使得低收入弱势群体的粮食问题得不到保障。三级粮食安全在一定程度上受制于一级粮食安全和二级粮食安全，如果粮食供给总量不足，必然会导致一部分人群粮食消费不足，如果一个地区粮食供需存在缺口又不能及时调入粮

① 联合国粮农组织，《2010 世界粮食不安全状况》。

食，或者部分粮食品种紧缺，必然会导致价格大幅上涨，使得贫困人口有效粮食消费不足。在实现一级和二级粮食安全的前提下，只有消除贫困，才能解决三级粮食安全问题，这也是保障粮食安全的根本所在。

一、三级粮食安全情景模拟

本书假设一种极端情景来模拟第三层级（微观）粮食安全问题。

世界饥饿人口绝大部分分布在发展中国家，特别是亚洲、太平洋和南部非洲地区，这些地区农业投入匮乏、基础设施落后，粮食自主供给的弹性小，也有一少部分饥饿人口分布在发达国家，主要是贫困人群，很容易受到市场波动的冲击。粮食消费出现“冰火两重天”的局面，一边是一部分人群面临过度粮食消费的困扰，如由于长期的肉、蛋、奶等摄入过多带来一系列“富贵病”，加之粮食能源化趋势的加重，富人汽车吃掉穷人的面包，而另一边是针对低收入弱势群体的社会保障体系尚未健全，相当一部分人群挣扎在饥饿的边缘，买不起满足基本生存所需的食物，解决温饱问题成为奢望，富人和穷人争粮带来的道德危机显露无遗，“朱门酒肉臭，路有冻死骨”的情景是对文明社会极大的讽刺。

短时间内由于不可预测的内部或外部粮食供应出现较大变化，信息传播畅通无阻，媒体舆论迅速放大，引发粮食价格剧烈波动，通货膨胀严重，低收入弱势群体本来就很微薄的收入又大幅缩水，衣食住行捉襟见肘，正常的粮食消费得不到满足，特别是一些发展中国家再出现发展援助资金或政府投入减少等情况，就会有更多的贫困人口难以获得粮食。这种情况对粮食宏观调控的反应是否准确及时到位提出了很高的要求，一旦政策出现偏差甚至失误，粮食供给配置严重失衡，使得相当一部分人群因丧失食物获取权成为饥饿群体，势必冲击到一国经济社会稳定甚至执政的民意基础，会造成一场较大规模的人为悲剧。

二、三级粮食安全现实分析

联合国在 1985 年粮食及农业会议通过的决议中指出：饥饿和营养不良的主要原因是贫困。从全球范围看，发展中国家仍有近 10 亿人面临饥饿，即使最富裕的发达国家也有许多人得不到足够的食物，这些得不到足够食物的人往往是那些贫困人口。在市场经济条件下，粮食安全不仅取决于粮食的生产总量，还取决于消费者个体的购买力。因此，在粮食供给量一定的情况下，增加贫困人口的收入，减少绝对贫困人口的数量，提高他们对粮食的购买能力，可以显著地提高微观层面的粮食安全水平。

1. 世界范围内的饥饿一直没有消除，约 9 亿人口长期遭受饥饿，粮食安全一直悬而未决

从现实情况来看，当今世界仍未彻底解决粮食供给问题，世界范围内的饥饿不但没有消除，反而在不断扩大，饥饿意味着粮食不安全，是粮食不安全的风险发生之后的结果（Barrett，2002）。如图 2－12 所示，世界各国粮食安全程度不容乐观，各国营养不良人口比重存在较大差异，很多国家地区营养不良人口比重高于 5%，甚至有些国家地区营养不良人口比重高于 35%，处于严重饥饿状态，全球整体粮食安全前景让人十分担忧。

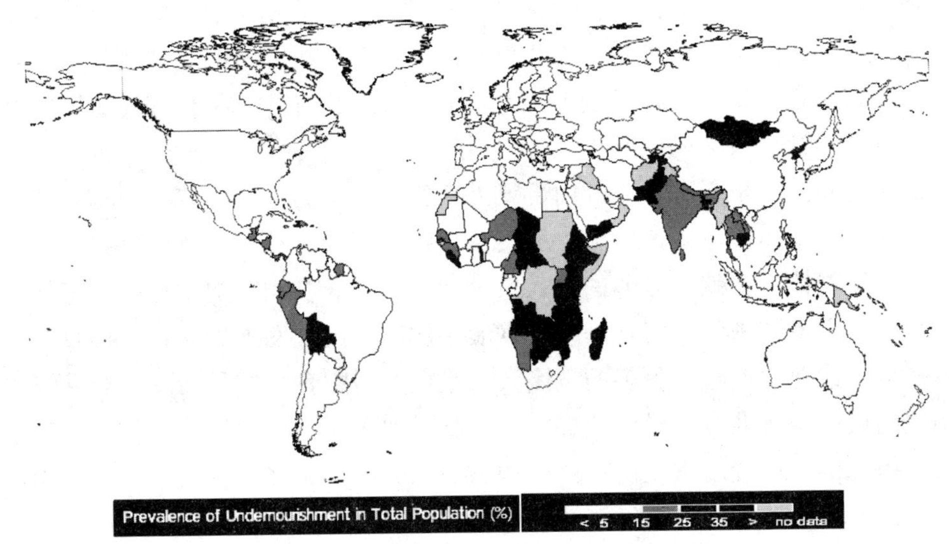

图 2－12　联合国粮农组织（FAO）饥饿图

资料来源：http：//www.fao.org/hunger/en/，2012－02－22.

世界上究竟有多少人在挨饿？联合国粮农组织在 1946 年到 1986 年，曾不定期地进行过 5 次世界粮食调查，调查结论是饥饿不但没有消除，反而在不断扩大。第一次世界粮食调查在 1946 年，以第二次世界大战前的 1935—1939 年的 70 个国家（占世界总人口的 90%）为对象，按每天平均摄取热量低于 2 250 卡界定营养不良，调查结论是世界人口的大约半数处于营养不良状态。第二次世界粮食调查在 1952 年，以第二次世界大战后的 1946—1948 年的 70 个国家为对象，调查结论是总的营养水平比战前降低，除北美、欧洲、大洋洲外的所有地区均未达到基准水平；第三次世界粮食调查在 1963 年，以 1957—1959 年的 80 个国家为对象，调查结论是发展中国家 60%的人口处于营养不良状态。第四次世界粮食调查在 1977 年，以 1972—1974 年的 162 个国家为对象，调查范围进一步扩大，结论是全世界有 4.55 亿人处于营养不良状态，发展中国家人口的 1/4 都属于这个范围，尤其是儿童和妇女的营养不良更加严重。第五次世界粮食调查在 1986 年，以 1979—1981 年的 112 个发展中国家（中国等社会主义国家除外）为对象，调查结论是世界有 3.35 亿～4.49 亿人口处于营养不良状态。

如图 2－13 所示，自 20 世纪 60 年代末 70 年代初以来，世界食物不足人口数一直在 7.5 亿以上，全球饥饿群体规模依然庞大。从发展趋势来看，1969—1971 年到 1995—1997 年，世界食物不足人口数量呈缓慢下降趋势，近 30 年时间食物不足人口仅减少了不足 1 亿人；而从 1995—1997 年到 2009 年，世界食物不足人口数量呈快速增长趋势，经过 10 多年的时间食物不足人口快速反弹，2008 年世界食物不足人口数量已经超过 1969—1971 年的水

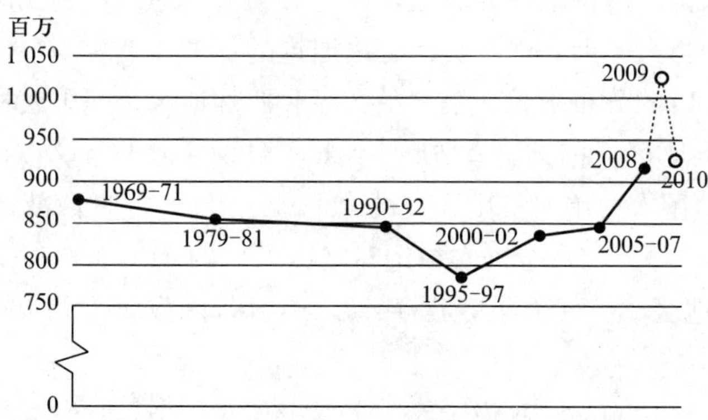

图 2－13　近 40 多年来世界食物不足人口状况

注：2009 年和 2010 年数据由粮农组织根据美国农业部经济研究局的资料估算而来，具体估算方法参阅相关技术背景说明（www.fao.org/publication/sofi/en/）。

资料来源：联合国粮农组织。

平，世界饥饿状况极不乐观。据估计，到 2009 年，饥饿人口继续增加到 10.23 亿人。根据 FAO《2010 世界粮食不安全状况》，到 2010 年，世界上食物不足人口的数量将出现自 1995 年来的首度下降，但是仍处于不尽如人意的高位，全球仍有 9.25 亿人在遭受饥饿，接近 10 亿人大关，几乎占发展中国家人口的 16%。而在《2010 世界粮食不安全状况》报告中被确定为处于持续危机之中的 22 个国家（或部分地区处于持续危机的国家）里，饥饿发生率极高，而且持续时间长，食物不足人口总数超过 1.66 亿，占这些国家人口总数的 40%，占全球食物不足人口总数近 20%。当前世界贫困人口特别是营养不足和饥饿人口面临的突出问题是粮食和食物短缺，最重要的是解决贫困人口的脱贫问题，改善其粮食供给状况。

2. 我国农村绝对贫困人口和城镇低保人口的基数较大，彻底消除贫困解决温饱的任务依然艰巨

国家统计局定义的农村贫困是指物质生活困难，一个人或一个家庭的生活水平达不到社会可以接受的最低标准。改革开放以来，我国政府加大资金投入力度，通过开展有计划、有组织、大规模的扶贫开发，农村贫困人口大幅减少，如图 2-14，农村绝对贫困人口数量由 1978 年的 2.5 亿人，减少到 2007 年的 1 479 万人，贫困发生率也相应地从 30.7%下降到 1.6%①。我国的扶贫工作取得了举世瞩目的成绩，但是必须清醒地认识到我国农村贫困人口的基数还相当大，彻底消除贫困解决温饱的任务依然相当艰巨。

从贫困人口的分布来看，粮食主产区和西部地区是我国农村的绝对贫困人口主要分布地区。据统计，2004 年末，粮食主产区的绝对贫困人口为 1 207万，占全国农村绝对贫困人口的 46.2%。2005 年，西部地区农村绝对贫困人口为 1 202 万，占全国农村绝对贫困人口的 51%，绝对贫困发生率为 5.2%；东部地区为 324 万人，占 14%，绝对贫困发生率为 0.8%；中部地

① 由于 2007 年及以前是按农村绝对贫困标准测算的绝对贫困状况，2008 年农村贫困人口数据根据新修订的农村贫困标准统计，新贫困标准将原低收入人口纳入贫困人口统计，按 2008 年农村贫困标准 1 196 元测算，2008 年末农村贫困人口为4 007万人，2009 年为 3 597 万人，2010 年农村贫困标准提高到 1 274 元，按此计算我国农村贫困人口数量为 2 688 万人。尽管不同年份由于贫困标准存在一定差异，贫困人口数量不具可比性，但是可以看出，我国的农村贫困人口数量依然庞大。为了历史数据的可比性，我们采用了 2008—2010 年的农村绝对贫困人口数量，其中 2010 年数据为估算数据，农村绝对贫困人口数量约为 920.3 万人。

区为839万人，占35%，绝对贫困发生率为2.5%。2004年，贵州、云南、西藏、陕西、甘肃、新疆等西部省（区）农村绝对贫困发生率在5%～10%之间，青海省农村绝对贫困发生率则达到13.6%。

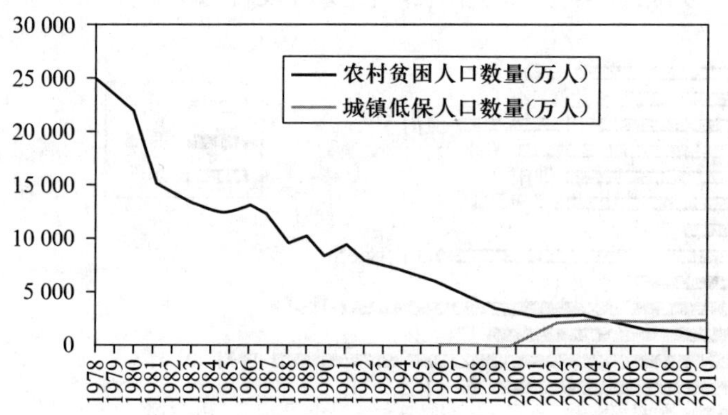

图2-14 我国城乡低收入人口数量（1978—2010年）

资料来源：1978—2009年农村贫困人口数据为绝对贫困人口数据，来自国家统计局，其中1979年、2010年数据为估算数据；1996—2010年城镇低保人口数据来自国家民政部。

目前，全国贫困县的总数为592个，主要分布在21个省、自治区和直辖市，如图2-15所示。据统计，2007年592个贫困县人口为2.35亿人，占全国人口总数的17.8%。从收入水平来看，大多数贫困县的农民人均年纯收入都低于4 000元，处于1 500～2 500元之间的最多，部分县低于1 500元，与全国平均水平4 140元相比差距很大。贫困人口消费水平低，满足基本生存需要的消费比重明显偏高。2007年贫困人口用于食品、衣着等基本生存需要的生活消费支出占生活消费总支出的84.1%，用于其他消费尤其是体现生活质量的消费很少。根据国家营养摄入推荐标准，人均每年消费谷物、蛋类、牛奶、水产品分别为300～500克、25～50克、11克、50克，而贫困县2007年人均摄入量分别为514克、6克、5克、4.4克。贫困人口由于收入水平低和食物来源有限，食物消费结构明显单一，表现出粮食直接消费水平偏高而其他粮食转化类食物消费水平明显过低的特点。

聂凤英等（2010）对271个位于西部山区的调查表明，由于地理和气候条件的限制、人均耕地水平较低、作物生长期限相对较短、基础设施条件薄弱、科技水平较低、投入能力不足、居民收入水平不高，贫困人口的粮食消费水平偏低、动物性食品消费比重较低、营养和卫生水平仍然迫切需要提高。分布在甘肃、宁夏、四川、新疆等地山区的42个深度贫困县，文盲率达到39.2%，收入水平很低，人均谷物、蔬菜、水果的产量大大低于贫困县平均水平，更低于全国平均水平，食物可及性很差①。

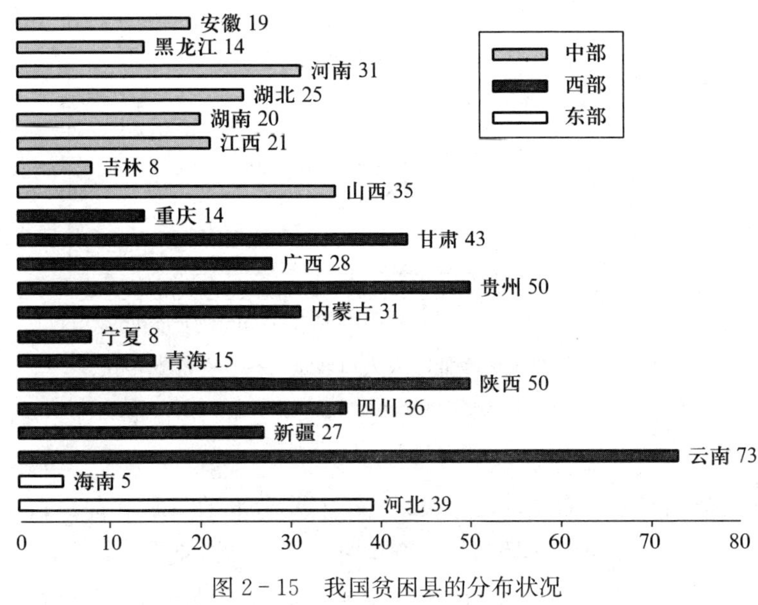

图 2-15 我国贫困县的分布状况

资料来源：国家统计局。

关于城镇绝对贫困人口的总量，中国官方目前还没有准确的统计数据，一般是把低保对象看作贫困人口。20世纪末21世纪初期，城市居民得到政府最低生活保障的人口数量增长加快，2010年城市低保人口数量为2 310.5万人，城市低收入群体的粮食安全需要引起我们的关注。

总的来说，消除一级和二级粮食不安全风险是消除家庭和个人水平粮食不安全风险的基础和前提。国家整体获取粮食能力不充足时，无法保障各区域的正常粮食供应，保障每一个家庭和个人的粮食安全也是不可能的。因而，提高国家整体粮食获取能力，实现粮食宏观安全仍然是至关重要的。实

① Nie Fengying, Bi Jieying, Zhang Xuebiao. 2010. Study on China's Food Security Status. Agriculture and Agricultural Science Procedia, 1: (301-310).

际上，粮食安全的不同层次是互相联系的。提高整个国家的粮食获取能力是实现粮食安全的基础；优化不同区域的粮食结构和不同品种的粮食结构，对于实现粮食安全，具有重要作用；而只有消除贫困，解决三级粮食安全问题，才能真正实现全局的粮食安全。

3. 特定历史时期出现居民食物获取权缺失的现象，在严重的自然灾害发生后无法保证部分群体基本的食物可及性

1959—1961年“三年自然灾害”的案例中提到，全国各地普遍发生了粮食供应紧张的状况，1959年粮食产出下降了15%，1960和1961年只达到1958年水平的70%，很多地区出现了大规模人口的非正常死亡，很多学者估算饥饿死亡人数达到3 000万。关于大饥荒的成因，既有天灾也有人祸，莫衷一是。其中由Sen提出的食物获取权（Entitlement）理论已为大多数学者所接受，其指出由非不可抗因素导致饥荒发生的可能性。这一观点强调尽管人均食物产出的不足可能导致饥荒，但它只是众多可能的原因之一，在某些地区在人均食物产出得到维持的情况下，同样存在发生大规模饥荒的可能性，当人们利用最初禀赋（土地、劳动力、健康状况以及其他产权）生产或购买食物这两种方式都不能获得足够的食物时，就会导致饥荒产生。可能的原因是由于部分人口的禀赋发生了突然而剧烈的下降导致直接食物获取权失败，或者因粮食相对价格的剧烈变化而导致无法交易食物获取权，当然也可能是食物供应体系被严重扭曲。

对于“三年自然灾害”时期的大规模饥荒的研究，必须将其置于当时所处的国际、国内的历史背景下来考量，它与当时整个国家发展战略选择密切相关，而绝不是一个单纯、孤立的问题。新中国成立后，解决巩固新生政权、维护社会稳定、改变贫穷落后的面貌成为摆在党和政府面前的重大课题。从国际环境来看，美国等一些西方国家对我国实行政治上孤立、经济上封锁，使我国在工业化初期根本不可能从外界取得经济援助和投资，苏联的援助在20世纪50年代也十分有限，由于中苏关系的破裂，在20世纪60年代初也全部终止。从国内环境来看，国家粮食形势非常严峻，粮食流通严重不畅，由于商品粮的供给下降、粮食需求的大幅度增加以及投机商的投机行为，粮食供求矛盾逐步尖锐起来。从1952年下半年开始，全国许多地区出现了抢购粮食的现象，粮食价格的上涨，对脆弱的国民经济造成了巨大的压力。当时，国民经济是典型的以农业为主的产业结构，粮食是国家财政的重要收入来源，在1950年的财政概算中，公粮收入占全部财政收入的41.4%，1952年农业占国民生产总值的比重为45.42%，1953年粮食产值占农业总产值的比重为67.8%。1953年开始，国家确立了以优先发展重工业为主要内容的传统经济发展战略，这必然需要大规模的资金积累，而当时“畸形”的产业结构决定了我国不可能依赖工业而只能依靠农业为经济发展提供资金积累。所以，国内的农业特别是粮食产业必然要承担起启动和推进工业化所需的资金积累和低成本原料供应。

在优先发展重工业的经济发展战略下，1953年11月政务院正式颁布《关于实行粮食的计划收购和计划供应的命令》，决定在全国范围内有计划、有步骤地实行粮食的计划收购（简称统购）和计划供应（简称统销），其中第一条明确指出“生产粮食的农民应按国家规定的收购粮种、收购价格和计划收购的分配数量将余粮售给国家”，同时第九条强调指出“对破坏计划收购和计划供应的反革命分子，应依照中华人民共和国惩治反革命条例治罪”。国家采取对粮食及主要经济作物的统购统销，实质上是一种“农产品的低价强制收购”模式，通过汲取农产品尤其是粮食剩余支持工业发展。

在粮食统购统销制度安排下，居民正常的食物获取权受到的冲击，主要体现在以下两个方面。一是偏向城市的粮食供应体系。林毅夫和杨涛（2000）的研究指出，中国有一个有效的偏向城市的食物供给体系，因此城市居民得到定量粮食的权利得到法律保护①。他们通过1954—1966年中国28个省的数据分析，研究结论是各省死亡率差异中69.5%可由城市偏向解释，食物供应量只能解释30.5%。城市居民在食物获取权上具有优先权，享有由国家保证的定量粮食的权利，而农民只对部分食物具有支配权，只对完成上缴任务后剩余的粮食有权利。此外，国家相继推行了户籍制度和农业集体化两项重要措施，使城市人口的数量处于可控范围，严格控制了统销粮食数量，同时使国家对个体农民征购粮食变成对农村合作社，保证了粮食征

① Lin，J. U&Denis Yang，“Food Availability，Entitlements and Chinese Famine of 1959—1961，2000，Forthcoming.

购的顺利进行。二是政府对农民的粮食征购率过高，“过头粮”导致农民剩余粮食减少并最终导致饥荒。1958年开始的“大跃进”和“浮夸风”，在当年粮食大丰收和虚报瞒报产量的情况下，对形势的盲目乐观估计导致粮食征购率过高，1959年和1960年的实际征购率达到39.7%和35.6%，农民家庭可供支配的剩余粮食大幅减少，甚至连基本的生存需要都无法满足以至不能维持基本生存的需要，进而导致大范围的饥荒。

三、三级粮食安全案例借鉴

1. 约旦河西岸及加沙地带的持续危机

约旦河西岸及加沙地区自1967年被以色列占领以来，经济一直主要依赖于向以色列及其他国家提供劳务。这使得该地区极易受以色列劳务及商品市场变化的影响。经济情况自2000年9月下旬开始恶化。人口增长速度已超过国内生产总值的增长速度，导致人均国内生产总值持续下降。2006年初以来，经济的整体恶化进一步加剧，对加沙地带的社会经济局势影响尤为严重。货物及人员进出约旦河西岸及加沙地带都受到严格的限制。这已对巴勒斯坦民众的生活造成了负面影响。2002年年中，失业率达到31%，之后虽有下降，但一直保持在24%以上。失去工作、薪酬、资产和收入后，实际收入自1999年以来已经减半，使人们获取粮食的经济能力急剧下降。2006年年中，每10人中就有6人日均收入低于2.1美元的贫困线，两地区全部居民中有34%被认为是粮食不安全者，另有12%的居民被认为极易成为粮食不安全者。在加沙地带，每5个家庭中就有4个被迫紧缩开支，包括食品开支①。

2. 印度有目标的公共分配系统②

20世纪50年代，印度政府建立了粮食分配系统（Public Distribution System，PDS），其目的是保证生产者在出售其产品时能获得政府的补贴，而消费者尤其是贫困居民可以在全国范围内以其能接受的价格购得必需的粮食。目前，PDS拥有44万个粮食零售点，对1.6亿个家庭销售价值超过

① 联合国粮农组织，《2010世界粮食不安全状况》。

② 《国外粮食安全保障机制及对中国的启示》，中华粮网；《建立粮食公共分配系统印度让穷人都有饭吃》，中国粮油信息网。

150亿卢比的粮食。印度政府还从本国的具体情况出发，坚持PDS系统而不采用发达国家盛行的食品优惠券制度，从而避免了很可能由于食品优惠券使用不当，或只增加对补贴较多的食品的需求而引起整个粮价的上涨。但是PDS系统在几十年的实践过程中也发现很多问题，如忽略偏远地区农村贫民，过多的偏向城市贫民，以及缺乏透明度和可计量措施，从而不可避免地产生腐败等。

有鉴于此，印度政府于1997年7月1日起对PDS进行改革，使其目标更为明确，称为有目标的公共分配系统（Targeted Public Distribution System，TPDS)，并在全国范围内同时启用。TPDS系统建立了更加严格的鉴定贫困居民的措施和规定，加强了对优惠措施执行的监督和监管。新的粮食供应办法要求各邦给贫困线以下的居民发放特殊证明，持有该证明的家庭每月能获得10千克免费粮食，还可按中央定价的半价购买10千克粮食，中央根据各邦贫困人口确定粮食分配数量。对于处于贫困线以上但收入仍然不高的中低收入家庭，政府也有相应解决办法。印度国内设有许多“政府粮店”，这些商店的粮食也是由政府供应，粮价由政府确定，粮价合理且稳定，印度中产阶级是这些商店的主要光顾者。平价粮店和政府粮店的粮食价格都低于市场价，这个差价由政府财政补贴。相对于平价粮店和政府粮店，一般的粮食市场种类更加齐全，质量更加上乘，但价格也高出许多。在粮食市场上，印度政府也会采取许多措施平抑粮价。其中包括动用粮食储备投放市场，进口粮食弥补市场短缺，严厉打击囤积粮食哄抬粮价者。

第三章　基于全产业链视角的新型粮食安全影响要素

第一节　粮食生产领域的底线思维

巩固提高粮食综合生产能力，实现粮食生产的稳定发展，是国家粮食和经济安全的重要保障。自改革开放以来，我国经历了几次比较大的粮食供求失衡，对当时的粮食市场甚至对整个社会经济的稳定发展都带来了较大的威胁。没有稳定的粮油生产作为保障，就没有稳定可靠的粮食安全，就没有稳定的社会发展环境。粮食问题始终牵动人们的“神经”，粮食产量的波动性变化，容易引发社会紧张心理，对市场稳定造成压力。

一、粮食生产发展的四个阶段

改革开放以来，我国粮食生产总体上呈现快速增长的趋势，先后跨越了7 000亿斤[①]、8 000亿斤、9 000亿斤、10 000亿斤四个台阶，取得了举世瞩目的历史性成就。1978年全国粮食产量30 476.5万吨，2010年增加到54 647.7万吨，32年间共实现粮食增产24 170.7万吨，比新中国成立初期全国粮食年产量翻了一番（1949年全国粮食产量为11 318万吨），32年间粮食生产增加幅度达79.3%，年均增幅为1.8%。

如图3-1所示，根据我国粮食生产的变化趋势，总体可以划分为四个阶段。

1. 第一阶段，粮食生产大幅增长阶段（1978—1984年）

总体来看，这一阶段的粮食生产呈现持续大幅增长的态势。粮食生产总量从1978年的30 476.5万吨，快速增加到1984年的40 730.5万吨，增产10 254.0万吨，增幅达33.6%，年均增幅为5.0%。

---

① 斤为非法定计量单位，1斤=500克。——编者注

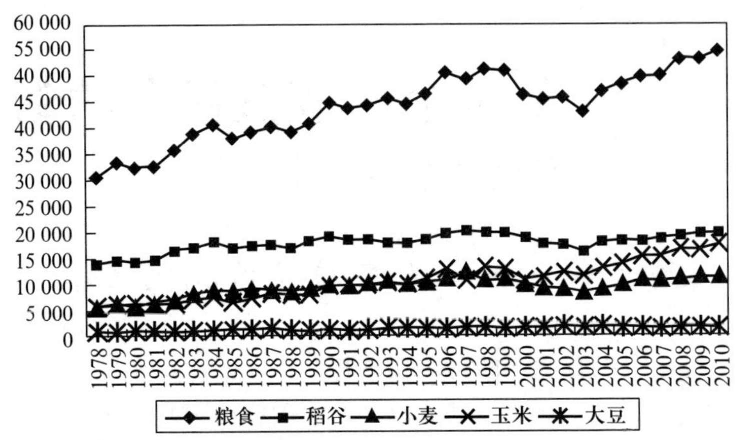

图 3-1　我国粮食及主要品种产量变化情况（1978—2010 年）

资料来源：《中国统计年鉴》。

从粮食生产要素来看（见表 3-1 和图 3-2），粮食总产的持续大幅增长，基本上是通过粮食单产的提高实现的。全国粮食播种面积从 1978 年的 120 587.3 千公顷，降低到 1984 年的 112 883.9 千公顷，减少了 7 703.4 千公顷，减幅达 6.4%；而同期粮食单产快速增加，由 1978 年的亩产 168.5 千克，增加到 1984 年的 240.5 千克，亩产增加了 72.1 千克，增幅高达 42.8%，年均增幅为 6.1%。

农村改革前，长期对农业基础设施特别是农田水利设施建设的积累，提高了农业的抗灾减灾能力，这一阶段的年均受灾面积和成灾面积分别为 39 960.1

表 3-1　我国粮食产量、播种面积和单产的变化（1978—2010 年）

单位：万吨，千公顷，千克/公顷，%

时期	粮食产量		粮食播种面积		粮食单产	
	增长量	增长率	增长量	增长率	增长量	增长率
1978—1984	10 254.0	33.6	−7 703.0	−6.4	1 080.8	42.8
1984—1998	10 499.0	25.8	903.0	0.8	894.1	24.8
1998—2003	−8 160.5	−15.9	−14 377.0	−12.6	−169.8	−3.8
2003—2010	11 578.2	26.9	10 466.1	10.5	641.1	14.8
1978—2010	24 170.7	79.3	−10 710.9	−8.9	2 446.2	96.8

注：根据《中国统计年鉴》数据测算。

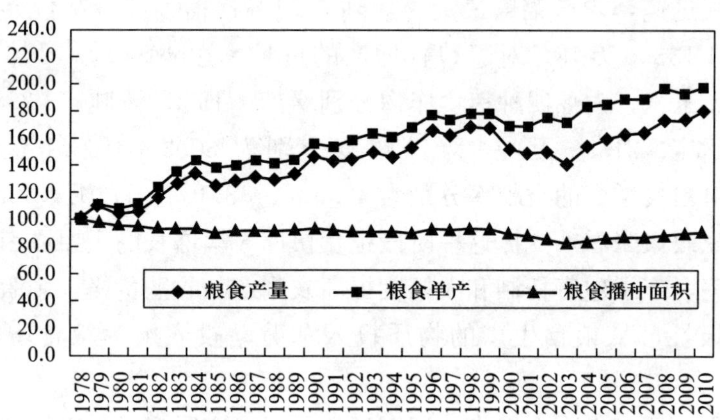

图 3-2　我国粮食产量、播种面积和单产指数（1978 年=100）

资料来源：《中国统计年鉴》。

千公顷和 19 479.7 千公顷，成灾面积占农作物播种面积比重为 13.3%，与其他阶段相比，均是历史上最低的时期，这为粮食生产创造了良好的外部条件（见表3-4和图 3-3）。通过表 3-3 可见，这一阶段农用化肥使用量、农村用电量、农业机械总动力等要素投入分别增长了 96.8%、83.3%、65.9%，大幅高出粮食单产水平增加 42.8%和总产水平增加 33.6%的幅度。

从各粮食品种来看（见表 3-2），在四种主要粮食作物中，这一阶段小

表 3-2　我国粮食分品种对粮食增产的贡献率（1978—2010 年）

单位：万吨，%

时期	粮食增产	稻谷		小麦		玉米		大豆	
		增加量	贡献率	增加量	贡献率	增加量	贡献率	增加量	贡献率
1978—1984	10 254.0	4 133.0	40.3	3 398.0	33.1	1 746.0	17.0	213.0	2.1
1984—1998	10 499.0	2 045.3	19.5	2 190.6	20.9	5 954.4	56.7	545.0	5.2
1998—2003	−8 160.0	−3 805.7	−46.6	−2 323.8	−28.5	−1 712.4	−21.0	24.4	0.3
2003—2010	11 578.2	3 510.5	30.3	2 869.3	24.8	6 141.5	53.0	−31.1	−0.3
1978—2010	24 171.2	5 883.1	24.3	6 134.1	25.4	12 129.5	50.2	751.3	3.1

注：根据《中国统计年鉴》数据测算。

麦生产发展迅速，增产幅度最大，达到 63.1%；稻谷产量基数大，增产量最大达到 4 133.0 万吨，对于粮食增产的贡献率达 40.3%。具体来看，稻谷、小麦、玉米、大豆四种粮食作物分别增产 4 133.0 万吨、3 398.0 万吨、1 746.0 万吨、213.0 万吨，增产幅度分别为 30.2%、63.1%、31.2%、28.1%，对粮食增产的贡献率分别为 40.3%、33.1%、17.0%、2.1%。

从国家政策来看，支撑这一阶段粮食快速大幅增长的主要原因在于，通过实行家庭联产承包责任制和大幅度提高农副产品收购价格，刺激了种粮农民生产积极性，从粮食生产的物质投入和劳动投入上为粮食增产提供了保障。

党的十一届三中全会以来，国家开始了以家庭联产承包责任制为标志的中国农村改革。从 1979 年初安徽省凤阳县小岗生产队首创“包干到户”的责任制形式，突破了生产队的统一经营和统一分配，实行了以家庭经营为主的经营形式，之后这一模式逐步在全国农村迅速推广，到 1983 年末全国实行家庭联产承包责任制的生产队已经达到生产队总数的 99.5%。广大农民在保持土地集体所有的前提下获得了经营的自主权，“交足国家的，留够集体的，其余都是自己的”，农民的生产积极性空前高涨。

国内外大量研究表明家庭联产承包责任制对这一阶段粮食生产产生了显著影响。林毅夫（1992）通过生产函数的方法对农业增长的源泉进行分解并得出结论，家庭联产承包责任制的实施导致了粮食产量大幅度提高，1978—1984 年农作物产值增长了 42.23%，其中家庭联产承包责任制（HRS）的贡献率为 46.89%。黄季焜（1995）的研究表明，家庭联产承包责任制的实行对我国改革初期粮食生产的贡献为 30%～35%。麦克米兰等（Mcmillan，Whalley，Zhu，1989）对家庭联产承包责任制改革的效果进行了计量分析，认为国家政策对 20 世纪 80 年代初中国农业快速增长起到至关重要的作用，1978—1984 年的中国农业总产出增长的约 75%归功于联产承包责任制。

2. 第二阶段，粮食生产波动增长阶段（1984—1998 年）

总体来看，这一阶段的粮食生产增长幅度有所降低，但仍呈现在波动中逐步增长的态势。粮食生产总量从 1984 年的40 730.5万吨，快速增加到 1998 年的 51 229.5 万吨，增产10 499.0万吨，增幅达 25.8%，年均增幅为1.7%。

从粮食生产要素来看（见表3-1和图3-2），粮食总产的增加主要是通过粮食单产的提高实现的，粮食单产水平的提高和粮食播种面积的增加对粮食增产的贡献率分别为96.9%和3.1%。全国粮食播种面积从1984年的112 883.9千公顷，上升到1998年的113 787.4千公顷，增加了903.5千公顷，增幅为0.8%；同期粮食单产快速增加，由1984年的亩产240.5千克，增加到1998年的300.1千克，亩产增加了59.6千克，增幅高达24.8%，年均增幅为1.6%。

在此期间，农业生产的受灾面积和成灾面积呈现在波动中扩大的趋势，加强农业基础设施建设，提高农业生产抵御自然灾害的能力趋于更加重要的地位。具体来看，这一阶段年均受灾面积和成灾面积分别为47 258.4千公顷和23 696.3千公顷，成灾面积占受灾面积比重超过一半，成灾面积占农作物播种面积比重为16.0%，其中成灾面积占农作物播种面积比重超过15%的年份有10个（见表3-4和图3-3）。通过表3-3可见，这一阶段农村用电量、农用化肥使用量、农业机械总动力等现代生产要素投入大幅增加，分别增长了340.2%、134.7%、131.9%，有效灌溉面积持续稳步扩大，增幅为17.6%，对于支撑粮食单产和总产的增加发挥了重要作用。

表3-3　我国粮食生产要素投入指数（1978年=100）

年份	劳动力	有效灌溉面积	农业机械总动力	农用化肥使用量	农村用电量
1978	100.0	100.0	100.0	100.0	100.0
1979	98.7	100.1	113.9	122.9	111.7
1980	96.9	99.8	125.5	143.6	126.7
1981	97.2	99.1	133.4	151.0	146.1
1982	99.8	98.2	141.4	171.2	156.8
1983	102.3	99.3	153.4	187.8	171.9
1984	98.3	98.9	165.9	196.8	183.3
1985	89.8	97.9	178.0	200.9	201.1

（续）

年份	劳动力	有效灌溉面积	农业机械总动力	农用化肥使用量	农村用电量
1986	91.2	98.4	195.3	218.9	231.8
1987	90.3	98.8	211.4	226.2	260.3
1988	84.2	98.7	226.2	242.3	281.3
1989	87.7	99.9	238.9	266.7	312.3
1990	105.7	105.4	244.3	293.0	333.7
1991	101.8	106.4	250.1	317.3	380.6
1992	97.0	108.1	257.9	331.5	437.3
1993	93.0	108.4	270.8	356.5	491.9
1994	86.6	108.4	287.7	375.3	582.3
1995	83.8	109.6	307.4	406.5	654.2
1996	81.7	112.0	328.1	433.0	716.2
1997	79.2	114.0	357.6	450.3	782.3
1998	82.1	116.3	384.7	462.0	806.9
1999	81.8	118.2	417.0	466.5	858.7
2000	76.5	119.7	447.4	469.0	956.7
2001	75.5	120.6	469.6	481.2	1 031.5
2002	74.2	120.9	493.0	490.9	1 182.7
2003	65.6	120.1	513.9	499.0	1 356.3
2004	64.2	121.2	544.9	524.5	1 553.9
2005	62.2	122.4	582.1	539.2	1 728.8
2006	62.7	124.0	617.2	557.4	1 934.3
2007	60.0	125.7	651.8	577.8	2 177.0
2008	55.7	130.0	699.5	592.6	2 257.3
2009	53.2	131.8	744.7	611.4	2 411.9
2010	55.9	134.3	789.6	629.2	2 620.4

注：数据来自国家统计局；粮食生产劳动力＝(农业产值/农林牧渔总产值）×(粮食播种面积/农作物总播种面积)×第一产业从业人员。

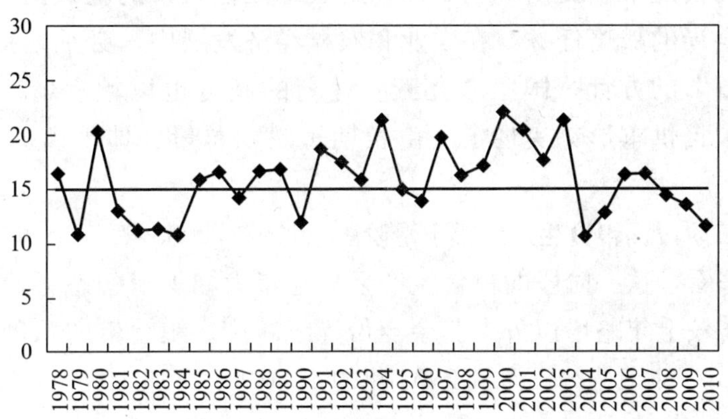

图 3－3　1978—2010 年我国农业生产成灾面积占农作物播种面积比重（%）

资料来源：根据《中国统计年鉴》数据整理。

从各粮食品种来看（见表 3－2），在四种主要粮食作物中，这一阶段玉米生产发展异军突起，增产幅度最大，达到 81.1%，对粮食增产的贡献最大，占粮食增产总量的 56.7%；大豆增加也较为快速，增产幅度达到 56.2%。具体来看，稻谷、小麦、玉米、大豆四种粮食作物分别增产 2 045.3 万吨、2 190.6 万吨、5 954.4万吨、545.0 万吨，增产幅度分别为 11.5%、24.9%、81.1%、56.2%，对粮食增产的贡献率分别为 19.5%、20.9%、56.7%、5.2%。

从国家政策来看，一方面，农村基本经营制度通过立法并进一步稳定，土地承包经营期 15 年到期后，继续延长 30 年保持不变，1984 年中央决定，农村土地承包期 15 年不变，为进一步调动农民的生产积极性，增强农民对土地长期投入的信心，稳定土地承包关系，中央于 1998 年出台了土地承包期再延长 30 年不变的政策，并普遍实行了“增人不增地，减人不减地”的做法。另一方面，在世界舆论对中国粮食问题的悲观预测中①，我国在粮食

① 1994 年 9 月美国世界观察研究所莱斯特·布朗在《世界观察》杂志发表了震惊世界的《谁来养活中国》的文章，后来又出版了《谁来养活中国一书》。在文中得出了六点结论，其中的前两条是“第一，中国粮食产量将逐年下降。到 2030 年，中国的粮食产量很有可能至少下降 1/5（或每年下降 0.5%），即那时产量只有 2.63 亿吨。这相当于中国 1973 年的粮食总产量。第二，中国将成为世界上最大的粮食进口国。按人均年消费 400 千克计算，到 2030 年，中国粮食消费需求将达到 6.41 亿吨，粮食赤字将达到 3.78 亿吨，粮食消费中有 59%依赖进口，自给率只有 41%。”其分析认为，中国未来几十年的状况是人口增加、耕地减少、农业资源枯竭，结果必然是导致粮食大量进口，引起世界粮价大幅度上涨。

稳定增产的情况下，提出“立足国内解决十几亿人口的吃饭问题，始终是一项关系全局的战略任务，在农业和农村经济发展中，必须把粮食生产放在突出位置”的方针，国家“九五”计划的制订也以粮食增产为主要目标，我国粮食供求形势实现了“由长期短缺到总量大体平衡、丰年有余”的转变。

3. 第三阶段，粮食生产大幅下滑阶段（1998—2003 年）

总体来看，这一阶段的粮食生产呈现连年大幅下滑的态势，除 2002 年的粮食生产较上年略增以外，其余年份连续减产。粮食生产总量从 1998 年的 51 229.5 万吨，持续下滑到 2003 年的 43 069.5 万吨，减产 8 160.0 万吨，减幅达 15.9%，年均减产 3.4%。

从粮食生产要素来看（见表 3-1 和图 3-2），粮食大幅下滑的主要原因是粮食播种面积较大幅度减少，同时粮食单产也出现下降，进一步加剧粮食下滑的趋势。从贡献率来看，在此期间，粮食减产 79.3%的原因是由粮食播种面积的减少引起的，20.7%的原因是由粮食单产水平的下降导致。全国粮食播种面积从 1998 年的 113 787.4 千公顷降低到 2003 年的 99 410.4 千公顷，减少了 14 377.0 千公顷，减幅为 12.6%，年均降低 2.7%；同期粮食单产也有所降低，由 1998 年的亩产 300.1 千克，降低到 2003 年的 288.8 千克，亩产减少了 11.3 千克，减幅为3.8%。

在此期间，农业生产的受灾面积和成灾面积进一步趋于扩大，长期疏于农业基础设施建设的局面亟待改变，提高农业生产的防灾减灾水平，努力改变“靠天吃饭”的状况，与以往时期相比显得尤为迫切。具体来看，这一阶段年均受灾面积和成灾面积分别为 51 413.3 千公顷和 29 626.3 千公顷，成灾面积占受灾面积比重高达 57.6%，成灾面积占农作物播种面积比重高达 19.1%，期间所有年份的成灾面积占农作物播种面积比重均超过 15%，超过 20%的年份有 3 个，分别是 2000 年（22.0%）、2001 年（20.4%）和 2003 年（21.3%），与其他时期相比，这一阶段受灾情况最为严重（见表 3-4和图 3-3）。通过表 3-3 可见，尽管这一阶段农村用电量、农业机械总动力、农用化肥使用量等要素投入有所增加，分别增长了 68.1%、33.6%、8.0%，有效灌溉面积略增 3.3%，但增加幅度与其他时期相比处在较低水平，难以扭转粮食生产下滑趋势。

表 3-4 我国农业生产年均受灾和成灾面积（1978—2010 年）

单位：千公顷，%

时期	受灾面积	成灾面积	其中		成灾比重 1	成灾比重 2
			水灾	旱灾		
1978—1984	39 960.1	19 479.7	4 352.0	10 966.4	48.7	13.3
1984—1998	47 258.4	23 696.3	7 880.7	11 885.3	50.1	16.0
1998—2003	51 413.3	29 626.3	7 744.7	16 633.3	57.6	19.1
2003—2010	43 142.9	22 566.3	5 699.9	11 249.3	52.3	14.5
1978—2010	45 626.7	23 549.4	6 341.6	12 675.5	51.6	15.6

注：据《中国统计年鉴》数据测算，成灾比重 1 为成灾面积占受灾面积比重，成灾比重 2 为成灾面积占农作物播种面积比重。

从各粮食品种来看（见表 3-2），在四种主要粮食作物中，这一阶段稻谷减产数量最大，2003 年比 1998 年减少了 3 805.7 万吨，占粮食减产量的 46.6%。小麦减产幅度最大，2003 年比 1998 年减少 21.2%。具体来看，稻谷、小麦、玉米三种粮食作物分别减产 3 805.7 万吨、2 323.8 万吨、1 712.4万吨，减产幅度分别为 19.2%、21.2%、12.9%，减产数量分别占粮食减产数量的 46.6%、28.5%、21.0%，大豆生产基本徘徊不前，且波动性较大，略增 24.4 万吨，增幅为 1.6%。

从国家政策来看，1998 年 10 月，党的十五届三中全会通过的《关于农业和农村若干问题的决定》对我国农业的发展做出了重要判断，指出我国粮食等主要农产品由过去的长期供给不足，转变为“总量大体平衡，丰年有余”的格局。随着粮食产量的迅猛增加，粮食生产出现了阶段性过剩，国家粮食库存规模不断扩大，国家财政负担大幅度增加，国有企业的亏损挂账问题严重，1998 年年底召开的中央农村工作会议进一步提出农业和农村经济的发展进入了一个新阶段，明确要求将结构调整作为农业和农村经济工作的中心任务。为了进一步加大农业结构调整的力度，2000 年召开的中央农村工作会议又明确提出，实行战略性的结构调整是整个新阶段农业和农村工作的中心任务。“从粮食生产形势来看，必须实行控制总量、提高质量的措施，否则库存消化不了，农民的粮食卖不出去或卖不了好价钱，粮食实际价格难以回升，对国家和农民都不利。但粮食问题不是孤立的，它是与整个农业和农村经济，乃至和整个国民经济紧密联系在一起的。因此粮食生产的调整，也必须与整个农业和农村经济的战略性结构调整结合起来。[①]”在这种情况下，国家开始引导和支持农业结构调整，减少粮食播种面积，扩大经济作物面积。另外，为了改变日趋恶化的农村生态环境，国家还组织了大规模的退耕还林还草项目，90年代末国家开始大力推广退耕还林还草工程，2000年9月国家发出《国务院关于进一步做好退耕还林还草试点工作的若干意见》，进一步加强退耕还林还草工作的实施，之后共有超过1亿亩的耕地退出以粮食为主的农作物种植。

4. 第四阶段，粮食生产连续增长阶段（2003年至今）

总体来看，这一阶段我国的粮食生产逐步进入历史上最好的时期之一，粮食生产实现了连续7年增产，其中连续4年超过1万亿斤，粮食生产总量从2003年的43 069.5万吨，快速增加到2010年的54 647.7万吨，成为历史上的最好水平，增产11 578.2万吨，增幅达26.9%，年均增幅为3.5%。

从粮食生产要素来看（见表3-1和图3-2），粮食播种面积的恢复性增长和粮食单产的快速增加，共同支撑粮食连续增产，其中粮食播种面积的对粮食增产的贡献率为39.2%，粮食单产的贡献率为60.8%。全国粮食播种面积从2003年的99 410.4千公顷，上升到2010年的109 876.1千公顷，增加了10 466.1千公顷，增幅为10.5%，年均增加1.5%；同期粮食单产快速增加，由2003年的亩产288.8千克，增加到2010年的331.6千克，亩产增加了42.7千克，增幅为14.8%，年均增幅为2.0%。

在此期间，农业生产的气候条件较好，与1998—2003年相比，农作物受灾面积和成灾面积均有所降低。具体来看，这一阶段年均受灾面积和成灾面积分别为43 142.9千公顷和22 566.3千公顷，成灾面积占农作物播种面积比重为14.5%，其中成灾面积占农作物播种面积比重超过15%的年份只有3个（见表3-4和图3-3）。通过表3-3可见，这一阶段现代生产要素如化肥、农药、农机、农村用电的使用量以及农田有效灌溉面积均达到了历史上的最高水平，其中农村用电量、农业机械总动力、农用化肥使用量等现代生产要素投入明显增加，分别增长了93.2%、53.6%、26.1%，有效灌溉面积也较大幅度增加，增幅为11.8%，有效支撑了粮食单产和总产的增加。

① 陈锡文，赵阳，罗丹.2008. 中国农村改革30年回顾与展望［M］. 北京：人民出版社：112.

从各粮食品种来看（见表3-2），在四种主要粮食作物中，这一阶段玉米的增长幅度最为迅速，增幅达到53.0%，再度成为支撑粮食增产的主要品种，占粮食增产的53.0%。具体来看，稻谷、小麦、玉米三种粮食作物分别增产3 510.5万吨、2 869.3万吨、6 141.5万吨，增产幅度分别为21.9%、33.2%、53.0%，对粮食增产的贡献率分别为30.3%、24.8%、53.0%。大豆生产波动性趋势明显，减产31.1万吨，减少2.0%。

从国家政策来看，针对前一阶段我国农业和农村发展面临的新情况、新矛盾，2004年9月召开的中共十六届四中全会指出："纵观一些工业化国家的发展历程，在工业化初始阶段，农业支持工业、为工业提供积累是带有普遍性的趋向；但在工业化达到相当程度以后，工业反哺农业、城市支持农村，实现工业与农业、城市与农村协调发展，也是带有普遍性的趋向。"从2004年起连续9年发布指导"三农"工作的中央1号文件，形成了强农惠农富农的政策体系。中央着眼经济社会发展全局，确立了把解决好"三农"问题作为全党工作重中之重的战略思想，作出"两个趋向"的科学论断，制定了工业反哺农业、城市支持农村和多予少取放活的指导方针，不断加大对"三农"发展的扶持力度，稳定发展粮食生产。一是全面取消农业税，彻底告别了绵延2 600多年农民种地缴纳"皇粮国税"的历史，全国农民每年减轻负担1 335亿元，开启了农民休养生息的新时代。二是实行农业生产补贴，大幅度增加产粮大县奖励资金规模，全面取消主产区粮食风险基金地方配套。中央财政用于"三农"的支出从2004年的2 626亿元快速增加到2011年的1万亿元左右，年均递增21%。2011年中央财政用于粮食生产相关的投入达到4 985亿元。其中，粮食直补、农资综合补贴、良种补贴、农机具购置补贴等"四补贴"资金达1 406亿元，比2004年的145亿元增长了近9倍。同时，大幅度增加产粮大县奖励资金规模，拨付产粮油大县奖励资金236亿元，全面取消主产区粮食风险基金地方配套，新增44亿元中央补助款，增加地方粮食风险基金规模80亿元。安排农业保险保费补贴资金91亿元，补贴品种涉及主要农畜产品14种，全面覆盖粮食主产区。三是实行粮食最低收购价和临时收储政策。坚持以市场化为导向的粮食流通体制改革，全面放开粮食购销，大幅提高粮食最低收购价，充分发挥粮食流通对粮食生产的引导作用。上述政策调动了地方政府重粮抓粮和农民种粮的积极性，推动了粮食优质良种的普及，促进了农业机械的推广应用，减缓了农资价格上涨对农民种粮收益的冲击，粮食生产大幅下滑的趋势得到了全面遏制，粮食生产开始进入了历史上最好的时期。

二、粮食生产领域的制约要素

（一）坚守耕地红线压力巨大，水资源总量匮乏，粮食生产长期面临资源和生态环境瓶颈制约

1. 耕地整体质量较差，十分有限的耕地资源面临减少的压力依然巨大

我国耕地总量不足世界耕地总量的10%，人均耕地面积仅为世界平均水平的40%，耕地资源严重不足，尽管坚守的18亿亩耕地红线只占我国国土面积的12.5%左右，但在农业结构调整、生态退耕、自然灾害损毁和非农建设占用等因素的影响下，十分有限的耕地资源面临减少的压力依然巨大。根据国土资源部的统计，1996年全国耕地面积19.51亿亩，到2007年全国耕地面积减少到18.26亿亩，在过去的11年间，我国的耕地面积减少了1.25亿亩，这一数字超过了产粮大省河南的全部耕地面积，年均减少1 100万亩。近年来，全国耕地面积减少的幅度有所降低，并出现了小幅恢复性增加的趋势，但是在城镇化、工业化加快推进的大背景下，建设用地等与耕地之间的矛盾更为突出，保护耕地的形势依然十分严峻。

同时，我国耕地整体质量较差，受干旱、洪涝、盐碱、陡坡、瘠薄等多种因素的影响，质量相对较差的中低产田所占比重约达2/3，因水土流失、盐碱化等导致质量退化的耕地已占耕地总面积的40%。长期以来我国耕地处于掠夺式经营状态，用养失衡导致土壤肥力下降，土壤有机质平均含量不足1%，远低于发达国家3%的水平。

2. 水资源总量十分匮乏，时间和空间分布极不均衡

我国水资源最典型的特点是总量严重不足和时空分布极不均衡。目前我国水资源总量2.8万亿米^3，约占世界水资源总量的7%，人均淡水资源量2 200米^3，不到世界平均水平的28%，每年农业生产缺水200多亿米^3。我国水资源时空分布极不均衡，从时间分布看，水资源年内、年际变化大，全国大部分地区最大四个月的降水量约占全年降水量的70%；从空间分布看，水资源与土地资源很不匹配，南方耕地面积仅为全国的36%，水资源总量

却占全国的80%，北方地区水资源短缺矛盾突出，北方耕地面积占全国的64%，但水资源总量却不足全国的20%，北方平均每亩耕地水量仅为南方的1/3。我国是水旱灾害频繁的国家，近年来我国自然灾害严重，不利气象因素较多，极端性天气增加，对粮食生产造成不利影响。

（二）农民从事粮食经营利润空间有限，农业生产陷入“后继无人”的困境，构建新型经营体系面临挑战

从20世纪90年代以来，我国粮食生产成本呈现较快增长的趋势，特别是进入新世纪以来，生产成本和机会成本呈现更为明显的加速增长趋势，与20世纪90年代初期相比，农业经营效益有所下降，推动粮食成本提高的主要因素表现为土地成本、人工成本和能源成本的增加。近年来国家取消了农业税，并对农民实行各种补贴，但是目前粮食直接补贴的标准较低，对粮食生产的刺激作用有限。

从粮食价格来看，目前我国的粮食价格处于较低的水平，即使以目前上涨后的价格来看，粮食价格依然处于低位。随着农业对外开放程度的进一步扩大，我国农业面临的市场风险进一步加大，国内农产品市场已经进入价格波动幅度放大、波动频率增加的阶段，粮食价格大起大落的风险较以前也有明显扩大。同时，随着农业生产资料（化肥、农药、农用柴油等）和农村劳动力价格（人工成本）的上涨，农民的种粮成本大幅上升。如图3-4所示，1984年以来农业生产资料价格的上涨幅度超过粮食生产价格的上涨幅度，以1984年为100，2010年粮食生产价格指数增加到464.0，而农业生产资料价格指数却上涨到482.3，农业生产资料价格指数高于粮食生产价格指数，粮食生产的利润空间非常有限，近年来农资价格的上涨严重消耗了粮食补贴给农民带来的好处。

如图3-5所示，与粮食（稻谷、小麦、玉米三种粮食平均）总成本（物质与服务费用、人工成本和土地成本）的快速增长相比，粮食生产的净利润增长较为缓慢。总体来看，每亩粮食产值由1978年的56.05元增加到2010年的899.84元，但是总成本也以较快的速度增长，从1978年的58.23元增加到2010年的672.67元，2010年每亩种粮的名义净利润仅为227.17元，比1995年的223.91元略高，如果按照1978年的标准，剔除通货膨胀因素的影响，每亩种粮的实际利润仅为42.6元，更是大幅低于20世纪90年代中期的水平（1994年、1995年实际利润分别为56.6元、56.8元）。

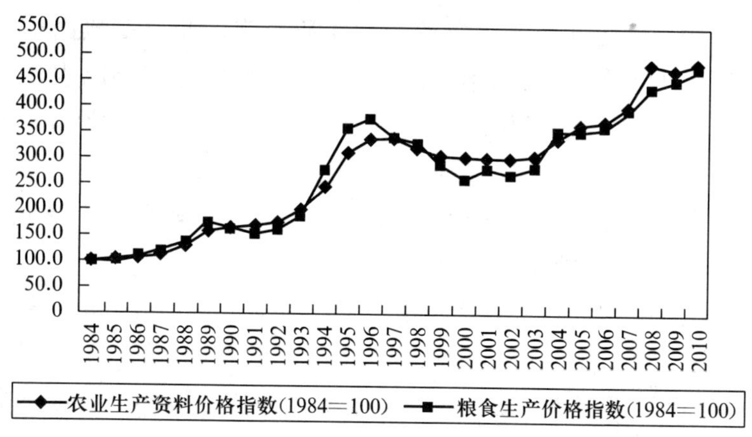

图 3-4　我国农业生产资料和粮食生产价格指数（1984—2010 年）

资料来源：粮食生产价格指数来源于《中国农产品价格调查年鉴》。由于统计口径的变化，2000 年及以前的粮食价格指数为粮食收购价格指数，2001 年以后停止编制粮食收购价格指数，改为农产品生产价格指数中的谷物价格指数。农业生产资料价格指数 1984—1993 年数据来自《中国价格及城镇居民收支调查 2004》，1994—2010 年数据来自历年《中国统计年鉴》。

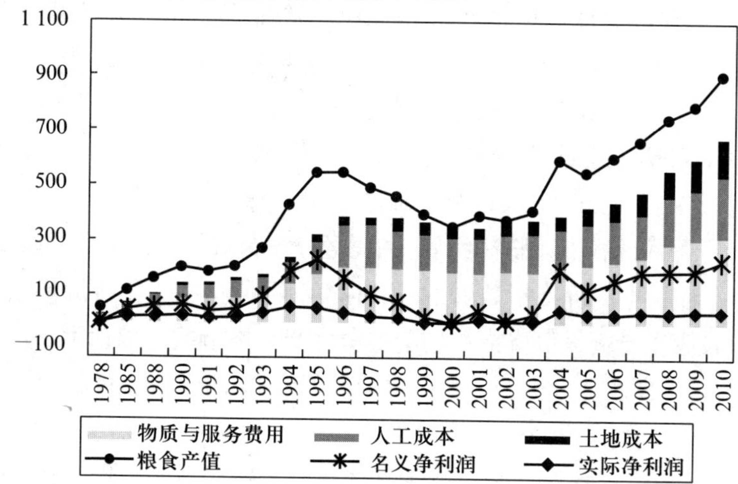

图 3-5　1978—2010 年全国三种粮食平均成本收益（元/亩）

注：① 粮食产值包括主产品产值和副产品产值；总成本包括物质与服务费用、人工成本、土地成本；人工成本包括家庭用工折价和雇工费用，从 1998 年开始有雇工费用，1978—1997 年人工成本等于家庭用工折价；土地成本包括流转地租金和自营地折租，从 1998 年开始有流转地租金，1978—1997 年土地成本等于自营地折租。

② 名义净利润＝当年粮食产值－当年总成本；实际净利润用当年名义净利润剔除货币因素得到（以 1978 年为基期）。

资料来源：国家发展改革委，历年《全国农产品成本收益资料汇编》。

通过表 3－3 可见，粮食生产的劳动投入呈现大幅下降的态势，与化肥、机械、用电等现代要素投入大幅增长趋势形成明显反差。据估算①，改革开放以来，特别是自 20 世纪 90 年代以来，我国粮食生产劳动力投入大幅下降，2010 年粮食生产劳动投入数量仅为 1990 年的 52.9%，减少了近一半。

随着农村劳动力向二、三产业转移就业，农业生产中劳动力逐步由富余向短缺转变，土地经营规模也呈现扩大趋势，各地逐渐出现了一些种粮大户、家庭农场等新型经营主体。我国培育新型农业经营主体正在稳步推进，但总体上尚处于起步阶段，创新农业经营体系任重而道远。据农业部统计，截至 2013 年 6 月底，全国农村土地流转面积达 3.14 亿亩，占家庭承包耕地面积的 23.9%，其中流转入农户、合作社和企业的面积分别占 61.8%、18.9%和 9.7%；经营耕地面积在 30 亩以上的农户有 891 万户，符合条件的家庭农场达到 87.7 万家（平均经营耕地面积达到了 200.1 亩）。目前，全国约有 1.8 亿农户从事农业生产经营，家庭承包耕地面积约 13.1 亿亩。据此测算，农户家庭经营的土地占全部承包土地面积的 90.8%，其中经营面积在 30 亩以下的农户还占全部农业生产经营户的 95.1%。

近年来农业外出务工人员增多，特别是粮食主产区一半以上的青壮年劳动力外出打工，农业劳动力老龄化日趋明显，呈现结构性紧缺。在城镇化过程中，农村优质劳动力大量外流加剧了农村老龄化，对农业生产和农村经济乃至国民经济产生负面影响。在不少地方已经呈现出“精兵强将去创业，年轻力壮去打工，老弱病残搞农业”的格局。年龄较大的农业劳动力掌握的农业技术基本上为传统农业技术，很少掌握现代农业技术。留在农村的人员由于生产生活负担过重、收入水平较低、年龄结构偏大，对农村公益性基础设施建设和社会事业发展的参与积极性和能力也较低。伴随着农村劳动力的大转移，一些村庄出现了“凋敝化”的趋势。随着农村劳动力转入非农产业和城市，一些地区粮食生产副业化趋势明显，部分地区还存在土地弃荒、撂荒现象。

农业劳动力不仅数量不断减少，而且素质结构性下降问题日益凸显。种

① 粮食生产劳动力=（农业产值/农林牧渔总产值）×（粮食播种面积/农作物总播种面积）×第一产业从业人员

粮农户主要劳动力受教育程度偏低，制约了粮食生产的持续健康发展。研究表明，农户的粮食生产的经营规模、单产、净利润均与主要劳动力的受教育程度呈正向关系，原因可能在于，种粮农户主要劳动力素质的不断提升，能够加快粮食生产新科技的推广应用，提高科技贡献率，能够增强粮食生产经营管理水平，适度扩大生产规模，推进集约化经营，进而实现粮食生产的效益最大化。

粮食生产的主要群体年龄相对高龄化，传统观念根深蒂固，思想相对保守落后，与年轻人相比，他们对新事物的认识和接纳有约束性，从长远看，不利于农业新技术的推广应用，影响粮食生产的稳定发展，并且随着高龄化趋势的进一步加重，更多的青壮年劳动力离开农业，据统计，占农民工总量60％的新生代农民工不愿意回家务农，今后“谁来种地”越来越成为一个具有战略重要性的课题。

总体来看，粮食生产比较效益总体上处于弱势，同时粮食生产的弱质性又使得其面临较大的市场风险，农民种粮成本明显增加，随着农村大批青壮年劳动力外出务工，农村劳动力逐渐呈现“老龄化”、“女性化”，粮食生产出现“副业化”、“兼业化”趋向，保护种粮农民生产积极性的压力不减，保持粮食生产稳定发展的难度加大。

（三）农田水利设施欠账较多，半数以上耕地仍然靠天吃饭，仰赖天时的局面没有得到根本转变

农田水利是农业基础设施建设的重点内容，搞好水利设施建设是提高农业综合生产能力、稳定粮油供应的重要物质条件。我国水资源短缺且时空分布不均衡、水灾旱灾等自然灾害频繁的现状决定了我国必须将水利建设放在突出重要的位置。

新中国成立以来，我国开展了大规模的农业水利基本建设，20 世纪60—70 年代以来，我国掀起了水利建设的高潮，农业水利建设事业突飞猛进，实行家庭承包责任制后，农村集体经济组织的作用明显降低，农田水利建设的难度明显加大。由于农田水利建设标准不高、配套设施不到位、管护机制不完善，绝大多数农田水利工程已经超过规定的使用年限、老化损坏严重、灌溉效益衰减。

经过几十年的建设，我国大江大河治理和大型灌区建设取得了显著成就，但作为水利“毛细血管”的小型农田水利建设相对滞后。农村税费改革以后，“两工”（劳动积累工和义务工）被取消，在国家投入不足的情况下，我国小型农田水利建设主要依靠农民，而作为其最大的投入来源的“两工”已被取消，相应的支持投入没有及时跟进，小型农田水利建设无疑已经处在了十分尴尬的境地。

近年来，国家加大了农业基础设施的投入力度，农田水利设施薄弱的状况有所改观。但由于农田水利设施欠账较多，至今仍未能摆脱靠天吃饭的局面。2010 年有效灌溉面积与农作物播种面积的比率仅为 37.6%，仍有一半以上的耕地没有水利设施，主要是仰赖天时。

（四）农业科技研发、成果转化、技术推广能力等相对薄弱，短期内粮食增产技术应用难有新的重大突破，农业的科技贡献率与世界发达国家相比仍有较大差距

改革开放以来，农业科技进步为我国粮食生产不断迈上新台阶做出了重大贡献，近年来我国农业的科技贡献率逐步提高，2010 年达到 52%。粮食增产的潜力主要在单产，提高单产的途径主要靠科技。几十年来，我国粮食生产取得了长足的发展，从 1978 年的 30 476.5 万吨增加到 2010 年的 54 647.7万吨，增加了 24 171.2 万吨，增幅达 79.3%。30 多年来粮食总产的增加，基本是通过粮食单产的提高实现的，粮食单产从 1978 年的 168.5 千克/亩增加到 2010 年的 331.6 千克/亩，增幅达 92.7%，而粮食播种面积出现下降，从 1978 年的 120 587.3 千公顷降低到 2010 年的 109 876.1 千公顷，减少 8.9%。其中粮食单产增加对粮食总产增加的贡献率为 111.2%，粮食播种面积减少的作用为－11.2%。

现代物质要素如化肥、农业机械等的投入明显增加，对粮食单产水平提高发挥了重要作用。1978—2010 年，农村用电量从 253.1 亿千瓦时增长到 6 632.3亿千瓦时，增加 6 379.2 亿千瓦时，增长了 25.2 倍；农用化肥使用量从 884.0 万吨增长到 5 561.7 万吨，增加 4 677.7 万吨，增长了 5.3 倍；农业机械总动力从 11 749.9 万千瓦增长到 92 780.5 万千瓦，增加81 030.6万千瓦，增长了 6.9 倍；有效灌溉面积从 44 965.0 千公顷增长到 60 377.9千公顷，增加 15 412.9 千公顷，增幅为 34.3%。

粮食新品种技术的推广应用，也有效支撑粮食单产水平的提高。据统计，1979—2001 年，全国经确认的农业科技成果近 5 万项，已培育并推广各种作物新品种、新组合 1 600 多个，主要农作物品种已更换 2～3 次，每次更换都使单产增加 10%以上。特别是杂交优势利用技术的重大突破，为我国粮食生产作出了重要贡献。近年来，我国成功选育了 20 多个超级杂交稻新品种新组合，基本实现百亩示范片平均亩产 800 千克的目标，而目前稻谷的平均单产是 437.5 千克/亩；已经育成的超级小麦品种亩产达到 600 千克，而目前小麦的平均单产是 317.5 千克/亩。

但总体而言，在新品种选育方面，像杂交水稻这样的突破性品种少，栽培技术研究集成不够，近年来很少出现像抛秧、旱育稀植、地膜覆盖等重大增产技术。从短期来看，我国粮食品种增产技术应用难以有重大突破，提高粮食单产的难度增大。目前我国农业科技的研发能力、成果转化能力、农业技术推广能力等都还相对薄弱，特别是农民整体素质不高，对粮油生产发展形成了制约，与世界发达国家 70%～80%的水平相比，我国农业的科技贡献率仍然低约 20～30 个百分点，科技支撑的作用还有待于进一步增强。

在技术推广和成果转化上，主要表现为：一是农业科研与推广脱节。全国共有 1 170 个农业科研机构和 45 所高等农业院校，科技人员达 10 万人，基层农技推广服务机构 15.1 万个和 100 多万农技推广人员，机构条块分割，力量分散，难以形成合力。二是农业科技成果转化率低。我国每年大约取得 6 000 多项农业科技成果，但转化率只有 30%～40%，而农业发达国家成果转化率已达到 70%～80%；全国平均每年审定的品种在 100 个以上，但有突破性的主导品种不多，其中 90%的品种推广面积不足 100 万亩。三是转化成果的普及率和入户率低。目前，我国农业科技成果转化后的普及率也只有 30%～40%，比发达国家低约 40%，也就是说在已转化的成果中，又有 2/3 没有应用于生产实践。

（五）农业物质技术装备能力还不算高，大型农业机械应用不足，传统粮食生产模式有待提升

农机物质技术装备作为先进的生产工具和农艺技术大面积实施的载体，是提高粮食综合生产能力的重要物质技术支撑，是稳定粮油供应的保障条件。20 世纪 80 年代初期，由于农村实行了家庭联产承包责任制，分田到户，土地经营相对分散，规模减小，使农业机械化的发展一度受到挫折，发

展速度减慢，有些地方甚至出现了倒退现象，“包产到户，农机无路”在一定程度上反映了这一时期的农业机械发展状况。1982年，国家提出发展小型农业机械的构想，允许农民私人购买大中型拖拉机等农业机械，为农业机械化发展注入了新的活力。20世纪90年代以来，农机所有制结构发生的重大变化，使个体经营户迅猛发展，农民逐步成为农机化事业的投资、经营主体，农业机械化进入了以市场为主导的发展阶段，走上了健康发展之路。这一阶段的主要特征是在国家有关政策、法规的保护和引导下，农业机械化市场化进程加快；以农民为主体、多种经济成分并存的多元化投入机制初步形成。2004年，《农业机械化促进法》颁布实施，改善了农业机械化发展环境，极大地调动了农民、农业生产经营组织购置和使用农业机械的积极性，促进了农机化新技术、新机具的普及应用。据农业部门统计，2010年全国“三夏”小麦机收会战在河南省驻马店启动以来，由南向北逐步推进，在短短24天内先后完成安徽、江苏、河南、山东、河北等小麦主产区的机收工作，收获小麦3.14亿亩，超过小麦应收面积的92%，其中机收面积2.7亿亩，机收水平86.01%[①]。但总体来看，我国农机装备发展中还存在一些诸如总体水平不高、不同粮食品种和不同区域的农机化水平发展不均衡、不同作业环节和自身配置结构等方面的问题。

总体装备能力还不算高。机械化水平是农业现代化水平的重要标志。改革以后，我国农业机械装备总量加快增长，农业的机械化水平得到了快速的提高，1978年我国农业机械总动力1.17亿千瓦，2007年达到7.66亿千瓦。拖拉机保有量1978年为193万台，2007年为1 834万台。农机作业水平持续提高，2007年全国机耕、机播、机收作业面积达到24.3亿亩，耕种收综合机械化水平达到42.5%，但粮食生产中大部分仍靠人畜力耕作，与世界发达国家的差距仍然非常大。自20世纪70～80年代世界发达国家就已实现了高度的机械化和现代化，其中美国1925年就开始了拖拉机取代畜力和人力的农业机械化，到1940年美国基本完成了农业机械化；日本1955年以后开始农业机械化，到1977年在育秧、插秧、收割、脱粒和烘干等环节全部实现了机械化，并向自动化发展；德国在第二次世界大战后开始农业机械

① 农业部农业机械化管理司，《2010跨区机收动态》第34期，2010年6月25日。

化，到1953年基本实现农业机械化。以美国、加拿大、英国、法国、德国、澳大利亚等其他工业发达国家为例，农机装备均达到了较高的水平，每百公顷平均拥有5.98台拖拉机，0.84台谷物联合收割机；每千名农业劳动者拥有的拖拉机数量加拿大1 823.94台，美国1 585.73台，法国1 406.01台，意大利1 294.38台，德国1 017.57台，英国931.1台，日本732.39台，澳大利亚704.7台。目前，经济发达国家的农机装备已进入了新一轮更新换代阶段，向应用电子计算机信息处理技术为标志的未来农业方向发展。另外，我国农业机械的技术与质量水平落后。在机具制造上呈现功率小、企业规模小、品种少，造价高、故障多、生产厂家多的现象。在实际生产应用上表现为质量可靠性、地区适用性、使用安全性、驾乘舒适性差。在产品质量上表现为故障多，发达国家拖拉机的平均无故障作业时间在330小时以上，而我国拖拉机不超过280小时。发达国家的自走式小麦联合收获机的平均无故障作业时间为70～100小时，而我国产品仅为20～30小时。有些国产大型拖拉机的外购配件质量差，对不同地区的土壤适用能力差，出现80马力拖拉机拉不动四铧犁的现象。

农机装备结构性矛盾突出。一是在不同粮食品种之间，农业机械化程度存在较大差异，从2003年的情况来看，在小麦、水稻、玉米、大豆四大粮食作物中，小麦机播和机收水平分别达到82%和77%，已基本实现了机械化；大豆机播、机收分别为50%和25%左右，正处于发展时期；玉米机收水平仅为3%，技术上还不成熟；水稻机械化栽植和机收水平分别只有为5.08%和26%。尽管我国稻谷机械化收获水平发展较快，但在稻谷栽植机械化方面，特别是工厂化集中育秧、机械化插秧等种植机械化生产发展水平较低，此外，农机与农艺配套技术研究仍处于初级阶段，不够完善、配套的机械化生产技术已成为制约稻谷生产的重要瓶颈。二是在不同地域之间，农业机械化水平发展不均衡。目前，东西部地区农机化总体水平差距较大，如黑龙江、天津、江苏、山东省综合农机化水平都在50%左右，而云南、贵州、广西、四川等农机化综合水平不到10%，最低的贵州省还不到2%。三是在不同作业环节之间，农业机械化程度存在较大差异。如全国机耕、机播和机收作业机械化水平分别为47%、27%和20%，水稻机插、机收分别为5%和26%，玉米机播和机收分别50%和3%，相互之间发展极不平衡。四是在不同农机配置方面，农机自身装备结构不尽合理。目前我国农机装备整体结构水平相当于国外20世纪80年代的水平，且小动力配套机具多，大动力配套机具少，单一作业技术含量低的机具多，复式作业专业化、高科技水平的机具少。农机自身装备结构的不合理导致粮田耕层变浅、土壤板结、肥力及蓄水纳墒能力明显下降，严重影响了粮食综合生产能力的提高。

据有关专家研究表明，农机装备对粮食增产的贡献份额在10%左右。加快农业机械化发展是今后一个时期增强粮食综合生产能力的潜力所在。通过提高农机装备水平，充分发挥农业机械化在提高粮食生产效率、争抢农时、提高复种指数、抗旱排涝乃至节本增产等方面的重要作用，可使农机装备对粮食单产增产贡献率在现有基础上进一步提高。

（六）强农惠农富农政策支撑粮食生产迈入历史上最好的时期，需要继续深化农村改革，激活内在潜力，增强粮食生产发展后劲

改革开放以来，中央先后出台了一系列政策措施促进农业的发展，到2012年已经有14个涉及农业农村工作的中央1号文件。其中在20世纪80年代中央先后出台了五个1号文件[①]，以家庭联产承包责任制和主要粮食品种收购价格的大幅度提高为标志的一系列农业政策的实施，以及由此带来的农民生产积极性的极大调动使得在农业基础设施、科技投入等方面长期形成的积累效应得到集中体现，促进了粮食生产的大幅增长。在国家强农惠农富农政策的支撑下，粮食生产进入历史上最好的时期。2004年以来，我国开始进入工业反哺农业时期。“两个趋向”的重要论断是对我国经济社会发展阶段的科学判断，2004年9月召开的中共十六届四中全会指出：“纵观一些工业化国家的发展历程，在工业化初始阶段，农业支持工业、为工业提供积累是带有普遍性的趋向；但在工业化达到相当程度以后，工业反哺农业、城市支持农村，实现工业与农业、城市与农村协调发展，也是带有普遍性的趋向。”2004年12月召开的中央经济工作会议再次强调：我国现在总体上已

① 1982年中央出台了《全国农村工作会议纪要》的1号文件，解决联产承包制性质问题，1983年中央出台了《当前农村经济政策的若干问题》的1号文件，解决人民公社体制改革问题，1984年中央出台了《关于1984年农村工作的通知》的1号文件，促进农村商品生产发展，1985年中央出台了《关于进一步活跃农村经济的十项政策》的1号文件，改革农产品统派购制度，1986年出台了《关于1986年农村工作的部署》的1号文件，摆正农业在国民经济中的地位。

到了以工促农、以城带乡的发展阶段。中央制定形成的强农惠农富农政策的基本框架，在连续出台的中央1号文件中得到集中体现[①]。随着国家不断加大对农业和农村发展的扶持力度，始终坚持稳定发展粮食生产，促进农民持续增收，加快农村经济社会发展，“多予、少取、放活”和工业反哺农业、城市支持农村方针得到进一步实施，广大农民的生产积极性得到极大调动，粮食生产大幅下滑的趋势得到了全面遏制，粮食生产开始进入了历史上最好的时期。

但是，我们应当清醒地看到，粮食连续多年增产，造成不少人误认为我国粮食已过关，真正解决农业发展后劲问题，还需要继续强力推行强农惠农富农政策，深化农村改革，进一步激活粮食生产发展的内在潜力。

三、粮食增产潜力的实证分析

尽管当前粮食生产还面临很多制约因素，但从长远看，我国粮食生产仍有一定的潜力。

（一）基于生产要素的增产潜力分析

1. 粮食播种面积

我国耕地资源非常有限，耕地总量只占我国国土面积的12.8%。但是，通过对我国耕地的整理、复垦、开发、农业结构调整、后备资源的适度挖潜，以及增加复种指数，我国粮食播种面积仍然有较大的潜力。

根据国土资源部统计，通过耕地整理、复垦、开发、农业结构调整等，在2001—2008年，我国耕地面积恢复增加5 063.8万亩，年均增加633.0万亩。根据《全国新增1 000亿斤粮食生产能力规划（2009—2020）》，要继续实施土地整理和复垦项目，确保耕地占补平衡。到2020年，在800个产粮大县和后备区完成整理和复垦耕地2 000万亩。据统计，2006年全国宜农荒

① 2004年出台《关于促进农民增加收入若干政策的意见》、2005年出台《关于进一步加强农村工作提高农业综合生产能力若干政策的意见》、2006年出台《关于推进社会主义新农村建设的若干意见》、2007年出台《关于积极发展现代农业扎实推进社会主义新农村建设的若干意见》、2008年出台《关于切实加强农业基础建设进一步促进农业发展农民增收的若干意见》、2009年出台《关于促进农业稳定发展农民持续增收的若干意见》、2010年出台《关于加大统筹城乡发展力度进一步夯实农业农村发展基础的若干意见》、2011年出台《关于加快水利改革发展的决定》、2012年出台《关于加快推进农业科技创新持续增强农产品供给保障能力的若干意见》。

地 3 535 万公顷，相当于当年耕地面积的 27.2%，其中可开垦为耕地的约有 1 470 万公顷。另据统计，我国的滩涂面积约 3 000 多万亩，其中可以利用围垦的淤泥质海岸的滩涂面积只有 60%，通过滩涂资源的开发利用，也能在一定程度上缓解耕地资源的供给压力。另外，复种指数也具有一定的潜力，如果全国耕地平均复种指数如从 155%提高到 160%，相当于扩种 1 亿亩，可增产粮食 0.24 亿吨。通过提高复种指数，可使粮食作物播种面积稳定在 1.1 亿公顷左右。

2. 粮食单产水平

粮食单产水平的提高，已经成为支撑我国粮食增产的主要因素。2009 年，我国农业的科技进步贡献率为 51%，但与发达国家 70%～80%相比差距依然较大，通过科技提高我国单产的潜力仍然很大。

（1）中低产田改造潜力分析

从开发潜力看，在全国 18.26 亿亩耕地中，中低产田约占 65%即 11.87 亿亩，改造中低产田还有很大增产潜力。据农业部（2006）测算，通过加强田间水利工程和耕地质量建设，提高耕地保水、保土和保肥能力，未来 15 年使 1/3 的中低产田约 4 亿亩耕地的基础地力提高一个等级，按每亩耕地提升一个等级具备增产 200 斤能力测算，可新增粮食生产能力 800 亿斤左右①。根据《全国新增 1 000 亿斤粮食生产能力规划（2009—2020）》，到 2020 年，完成改造中低产田 3 亿亩，力争使粮食生产核心区和非主产区产粮大县的中低产田面积减少一半以上。

（2）优质高产作物品种的选育和推广潜力分析

提高粮食单产的关键在于普及优质高产的粮食作物新品种。新中国成立以来，我国粮食作物品种更新过 3～5 次，每次增产幅度都在 10%以上。我国水稻育种专家袁隆平认为，如果我国超级稻实现大面积推广种植，超级稻以亩增产 150 千克、年种植面积 2 亿亩计算，未来每年将增加 300 亿千克粮食，可多养活 7 000 万人。如果考虑到转基因技术的推广应用，我国提高粮食单产的潜力更大。

（3）先进作物栽培技术的科研攻关、引进和推广潜力分析

① 农业部，《全国粮食生产发展规划（2006—2020 年）》，2006 年。

在水稻旱育稀植及抛秧技术方面。水稻旱育稀植栽培技术对水稻增产效果显著，北方地区一般每公顷增产 1 200 千克左右，南方地区增产 750 千克左右。水稻抛秧技术增产显著，一般比插秧稻每公顷增产 450 千克，增产 6%。在地膜覆盖栽培技术方面。地膜覆盖栽培是传统农业技术和现代农业技术相结合的一项增产效果显著的技术。以玉米为例，根据全国农业技术推广服务中心的资料，地膜玉米一般每公顷增产 2.25 吨左右，高的达 3～4.5 吨，增产幅度 30%～60%。在测土配方施肥技术方面。据农业部的调查统计，开展测土配方施肥一般可使粮食单产提高 6%～10%。2008 年，我国推广测土配方施肥面积达 7 亿亩以上，约 4 670 万公顷，到 2020 年，按照测土配方施肥面积再增加 1 倍计算，随着测土配方施肥技术的进步，粮食生产可增加 3%～5%。

（二）基于重点品种的增产潜力分析

1. 小麦增产潜力分析

如图 3－6 所示，改革开放以来，小麦作为我国的主要粮食作物品种，产量总体上保持平稳上升趋势。长期看，未来的小麦生产将继续保持平稳的增长势头，但总体增长速度有所减缓。

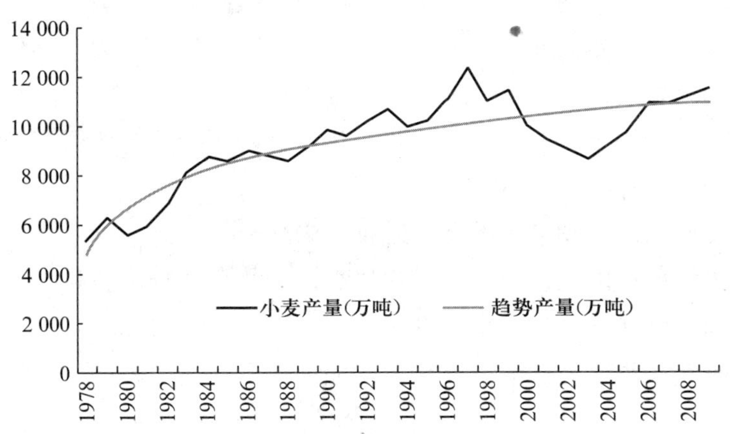

图 3－6　我国小麦生产发展趋势（1978—2009 年）

注：趋势产量为采用对数形式通过回归分析进行的趋势预测。

资料来源：历年《中国统计年鉴》、中国种植业信息网、中国三农信息网。

从小麦单产水平来看，近年来呈现总体大幅增加趋势。改革开放以来，小麦单产持续上升，是单产增长最快、增长势头最为强劲、最有发展潜力的作物品种。如果在未来10～20年中，小麦单产继续保持过去30年平稳增长的趋势，以年均1.87％的速率递增，那么，到2020年，小麦单产水平有望较2006年再提高29.61％，达到5 897.39千克/公顷，到2030年达到7 097.78千克/公顷。

2. 水稻增产潜力分析

如图3-7所示，改革开放以来，水稻作为我国的主要粮食作物品种，产量总体上保持平稳上升趋势。长期看，未来的水稻生产将继续保持平稳的增长势头，但总体增长速度有所减缓。

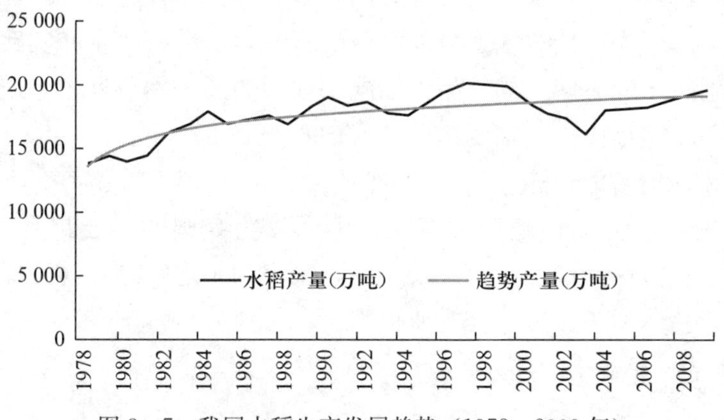

图3-7　我国水稻生产发展趋势（1978—2009年）

注：趋势产量为采用对数形式通过回归分析进行的趋势预测。

资料来源：历年《中国统计年鉴》、中国种植业信息网、中国三农信息网。

从水稻播种面积来看，由于温光水资源丰富，增加潜力较大。从“单改双”的潜力看，一是三江平原，目前三江平原水田面积为1 500万亩左右，占三江平原耕地面积的22％。若将三江平原水旱田种植面积比例调整到1∶1，则在现有耕地范围内还有近1 500万亩旱地改水田的灌溉发展潜力。二是松嫩平原。结合有关部门研究成果，考虑已逐步实施的“引嫩入白”等重大水利工程建设项目，松嫩平原的水稻发展潜力可达1 000万亩。三是淮北地区，受农田灌溉条件的限制，安徽省淮北地区现有耕地2 000多万亩，而目前水田面积不足10％，若加强大型水利工程设施建设，即使将目前旱地中面积的50％改制为水田，也有900万亩的面积潜力。综合上述情况分析，“旱改水”的潜力可达3 000万亩以上。从再生稻发展潜力看，考虑四川、重庆、福建、湖北等省再生稻生产技术储备和生产经验，只要采取一定的激励措施，可再适度发展再生稻面积350万亩以上，达到1 000万亩以上[①]。

从水稻单产水平来看，通过采取综合有效措施，单产提高潜力较大。一是提高耕地地力。有关研究表明，若将10%低产田改造为中产田，将10%中产田改造为高产田，则可增产稻谷3.7%。二是优化并推广水稻良种。在生产中适当采用生育期较长的水稻品种，充分利用光温资源，提高水稻生物量和单产水平，同时大力推广超级稻品种，可以在很大程度上挖掘增产潜力。根据对比调查，超级稻新品种大面积亩产一般比普通品种增产50千克。三是大力推广现代适用技术，可以实现技术的增产潜力。生产实践证明，由于栽培管理技术的不同，同一品种在同一地区的同一季节种植，产量差异可达到每亩100千克以上，幅度达到20%～30%。

3. 玉米增产潜力分析

如图3-8所示，改革开放以来，玉米作为我国的主要粮食作物品种，产量总体上保持快速增加趋势。长期看，未来的小麦生产将继续保持快速的增长势头，总体增长速度还会有所提高。

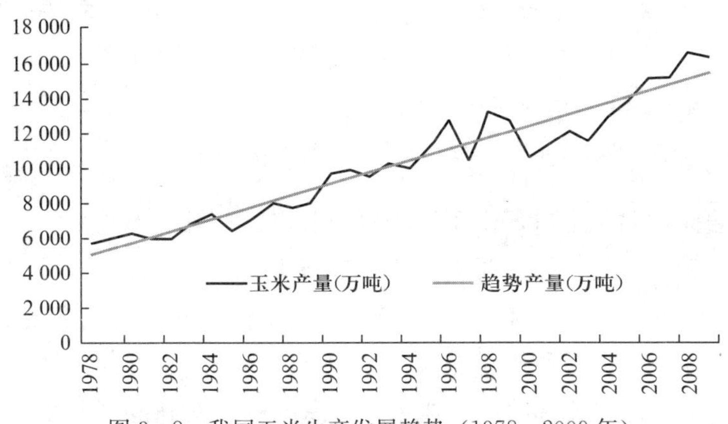

图3-8　我国玉米生产发展趋势（1978—2009年）

注：趋势产量为采用线性形式通过回归分析进行的趋势预测。

资料来源：历年《中国统计年鉴》、中国种植业信息网、中国三农信息网。

① 农业部，《水稻优势区域布局规划（2008—2015年）》，2008年。

从玉米播种面积来看。我国玉米种植分布广泛。东北地区可以通过改连作大豆为大豆与玉米轮作，扩大玉米种植面积，其中黑龙江省玉米种植面积有扩大1 000多万亩的潜力，是未来玉米扩大面积的重点省份。黄淮海地区改套种为平播，提高复种指数。西南地区按照宜水则水，宜旱则旱的原则，将无灌溉保证的稻田改种玉米或改山区马铃薯、甘薯单作为甘薯、马铃薯与玉米套作等方式扩大玉米播种面积。据测算，扩大玉米面积的潜力在5 000万亩左右[①]。

从玉米单产水平来看。玉米是高光效作物，具有其他作物不可比拟的杂种优势和高光效增产潜力。在玉米增产因素中单产贡献率达85%，目前，在我国玉米单产增长中，技术进步的贡献份额为49%，与发达国家的60%～80%相比，科技增产还有较大潜力。我国玉米平均亩产为350多千克，与我国玉米最高亩产纪录1 400多千克相比，单产提高仍有较大潜力。通过优质高产品种、推广实用栽培技术、培肥地力等措施，把玉米单产在短期内再提高50千克是完全可行的。

4. 大豆增产潜力分析

近年来，我国大豆产业整体形势日趋严峻，一方面消费持续快速增长，另一方面国内生产滑坡，对外依存度不断攀升。如图3－9所示，改革开放

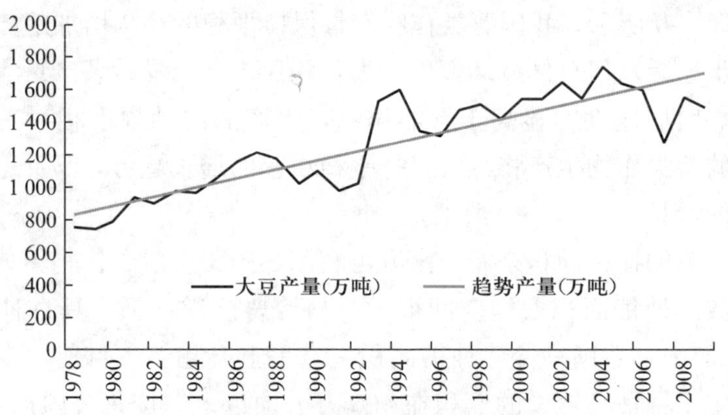

图3－9　我国大豆生产发展趋势（1978—2009年）

注：趋势产量为采用线性形式通过回归分析进行的趋势预测。

资料来源：历年《中国统计年鉴》、中国种植业信息网、中国三农信息网。

① 农业部，《玉米优势区域布局规划（2008—2015年）》，2008年。

以来，大豆产量总体上保持较快增加趋势，同时表现出较强的波动性。长期看，在国家政策的支持下，将出现恢复性增长势头，但未来大豆生产的波动性仍将较为突出，增产不稳定性因素增多，形势较为严峻复杂。

在从大豆播种面积来看，有一定的恢复潜力。通过合理轮作和间套复种等方式，到 2015 年可扩大大豆种植面积 900 万亩。其中，东北地区通过大豆、玉米合理轮作和适当恢复第三积温带大豆面积，可扩大面积 200 万亩；黄淮海地区曾是我国最大的大豆主产区，2007 年大豆种植面积 3 200 万亩，通过间作套种，如发展玉米—大豆、棉花—大豆、小麦—大豆套种等，可扩大大豆面积 700 万亩①。

从大豆单产和出油率水平来看，提高潜力较大。据农业部《大豆优势区域布局规划（2008—2015 年）》，东北高油大豆区将成为世界上最大的非转基因高油大豆生产区。到 2010 年，大豆面积增加到 440 万公顷。到 2015 年，面积增加到 502.7 万公顷。2010 年，高油大豆面积达到 65%，单产达到 2 175千克/公顷，含油率达到 21%以上，总产达到 957 万吨；2015 年高油大豆面积达到 80%以上，单产达到 2 430 千克/公顷，总产达到 1 221 万吨。

5. 薯类增产潜力分析

如图 3－10 所示，我国薯类作物产量保持平稳的小幅增加趋势，且增加速度进一步趋缓，但总体波动幅度较大，相比之下，马铃薯产量实现较为快速的增长，增加速度明显高于薯类作物，生产的波动幅度相对平稳。长期看，未来的薯类作物生产将继续保持平稳小幅的增长趋势，马铃薯生产则将持续较快的增长。

从马铃薯的播种面积来看，南方可利用冬闲田发展冬作马铃薯，提高耕地复种指数，种植面积增加空间很大。马铃薯抗逆性强，具有种植的广适性。近 20 年来，我国马铃薯种植面积一直呈上升趋势。目前，南方冬闲田较多，可用于种植马铃薯的面积在 400 万公顷以上，按每公顷产量 15 吨计算，在不影响其他农作物生产的前提下，可以增加 6 000 万吨马铃薯，按 5∶1折合后可增产粮食 120 亿千克以上。此外，还可通过在北方调整种植结构、西南发展间作套种、中原扩大早春栽培等途径，来充分发掘我国马铃薯

① 农业部，《大豆优势区域布局规划（2008—2015 年）》，2008 年。

种植面积的增加潜力。

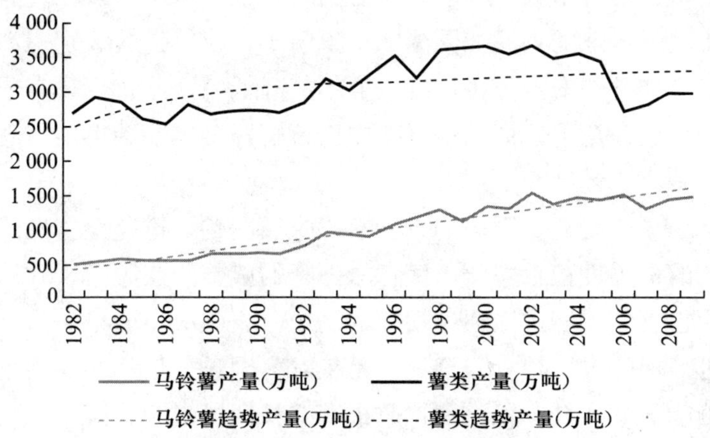

图 3-10　我国薯类和马铃薯生产发展趋势（1982—2009 年）

注：薯类趋势产量为采用对数形式通过回归分析进行的趋势预测，马铃薯趋势产量采用线性形式通过回归分析进行的趋势预测。

资料来源：历年《中国统计年鉴》、中国种植业信息网、中国三农信息网。

从马铃薯的单产水平来看，提高空间很大。目前我国马铃薯单产水平较低，尚有很大的增长空间。目前我国脱毒马铃薯种薯的推广面积还不到1/4，也就是说马铃薯种植面积中有 5 000 多万亩长期处于低产状态，产能被严重浪费，品质也呈退化趋势。据测算，若将现有马铃薯种植面积的合格种薯覆盖率提高到 70%，那么我国马铃薯产量将新增 2 000 万吨左右。另外，农户生产马铃薯有着较高的比较效益，种植积极性容易被调动。这也表明了我国马铃薯的生产有很大的潜力，最终产量完全可能达到 1.5 亿吨。

第二节　粮食贸易领域的底线思维

首先，我们要明确粮食具有私人品属性，而粮食安全具有公共品属性，两者并不矛盾。在经济全球化的背景下，有学者认为粮食安全的实现依靠国内生产不必要也不经济，国际贸易会对我国的粮食安全提供必要的保障，通过国际贸易可以发挥中国农业的比较优势，有助于实现粮食安全。这种观点主要基于粮食的经济学属性。而粮食安全在国民经济社会中具有基础战略性和特殊重要性的地位，其公共品属性决定了粮食安全的实现不是一个单纯的经济学问题，更是一个政治问题、社会问题，如果按照经济性边界设定粮食安全标准将是很危险的，就如同国家军事防御、建筑抗震级别、消防设施系统、机车安全装备的安全等级标准一样不能降低。因此，将具有公共物品属性的粮食安全放在竞争性商品的框架内进行解释，可能会得出与现实有偏差的结论。

因此，必须坚持立足国内的方针解决吃饭问题，避免全球性的自然灾害等因素造成的世界性粮食减产、库存量下降的威胁，摆脱由于政治、战争等因素造成的粮食禁运和运输通道切断的制约，我国决不能也不可能过度依靠国际粮食进口保障大国粮食安全。一是粮食大国过分依赖国际市场，长期受制于人，可能会危及社会稳定和执政根基。长期以来，我国立足国内稳定粮食生产，保障粮食安全，为维护社会政治和谐稳定作出巨大贡献。而稳定和谐的社会政治环境所带来的经济价值和社会价值是难以估量的，我国 30 多年的经济快速发展也充分证明了这一点。二是由于粮食生产是劳动密集型产业，其产前、产中和产后环节可以吸纳大量的劳动力，并带动相关产业发展，如果过度依靠进口，在相当长的时期内会造成大批无业农民以及相关产业的失业工人。三是 1980—2010 年，世界粮食出口总量占我国粮食消费总量的比重平均为 51.72%，仅为一半左右，并且总体有下降的趋势。因此，如果我国粮食出现重大缺口，首要问题是世界上是否有这么多的粮食，世界粮食贸易空间看，现实并不乐观。即使有这么多粮食，如果我国大规模进口，那么国际贸易的“大国效应”也将会极大地改变国际粮食市场的供求关系，必然导致国际粮价暴涨。从经济角度考虑，大量进口粮食会大幅增加外汇支出。1972—1974 年世界性粮食危机时期，1974 年粮食价格指数上升到相当于 1970 年的 262%。1980 年世界粮食紧张时，发展中国家进口粮食数量比 1969—1971 年年均进口量增加了 1.5 倍，而外汇支出却增加了近 6 倍[①]。从全球范围来看，粮食大国大规模进口粮食，会搅乱国际市场，造成世界范围内的粮食恐慌，使得我国在国际政治外交中面临巨大的压力，这与中国负责任的大国地位也不相称。

---

① 朱希刚，《跨世纪的探索：中国粮食问题研究》，中国农业出版社，1997 年，第 222 页。

一、对国际粮食市场的依赖程度

新中国成立以来，我国粮食供求形势实现了由过去的长期供给不足，到“总量大体平衡，丰年有余”格局的转变，再到中长期处于“紧平衡”格局，总体上由低水平相对均衡向高水平均衡动态转变，我国人民生活水平实现了由温饱到总体上达到小康的历史性跨越。

在这一转变过程中，粮食进出口目标从解决饥饿到利用国际市场调剂品种余缺转变。如1959—1961年三年饥荒时期，我国进口粮食主要是解决饥饿问题，满足最基本的生存性粮食需求，目前，在保障国家粮食安全的前提下，粮食贸易趋于注重市场导向作用，在一定程度上发挥比较优势，优化资源配置，通过进口粮食调剂品种余缺满足多元化的粮食需求。

20世纪90年代中后期以来，特别是加入WTO以来，我国粮食进出口贸易格局发生了深刻变化，粮食进口量不断攀升，对外依存度持续增加的趋势加重。

一是粮食进出口贸易总量增加，特别是近年来粮食进口量不断攀升。如图3-11所示，改革开放以来，我国粮食贸易总量趋于增加，粮食贸易总量从1978年的1 071万吨增加到2010年的6 187万吨，增加5 116万吨，增幅为477.68%。其中，30多年来粮食进口增加5 168万吨，增幅585.28%，而粮食出口减少52万吨，减幅27.66%。具体来看，粮食进口在20世纪90年代中后期以前基本在600万～1 500万吨，但从1997年以来，粮食进口从705万吨持续快速增加到2010年的6 051万吨。相对而言，粮食出口数量总体少于进口数量，且波动性较大，20世纪80年代中后期和90年代初期，以及21世纪初期粮食出口数量较大，近年来出口量较少。

二是粮食对外依存度持续增加的趋势加重，相应地粮食自给率大幅下降，这种局面难以扭转，长此以往将对粮食安全造成严重冲击。

下面采用两种方法测算我国粮食对外依存度：

1. 粮食净进口量测算法

测度公式为，粮食对外依存度=[(粮食进口量－粮食出口量)/国内粮食实际消费量]×100%，2010年我国粮食对外依存度达到11.93%，粮食自给程度为88.07%。

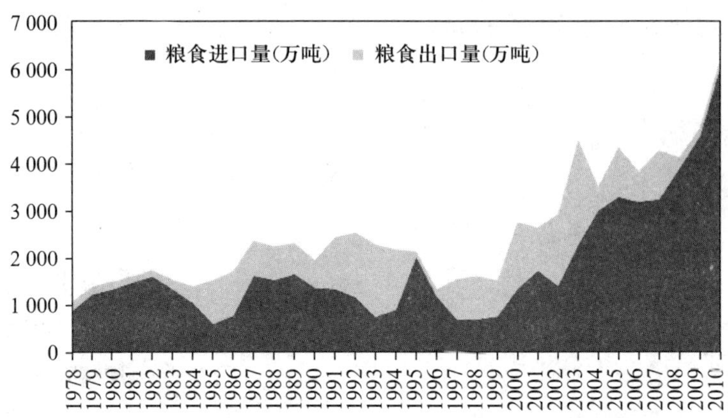

图 3－11　我国粮食进出口贸易情况（1978—2010 年）

资料来源：1978—1995 年粮食进出口数据来自历年《中国对外经济贸易年鉴》、《中国海关统计年鉴》，转引自朱泽（1998）；1996—2010 年粮食进出口数据来自国家发展改革委统计资料。

如图 3－12 所示，改革开放以来，粮食净进口量总体趋于增加，特别是近年来粮食净进口呈现大幅增加趋势，我国粮食净进口量从 1978 年的 695 万吨，增加到 2010 年的 6 559 万吨，增加 5 864 万吨，增加了 8.4 倍。粮食对外依存度从 2002 年的－0.19%增加到 2010 年的 11.93%。2010 年，我国

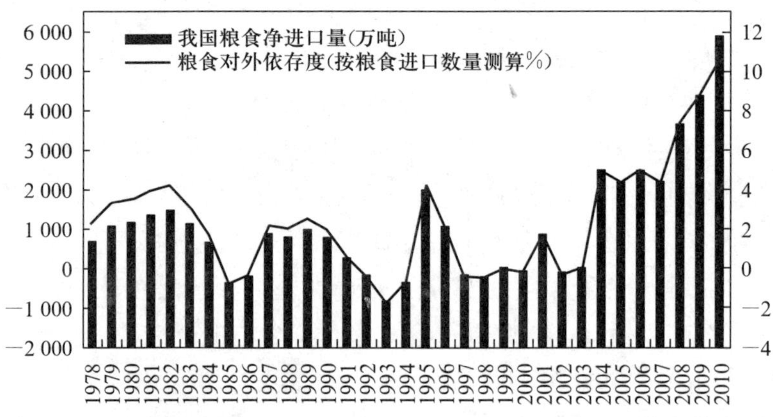

图 3－12　按照粮食净进口量测算我国粮食对外依存度（1978—2010 年）

资料来源：1978—1995 年粮食进出口数据来自中国对外经济贸易年鉴、中国海关统计年鉴（历年），转引自朱泽（1998）；1996—2010 年粮食进出口数据来自国家发展改革委统计资料；1978—1979 年粮食消费数据来自国家计委农经司和国家统计局农调总队；1980—2010 年粮食消费数据来自国家粮食局。

粮食消费数量为 55 000 万吨，除去净进口 6 559 万吨，其余 48 441 万吨依靠国内供给，粮食自给程度为 88.07%。值得说明的是，由于粮食净进口数据为成品粮数据，且未包括食用植物油进口数量，所以该结果低估了我国粮食进口的数量，实际的粮食对外依存度还要高。

2. 利用境外虚拟土地资源测算法

测度公式为，粮食对外依存度=[（虚拟进口境外土地资源－虚拟出口境外土地资源）/国内粮食实际播种面积]×100%，2010 年我国粮食对外依存度达到 24.59%，粮食自给程度为 75.41%。

如图 3－13，如果按照此方法测算则我国粮食对外依存度更大。根据我国相应粮食品种的单产水平，折算出如果进口的粮食全部在我国种植所需要的粮食播种面积，即利用境外虚拟土地面积。其中，进口品种按照小麦、大米、玉米、大麦、大豆、大豆油 6 种产品统计，按照 70 千克大米折成 100 千克稻谷，1 千克豆油折成 5.4 千克大豆测算，大麦按照小麦单产近似，仅考虑进口大豆油，其他品种食用植物油未考虑在内。根据测算，利用境外虚拟土地面积从 1980 年的 1 亿亩增加到 2010 年的 5.37 亿亩，增加 4.37 亿亩。粮食对外依存度从 2002 年的 7.47%增加到 2010 年的 24.59%。2010 年，我国粮食播种面积为 16.48 亿亩，另需利用境外虚拟土地面积 5.37 亿亩，共计约需 21.86 亿

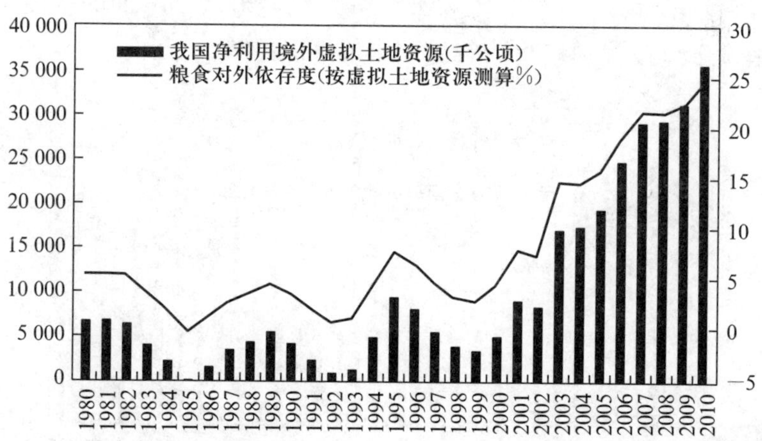

图 3－13　按照利用境外虚拟土地资源测算我国粮食对外依存度（1980—2010 年）

资料来源：粮食进出口数据来自国家发改委统计资料；大豆油进口数据来自 USDA；粮食播种面积数据来自历年《中国统计年鉴》；粮食单产数据来自中国种植业信息网。

亩播种面积，才能保障国内的粮食供求平衡，粮食自给程度为75.41%。

二、粮食进出口贸易的国际格局

（一）世界粮食贸易空间有限，全球粮食出口仅占我国粮食消费需求比重一半左右，国际市场满足不了严重的供求缺口，同时粮食贸易的“大国效应”风险，容易引起世界粮食价格暴涨

保障国内粮食安全从来不排除发挥国际市场的作用，特别是在我国资源约束趋紧和全球化条件下，中国新型粮食安全战略布局更需要有选择性地利用好国内外两种资源和两个市场，问题的关键在于，必须清醒地把握粮食进口的度，理性守住立足国内自给的底线，牢牢把握粮食安全的主动权。

如图3－14所示，世界粮食出口总量占我国粮食消费总量的比重在1980—2010年平均为51.72%，并且总体有下降的趋势，从1980年的63.42%下降到2010年的51.51%，也就是说将整个世界粮食的出口量全部进口到我国，也仅能满足一半左右的粮食消费需求。具体来看，1980—2010年世界粮食出口量平均为22 911.1万吨，呈小幅上升趋势，从1980年的21 247.4万吨增加到2010年的28 329.8万吨，增加33.3%，与之相比，我国粮食消费数量持续快速增加，从1980年的33 504万吨增加到2010年的55 000万吨，增加64.16%，大大高于世界粮食出口量增加的幅度，由此导致世界粮食出口占我国粮食消费比重呈现下降趋势。

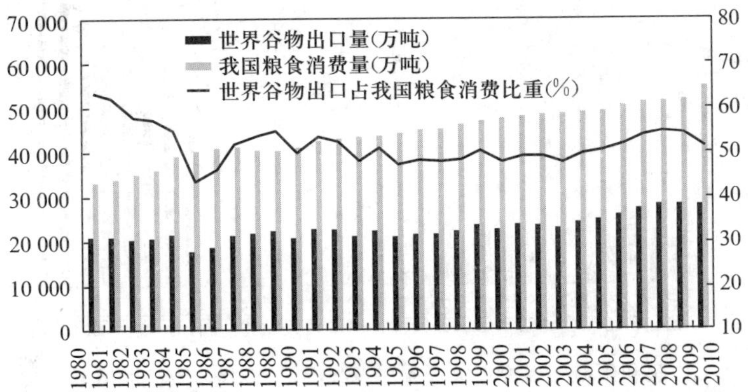

图3－14　世界谷物出口和我国粮食消费需求比较（1980—2010年）

资料来源：世界谷物出口数据来自USDA；1980—2010年粮食消费数据来自国家粮食局。

如上所述，自20世纪80年代以来，世界粮食贸易并不稳定。一方面，尽管世界粮食出口量总体呈现增加趋势，但是粮食出口量在部分年份间的波动表现得较为剧烈，以1985/1986年为例，世界粮食出口量比上年度减少了3 788.8万吨，降幅为18.0%。另一方面，世界粮食出口量占世界粮食消费的比重却呈现下降趋势，从1980/1981年到2011/2012年，世界粮食出口占消费比重平均为12.8%，出口占消费比重从14.8%降低到12.7%，在波动中趋于下降，同时年际间的贸易比重波动较大。以全球最大的粮食出口国美国为例，近年来在国际油价不断飙升的刺激作用下，美国2007年年底通过《能源独立与安全法案》，鼓励大幅增加生物燃料的使用量，用于生物燃料的农作物消耗量增加，出口量减少。可见，在世界粮食总量供应紧张的情况下，试图通过世界粮食贸易来实现各个国家的粮食供求平衡，解决粮食安全问题，从数量上特别是从比重上来看，是很难做到的。

因此，在世界粮食贸易空间趋紧的背景下，作为世界粮食大国和人口大国，过度依靠世界粮食贸易解决大国的粮食需求问题是不可能做到的。如果中国发生极端的粮食安全问题，整个世界也难以挽救中国。假使在国际市场上能够大规模获得粮食，必然导致世界粮价上涨，中国在粮食进口贸易中存在着产生“大国效应”的风险性必须引起警惕。

当一个国家在发生粮食危机时，人们对于粮食短缺会产生普遍恐慌和粮价暴涨的心理预期，首先挑战的就是本国政府的能力和威信，同时其他各国出于稳定国内粮食市场和经济社会稳定发展的考虑，往往会调整惯常的粮食贸易政策，例如采取限制出口等措施，缩减粮食贸易份额，从而使得原本粮食贸易比重就较低的情况进一步恶化，难以保证实现在正常情况下的粮食贸易。

（二）中国粮食进口来源地集中度较高，不利于分散进口的政治风险，部分粮食品种如大豆严重依赖进口，食用植物油对外依存度大幅攀升

我国粮食进口来源地较为集中，主要进口粮食品种有小麦、大米、玉米和大豆，近年来食用植物油进口量也大幅攀升。其中，小麦进口主要来自澳大利亚、美国和加拿大等国家，大米主要来自泰国，玉米主要来自美国、老挝等国家，大豆主要来自美国、巴西和阿根廷等国家。这种垄断性的贸易格局，不利于分散进口的政治风险，容易形成对出口国的依赖，进而对我国粮

食安全构成潜在威胁。

1. 小麦

我国小麦进口来源地主要集中在澳大利亚、美国、加拿大、日本和韩国等几个国家。如表3-5，2006年以来，从上述5国进口的小麦金额比重始终在90%以上，2006年、2007年、2008年、2009年进口金额分别为11 739.5万美元、2 758.7万美元、1 352.68万美元、20 215.29万美元，进口比重分别为98.41%、96.08%、91.40%、95.43%。其中最主要的来源地是澳大利亚、美国和加拿大，2009年我国从这3个国家进口小麦金额为19 837.40万美元，进口比重为93.65%，其中美国为我国小麦第一大进口国，进口金额为9 123.13万美元，进口比重为43.07%，澳大利亚为我国小麦第二大进口国，进口金额为7 580.02万美元，进口比重为35.78%，加拿大为我国小麦第三大进口国，进口金额为3 134.25万美元，进口比重为14.80%。

表3-5 我国小麦主要进口国（地区）来源

单位：万美元，%

国家（地区）	2006		2007		2008		2009	
	金额	比重	金额	比重	金额	比重	金额	比重
澳大利亚	5 660.20	47.45	690.03	24.03	853.65	57.68	7 580.02	35.78
美国	3 412.42	28.60	531.12	18.50	58.71	3.97	9 123.13	43.07
加拿大	1 972.68	16.54	1 097.02	38.21	9.36	0.63	3 134.25	14.80
日本	474.05	3.97	295.85	10.30	287.43	19.42	254.90	1.20
韩国	220.15	1.85	144.68	5.04	143.53	9.70	122.99	0.58
合计	11 739.50	98.41	2 758.70	96.08	1 352.68	91.4	20 215.29	95.43

资料来源：海关总署，转引自农业部网站。

2. 大米

我国大米进口绝大部分来自泰国，从越南、老挝和巴基斯坦等国家也有少量进口。如表3-6，2006年以来，从泰国进口的大米金额比重始终在96%以上，2006年、2007年、2008年、2009年进口金额分别为27 874.81万美元、20 896.08万美元、18 043.82万美元、19 461.51万美元，进口比重分别为96.70%、96.44%、99.05%、98.23%。

表 3-6　我国大米主要进口国（地区）来源

单位：万美元，%

国家（地区）	2006		2007		2008		2009	
	金额	比重	金额	比重	金额	比重	金额	比重
泰国	27 874.81	96.7	20 896.08	96.44	18 043.82	99.05	19 461.51	98.23

资料来源：海关总署，转引自农业部网站。

3. 玉米

我国玉米进口来源地主要集中在美国、老挝和缅甸等几个国家。如表 3-7，2006 年以来，从上述 3 国进口的玉米金额比重始终在 75%以上，2006 年、2007 年、2008 年、2009 年进口金额分别为 1 034.88 万美元、528.89 万美元、1 069.15 万美元、1 623.52 万美元，进口比重分别为 85.78%、76.51%、81.76%、76.08%。其中，2009 年从老挝进口金额为 809.43 万美元，进口比重为 37.93%，从美国进口金额为 476.25 万美元，进口比重为 22.32%，从缅甸进口金额为 337.84 万美元，进口比重为 15.83%。

表 3-7　我国玉米主要进口国（地区）来源

单位：万美元，%

国家（地区）	2006		2007		2008		2009	
	金额	比重	金额	比重	金额	比重	金额	比重
美国	963.67	79.88	159.61	23.09	349.28	26.71	476.25	22.32
老挝	59.10	4.90	207.99	30.09	401.33	30.69	809.43	37.93
缅甸	12.11	1.00	161.29	23.33	318.54	24.36	337.84	15.83
合计	1 034.88	85.78	528.89	76.51	1 069.15	81.76	1 623.52	76.08

资料来源：海关总署，转引自农业部网站。

4. 大豆

近年来，我国部分粮食品种如大豆严重依赖进口解决。到 2010 年，我国大豆进口量达到了 5 480 万吨，接近 2010 年全球大豆出口量的 60%，而 2010 年我国大豆生产量是 1 500 多万吨，我国大豆的自给率只有 1/4 左右。

我国大豆进口来源地主要集中在美国、巴西和阿根廷等几个国家。如表 3-8，2006 年以来，从上述 3 国进口的大豆金额比重始终在 97%以上，2006

年、2007年、2008年、2009年进口金额分别为735 829万美元、1 130 254万美元、2 151 688万美元、1 833 380万美元，进口比重分别为98.24%、98.59%、98.63%、97.57%。其中，2009年我国从美国、巴西和阿根廷这3个国家进口大豆金额分别为932 986.7万美元、735 264.5万美元和165 128.7万美元，进口比重分别为49.65%、39.13%和8.79%。从美国、巴西和阿根廷3个最主要大豆进口国的情况来看，我国大豆进口金额大幅攀升，其中2008年进口额高达2 151 688万美元，约是2006年的3倍。

表3-8　我国大豆主要进口国（地区）来源

单位：万美元，%

国家（地区）	2006		2007		2008		2009	
	金额	比重	金额	比重	金额	比重	金额	比重
美国	271 981.20	36.31	425 126.80	37.08	842 953.90	38.64	932 986.70	49.65
巴西	301 968.70	40.32	389 084.20	33.94	728 387.90	33.39	735 264.50	39.13
阿根廷	161 879.10	21.61	316 043.10	27.57	580 346.70	26.60	165 128.70	8.79
合计	735 829.00	98.24	1 130 254.00	98.59	2 151 688.00	98.63	1 833 380.00	97.57

资料来源：海关总署，转引自农业部网站。

另外，从食用植物油的角度来看，近些年来，外资企业大量进入我国植物油市场，并在生产、储运、进口、加工、销售等经营环节逐步形成垄断态势，从整个产业链条上对我国食用油形成冲击。随着国民经济快速发展和人民生活水平不断提高，食用油消费量逐年快速增加，人均消费已接近发达国家水平，尽管国内油料生产出现恢复性增长，但难以弥补巨大的产需缺口，对外依存度很高。我国食用油进口量和对外依存度从2004年以来持续增加，食用油进口量从2004年的1 113万吨增加到2009年的1 900万吨，最近5年来增加幅度达到70.7%，对外依存度从2004年的50.8%增加到2009年的65.5%，最近5年来增加幅度达到29.1%。

（三）四大跨国粮商控制了世界粮食贸易的80%左右，贸易垄断格局增强了其话语权和定价权，并开始从产业链条向我国渗透

世界粮食贸易高度集中在ABCD四大粮商手中，这种垄断格局相对于分散竞争格局而言，无疑是加剧了粮食安全的隐患。四大跨国粮商ADM（Archer Daniels Midland）、邦吉（Bunge）、嘉吉（Cargill）和路易达孚

（Louis Dreyfus）垄断了世界粮食交易量的80%，是包括大豆等大宗农作物的定价者。目前，跨国粮商从种子、化肥等生产环节到建立自己的运输通道等流通环节，采取一条龙的集团化运作，在很大程度上控制了整个产业链条。20世纪90年代，跨国粮商开始在我国沿海开建大豆压榨企业，2007年我国大豆进口依存度达到78.7%，近年来，跨国粮商通过掌控世界大豆价格，造成我国油脂加工企业亏损，通过展开低成本大规模兼并重组，几个大型跨国粮商控制了我国近70%的大型优质企业，到目前跨国粮食企业控制了我国80%的大豆压榨能力。从2004年开始我国粮食购销市场放开，2008年我国粮食流通领域对外资开放。综合媒体披露的信息，跨国粮商针对玉米、小麦、大米等其他重点品种，从2007年开始就已经展开了一系列布局，多家跨国企业纷纷在我国粮食主产区进行并购或新建工厂、设立代购代储库点等。

三、粮食贸易面临的风险挑战

（一）在国际政治外交中，粮食贸易不是纯粹的经济活动，而是一种强大的政治武器

在古今中外的历史上，粮食被打上了特殊的政治属性烙印。中国有古训"为政之要，首在足食"。古希腊大哲学家苏格拉底说，"不懂得全部小麦问题的人，没有资格当政治家"。当今世界经济贸易自由化趋势日趋强化，但是粮食贸易或援助并不是一种纯粹的经济活动，时常作为国家政治外交的手段，成为一种政治武器。1974年，美国中央情报局的一项研究报告《人口、农业生产和气候趋势的潜在后果》指出，世界对美国粮食越来越大的依赖"预示着美国权力和影响的增长，特别是对那些穷困的、缺少农业资源的国家来说更是这样"，第三世界缺粮"可使美国得到前所未有的一种力量，……华盛顿对广大的缺粮者实际上就拥有生杀予夺的权力"。曾任美国里根政府农业部长的约翰·布洛克在一次听证会上直言不讳地说："粮食是一件武器，而使用它的方式就是把各个国家系在我们身上，那样他们就不愿和我们捣乱。"

应当清醒地看到，在国际政治中，粮食是一种强大的政治武器：

2007年以来，世界粮食供给大幅度减少，粮食出口国不同程度的出现库存短缺状况，消耗量与日俱增进一步加剧了粮食紧张和缺粮恐慌。2008

年 4 月以来，海地连续发生因粮食问题而引起的骚乱，人们无法抵御粮价飙升带来的冲击纷纷走上街头，进行了大规模的游行示威抗议活动，造成 5 人死亡和 20 多人受伤，总理亚里克西也成为第一个在粮食危机中黯然下台的政府首脑[①]。这种政局动荡的背后，难以掩藏一些国家粮食贸易或援助的政治性动机。

1994 年后，朝鲜连续几年歉收，导致国内粮食供应严重短缺，美国运用粮食作为政治武器，联合日本、韩国对朝鲜提供粮食援助，但是前提条件是朝鲜必须放弃核计划，并在缓和朝鲜半岛局势方面与西方合作。

1980—1981 年，苏联入侵阿富汗，美国认为这威胁到其战略利益，但采取军事介入又不妥，于是决定对其实行粮食禁运，目的是对苏联饲料供给和肉类消费进行破坏性打击，通过苏联国内向当局政府施加政治压力。但当 20 世纪 80 年代，苏联沿着美国指引的方向进行改革时，一位西方议员阿德·梅尔科特立即指出：苏联需要多少粮食就提供多少粮食，结果苏联解体。

1973 年，国际市场粮食价格和石油价格的上涨幅度曾高达 300%～400%，在世界粮食危机中，美国的粮食武器战略得到充分体现，核心就是华盛顿和粮食巨头之间的紧密联系。当时的 6 家跨国公司（嘉吉谷物公司、大陆谷物公司、库克工业公司、达孚公司、邦基公司和 ADM 公司）控制了世界粮食储备的 95%，这 6 家全是美国公司。美国是世界上最大的粮食供应国，其通过控制世界粮食供应及价格，获得地缘政治权力持续的战略性增长。

1970 年，萨尔瓦多·阿连德当选为智利总统后，美国把其粮食武器对准了智利，在阿连德的社会主义政府开始在智利执政并推行一系列的经济改革时，美国对智利的粮食援助（《480 号公共法案》）被立即中止，同时国际机构向智利的贷款也被阻止，致使智利国内出现动荡，政局不稳，直到当美国支持的军事独裁者奥古斯托·皮诺切特执政后，这项粮食援助又很快重新启动。粮食援助是尼克松政府反对阿连德所采取的秘密战略的组成部分。

1965—1967 年，美国总统约翰逊对印度采取限制粮食出口的政策，并最终迫使印度改变其反对美国入侵越南的外交政策。

1949 年新中国成立后，美国等西方盟国对中国实行包括粮食在内的全

---

① 江涌，直面世界粮食危机：一场沉默的海啸不期而至，《求是》，2008 年 7 月 1 日。

面封锁和商品禁运，并一直延续到20世纪70年代初期。

1945年，南斯拉夫总统铁托开始进行一系列改革，意欲摆脱苏联的控制，美国大力支持铁托政府，并提供了巨大的粮食援助。

（二）我国粮食进出口调节机制滞后，"逆向调控"推波助澜，加剧了粮食安全的不稳定性

理论上讲，粮食进出口贸易的作用在于调剂余缺，稳定国内粮食供求关系，平抑物价。在国内粮食供给宽裕的情况下，适度出口粮食，而在国内粮食供给紧张的情况下，适度进口粮食。一般而言，国内粮食增产的年份，适宜出口粮食，国内粮食减产的年份，应当进口粮食。

但是，从粮食进出口的实际运行情况来看，在1979—2010年，我国粮食进出口存在较为明显的逆向调控国内粮食供求的现象，这对平衡国内粮食供求关系所发挥的作用还不够充分。在国内粮食丰收的年份，供求关系缓和，需要出口粮食，而实际运行中反而进口粮食；在国内粮食减产的年份，供求关系趋紧，粮食价格大幅上涨，需要进口粮食，而实际运行中反而出口粮食。

如图3－15所示，在1979—2010年的32年间，有21年的粮食净进口方向和当年的粮食产量增减变化相互冲突，只有11年的粮食净进口方向和当年的粮食产量增减变化相协调。

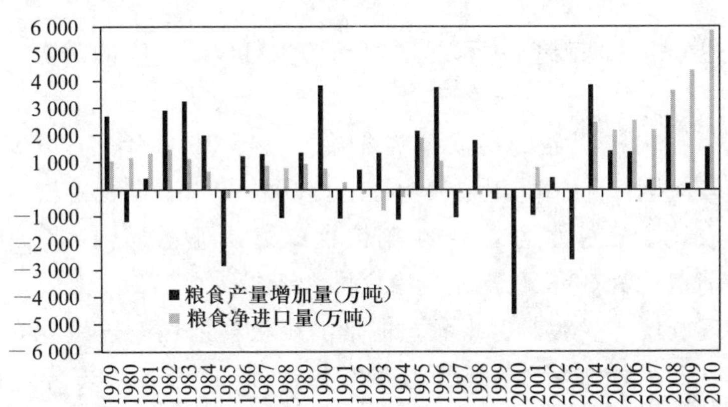

图3－15 我国粮食产量增加量和粮食净进口量比较（1979—2010年）

资料来源：粮食产量数据来自历年《中国统计年鉴》；粮食进出口1979—1995年数据来自中国对外经济贸易年鉴、中国海关统计年鉴（历年），转引自朱泽（1998），1996—2010年数据来自国家发展改革委统计资料。

当然，粮食进出口调节的依据除粮食产量的增减变化外，更多地应当基于粮食供需缺口的变化。如图 3-16 所示，在 1979—2010 年的 32 年间，有 16 年的粮食净进口方向和当年的粮食供需缺口变化相协调，另有 16 年的粮食净进口方向和当年的粮食供需缺口变化相互冲突。

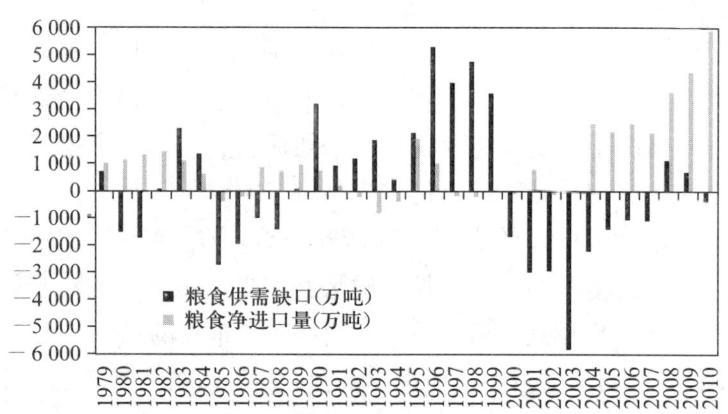

图 3-16　我国粮食供需缺口和粮食净进口量比较（1979—2010 年）

资料来源：粮食产量数据来自历年《中国统计年鉴》；粮食消费 1979 年数据来自国家计委农经司和国家统计局农调总队，1980—2010 年数据来自国家粮食局；粮食进出口 1978—1995 年数据来自中国对外经济贸易年鉴、中国海关统计年鉴（历年），转引自朱泽（1998），1996—2010 年数据来自国家发展改革委统计资料。

在上述分析的基础上，可以进一步研究在这 32 年间的两次比较明显的逆向调控。

其中一次比较明显的逆向调控是在 1984—1986 年。改革开放以来，通过实行家庭联产承包责任制和大幅度提高农副产品收购价格，极大地调动了种粮农民生产积极性，1984 年粮食产量快速增加到 40 730.5 万吨，当年粮食消费约为 39 352 万吨，粮食供大于求为 1 378.5 万吨，国内粮食涨库，出现农民“卖粮难”现象，但是当年粮食依然净进口 688 万吨，约占当年粮食商品增加量 1 476 万吨的 47%；到 1985—1986 年，由于国内粮食减产，加上经济过热粮食需求旺盛，连续两年出现粮食供需缺口，其中 1985 年为2 632.2万吨，1986 年为 1 903.8 万吨，但这两年的粮食净出口却分别达到 332 万吨和 169 万吨，年均粮食净出口 250 多万吨，占年均粮食商品减少量 585 万吨的 43%左右，粮食贸易的逆向调节，愈发加剧了粮食供求关系的失衡，其中1985年粮食消费价格上涨10.9%，为改革开放以来的最高值。

另外一次比较明显的逆向调控是在1992—1996年。1992年下半年开始，我国经济进入新一轮高涨期，大批农民工进入城市，粮食需求比较旺盛，1992—1994年，我国粮食供求形势比较复杂，粮食价格连年暴涨，粮食消费价格上涨率1992年为24.3%，1993年为27.7%，1994年为50.7%，但是这3年净出口粮食分别为189万吨、783万吨、348万吨。到了1995年，与上年相比粮食增产2 152万吨，粮食供大于求2 151.8万吨，但是当年粮食净进口1 936万吨，到了1996年，与上年相比粮食增产3 792万吨，粮食供大于求5 293.5万吨，粮食价格开始进入长期下跌趋势，但是粮食净进口依然达到1 051万吨，加剧了国内粮食相对过剩的状态。

可以说，在很多时候粮食进出口不但没有稳定国内粮食供应，反而推波助澜，加剧了供求关系失衡，加大粮食市场的波动。究其原因，一方面在于内部性时滞，粮食进出口调节存在滞后性和政策的制定效率有重要联系，是指从实际运行偏离预期达到的状态到需具体采取措施之间的时间间隔，具体原因在于在制定粮食进出口计划时，缺乏当年粮食供求关系的具体超前性信息，只能依据近几年的粮食产销情况确定，而只有对粮食生产、需求、库存、质量、价格及市场动态情况进行有效监测，迅速准确作出判断，才不致于贻误确定下达粮食进出口计划指标的时机。另一方面在于外部性时滞，粮食进出口调节存在滞后性和贯彻执行的力度以及实施效果有关，是指从采取措施到有关外部因素变量发生变动之间的时间间隔，具体原因在于从决策层面到执行层面，有国家发展改革委、国家粮食局、中储粮、中粮等多个部门参与其中，在一定程度上会降低决策效率，并且由于政策执行主体企业追求利润最大化的动机，存在与政策的博弈现象，因此，从粮食进出口计划制定到具体执行时间间隔较长，一般情况下，从政策出台到粮食运抵国内大约需要半年甚至一年的时间，等到粮食真正运到国内时，国内的粮食供求形势可能已经发生了较大的变化。要解决这种逆向调节的问题，需要建立和完善部门协调、信息共享、反馈及时、运转高效的预警系统，理顺粮食进出口贸易的体制和机制，促进相关部门间的高效协调运转。

（三）世界粮食贸易格局出现新变化，粮食禁运风险无法排除，粮食安全面临新的潜在威胁

如表 3－9，具体列出了 20 世纪 50～80 年代的 6 次粮食禁运案例，可见世界粮食禁运发生的机率还是较高的，差不多每 5 年会发生 1 次粮食禁运。而且，在 6 次粮食禁运案例中，有 2 次在较大程度上实现了禁运发起者意图，其中一次是美国 1956—1962 年为控制老挝“巴特寮”势力扩大影响而对老挝实行的经济制裁，另一次是美国 1965—1967 年因不满印度的农业、人口、汇率政策而对印度实行的经济制裁。

表 3－9　若干食物禁运案例及效果评价

发起国	对象国	时期	制裁原因	食物禁运情况	有效性	备　注
美国	朝鲜	1950	朝鲜战争	全面禁运	失败	北朝鲜得到中国和苏联援助
美国 南越	北越	1954—1976	越南战争	1954 年，南越政府宣布取消有关越南问题的日内瓦多边协议，断绝向北越运输大米	完全失败	北越得到中国和苏联援助
美国 泰国	老挝	1956—1962	美国试图控制老挝巴特寮势力扩大影响	中断对老挝的大米援助	某种程度成功	老挝得到中国和苏联援助
苏联	阿尔巴尼亚	1961—1965	意识形态争端	1960 年夏，阿尔巴尼亚小麦欠收，前苏联拒绝运送 5 万吨小麦	完全失败	中国提供了阿尔巴尼亚所需要的粮食
美国	印度	1965—1967	美国不满印度农业、人口、汇率政策等	中断实施向印度提供粮食援助的协议	显著成功	印度国内粮食歉收。结果考虑美国要求，在五年计划中增加了农业改革的政策内容
美国	苏联	1980—1981	前苏联入侵阿富汗	1980 年，前苏联向美国订购了 2 500 万吨谷物；除依据 1975 年两国长期协议美国承诺每年出口的 800 万吨粮食外，美国禁运 1 700万吨谷物	完全失败	前苏联从其他出口国获得了相当于美国禁运量绝大部分数量的粮食

资料来源：卢锋（1997），《我国粮食贸易政策调整与粮食禁运风险评价》，No. C1997007，Working Paper Series。

当今世界粮食贸易格局出现新的变化，粮食禁运依然存在一定风险。我国作为世界上发展中的人口大国，处于复杂的国际经济政治格局之中，并不排除粮食禁运的潜在威胁，以下几个方面值得我们深思。

一是世界粮食供需格局紧张，粮食贸易并不稳定，世界粮食出口比重却呈现下降趋势。自20世纪80年代以来，世界粮食供需格局一直艰难维持在紧张的平衡状态，在1980—2011年32年中，有15个年份世界粮食供不足需，存在产消缺口。长期以来，世界粮食贸易并不稳定，部分年份间的波动表现得较为剧烈，1980/1981年到2011/2012年世界粮食出口占消费比重平均为12.8%，出口比重却呈现下降趋势。而一旦在世界性粮食供求极端紧张的条件约束下，各国出于“自救”，首先会满足本国粮食需求，出口粮食的可能性大大降低，即使有粮食出口，也主要是部分粮食品种的少量调剂。

二是我国粮食主要进口国较为集中，“寡头垄断”不利于分散进口的政治风险。国际粮食出口市场具有典型的寡头垄断市场特点，由少数几个出口国控制粮食出口总量的绝大部分。如2006—2009年，我国96%以上的大米进口来自泰国，90%以上的小麦进口来自澳大利亚、美国、加拿大、日本和韩国5个国家，75%以上的玉米进口来自美国、老挝和缅甸3个国家，97%以上的大豆进口来自美国、巴西和阿根廷3个国家。粮食禁运首先要在所有重要的出口国之间形成共识。与完全竞争型市场相比，这种寡头垄断市场特点使得主要出口国很有可能达成禁运共识[①]。因此，目前垄断性的粮食贸易格局，不利于分散进口的政治风险，容易形成对出口国的依赖，进而对我国粮食安全构成潜在威胁。

三是粮食和能源挂钩，导致世界主要粮食出口国粮食供求关系的根本改变，长期看可供出口粮食份额将会萎缩。近年来，在国际油价不断飙升的刺激作用下，美国鼓励大幅增加生物燃料的使用量，由于美国是全球最大的粮食出口国，用于生物燃料的农作物消耗量增加，出口量将减少，出口减少的幅度在很大程度上取决于原油价格和生物燃料的比价关系。

四是世界上80%左右的粮食贸易被ABCD四大跨国粮商控制，这种垄

① 卢锋（1997），《我国粮食贸易政策调整与粮食禁运风险评价》，No. C1997007，Working Paper Series。

断格局相对于分散竞争格局而言，无疑是增强了其话语权和定价权。四大跨国粮商和主要粮食出口国的双重垄断格局，为粮食禁运的风险带来了更多的不确定性因素。

五是尽管随着冷战的结束和国际贸易自由化趋势的进一步发展，粮食禁运的风险有所降低，但是作为世界粮食大国、人口大国，粮食危机一旦发生，必将带来巨大的灾难性后果。特别是我国粮食自给程度趋于下降，对外依存度的不断提高，如果按照利用境外虚拟土地资源测算，2010 年粮食对外依存度达到 24.59%，粮食自给程度为 75.41%，如果这种趋势继续强化，在很大程度上依赖国外粮食进口，一旦发生粮食禁运的情况，后果将难以估量。

在 2007—2008 年世界粮食危机背景下，联合国倡导国际社会及早协调行动，控制粮食危机的事态发展。否则，粮食危机最为严重、粮食储备不足而人口巨大的国家，就可能进一步滑向“战乱国”或“失败国”，从而对世界和平形成更大的威胁，使国际形势更加动荡不安。国际货币基金组织和世界银行更是警告，对于那些购买力较弱、难以确保粮食稳定供应的穷国来说，粮食问题很可能引发地缘关系的紧张，在极端情况下会导致战争[①]。

第三节　粮食流通领域的底线思维

一、粮食流通的市场化引导作用

粮食生产决定粮食流通，粮食流通引导粮食生产。

回顾我国粮食流通体制改革的进程，可以分为以下四个阶段：第一阶段是统购统销时期（1953—1984 年），第二阶段是“双轨制”时期（1985—1997 年），第三阶段是以市场化为导向的粮食流通体制改革时期（1998—2003 年），第四阶段是市场化购销时期（2004 年以来）。总体上，以市场化为取向的粮食流通体制改革在探索中不断前进，从缩小粮食计划管理范围、扩大市场调节比重，到全面放开粮食购销市场，在国家宏观调控下充分发挥市场机制在粮食资源配置中的基础性作用，逐步实现粮食购销市场化、市场

① 周光杨，潘基文呼吁尽快解决粮食危机，新华网，2008 年 4 月 22 日。

主体多元化，为保护种粮农民利益、促进粮食生产稳定发展、保障国家粮食安全，发挥了十分重要的作用。改革开放以来，随着社会主义市场经济体制的建立和完善，粮食流通不断坚持市场化改革，我国粮食生产价格指数大幅度的提升（见图3-17），粮食流通对粮食生产的引导作用明显增强。

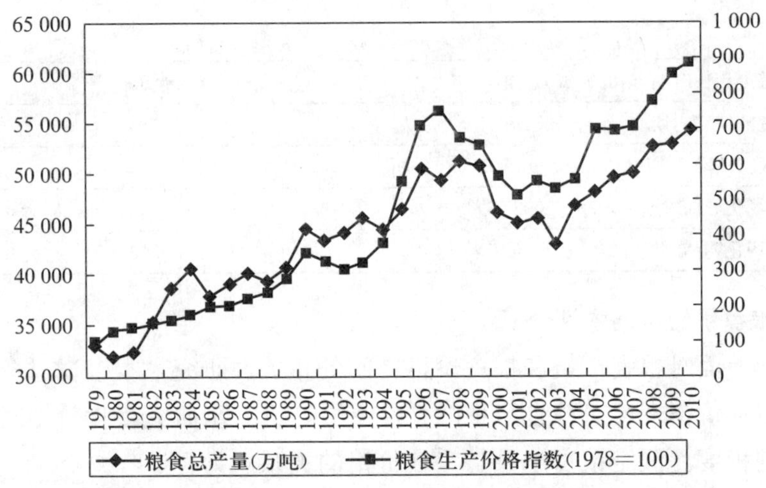

图3-17　我国粮食产量和粮食生产价格指数（1978—2010年）

资料来源：粮食总产量来自历年《中国统计年鉴》；粮食生产价格指数来源于《中国农产品价格调查年鉴》。由于统计口径的变化，2000年及以前的粮食价格指数为粮食收购价格指数，2001年以后停止编制粮食收购价格指数，改为农产品生产价格指数中的谷物价格指数。

1. 粮食产量和价格的相关性分析

通过对1953—2010年的全国粮食产量和粮食价格指数数据进行相关分析[①]，分析结果见表3-10，在整个历史时期（1953—2010年），粮食产量和粮食价格指数的相关系数为0.89，其中，在统购统销时期（1953—1984年），粮食产量和粮食价格指数的相关系数为0.85，在“双轨制”时期（1985—1997年），粮食产量和粮食价格指数的相关系数为0.92，在以市场化为导向的粮食流通体制改革时期（1998—2003年），粮食产量和粮食价格

① 根据相关研究和历史经验，粮食价格对粮食产量的影响存在一个1～2年的滞后期，本书采用了当年的粮食产量和上年的粮食价格指数作为基础数据。

指数的相关系数为0.95，在市场化购销时期（2004—2010年），粮食产量和粮食价格指数的相关系数为0.96。因此，无论是从整个历史时期，还是从各个具体的阶段来看，粮食产量和粮食价格具有极高的相关性，而且相关性呈逐渐增加的趋势。

表3-10 我国粮食产量和粮食价格相关系数（1979—2010年）

各个阶段	相关系数
整个历史时期（1953—2010年）	0.89
统购统销时期（1953—1984年）	0.85
“双轨制”时期（1985—1997年）	0.92
市场化导向时期（1998—2003年）	0.95
市场化购销时期（2004—2010年）	0.96

2. 粮食供给价格弹性分析

基于上面对粮食产量和粮食价格之间的相关性研究，本书通过分析不同阶段的粮食价格变化对粮食产量的弹性系数，进一步研究粮食价格对粮食产量的影响程度。假定粮食产量与粮食价格的关系式为：

$$\ln Y_t = \alpha + \beta \cdot \ln P_{t-1} + \varepsilon_t \tag{3-1}$$

公式（3-1）中，t表示年份，Y_t表示t年的粮食产量，P_{t-1}表示$t-1$年的粮食价格，α、β为待估计参数，ε为误差项。

运用1953—2010年时期的当年粮食总产量和上年粮食价格统计数据，分别对整个历史时期和四个分时期进行回归，得到最小二乘法（OLS）的估计结果：

第一，整个历史时期（1953—2010年）

$$\ln Y_t = \underset{(56.43)}{7.87} + \underset{(18.03)}{0.40}\ln P_{t-1}$$

$$R^2=0.85 \quad DW=0.20 \quad F=325.31 \tag{3-2}$$

第二，统购统销时期（1953—1984年）

$$\ln Y_t = \underset{(13.51)}{6.49} + \underset{(7.42)}{0.66}\ln P_{t-1}$$

$$R^2=0.65 \quad DW=0.36 \quad F=55.01 \tag{3-3}$$

第三，“双轨制”时期（1985—1997 年）

$$\ln Y_t = 9.37 + 0.19\ln P_{t-1}$$
$$(71.91) \quad (10.08)$$
$$R^2=0.90 \quad DW=1.20 \quad F=101.58 \tag{3-4}$$

第四，市场化导向时期（1998—2003 年）

$$\ln Y_t = 6.52 + 0.58\ln P_{t-1}$$
$$(8.86) \quad (5.76)$$
$$R^2=0.89 \quad DW=1.69 \quad F=33.20 \tag{3-5}$$

第五，市场化购销时期（2004—2010 年）

$$\ln Y_t = 8.34 + 0.33\ln P_{t-1}$$
$$(22.45) \quad (6.71)$$
$$R^2=0.90 \quad DW=2.52 \quad F=45.03 \tag{3-6}$$

公式（3-2）至（3-6）中下方括号内的数字为模型系数的 t 检验值。通过以上回归结果，发现模型的拟合优度较高，而且具有较强的显著性，无论在整个历史时期、统购统销时期、“双轨制”时期，还是在市场化导向时期和市场化购销时期，粮食价格对粮食生产具有显著的引导作用。

根据公式（3-1）的性质可知，参数 β 即是粮食价格对粮食产量的弹性系数，由上面的结果可以大致整理出各个阶段的弹性系数（见表 3-11）。在整个历史时期，粮食价格每提高 1%，将会带动下一年度粮食产量增加 0.41%，其中，在统购统销时期，粮食价格每提高 1%，将会带动下一年度粮食产量增加 0.66%，“双轨制”时期，粮食价格每提高 1%，将会带动下一年度粮食产量增加 0.19%，保护价收购时期，粮食价格每提高 1%，将会

表 3-11　我国粮食供给弹性系数（1953—2010 年）

各个阶段	供给弹性
整个历史时期（1953—2010 年）	0.40
统购统销时期（1953—1984 年）	0.66
“双轨制”时期（1985—1997 年）	0.19
保护价收购时期（1998—2003 年）	0.58
市场化购销时期（2004—2010 年）	0.33

带动下一年度粮食产量增加0.58%，在市场化购销时期，粮食价格每提高1%，将会带动下一年度粮食产量增加0.33%。

因此，可以得出以下几个基本结论：①粮食产量和粮食价格具有较高的相关性；②粮食价格对粮食生产具有显著的引导作用；③粮食供给弹性系数有下降趋势，带动力减弱。因此，需要进一步较大幅度提高粮食最低收购价格，促进粮食生产稳定发展。

二、粮食流通的改革取向和基本格局

1. 国民经济发展是粮食流通市场化改革的物质基础，粮食供求形势的阶段性变化制约着行政调控和市场取向两者之间的权衡

在高度计划经济时期，我国经济的发展处于工业化初级阶段，从发达国家农业政策的经验来看，这一阶段农业支持工业、为工业提供积累带有普遍性的趋向。由于美国等一些西方国家对我国实行政治上孤立、经济上封锁，使我国在工业化初期根本不可能从外界取得经济援助和投资，进入20世纪60—70年代，国民经济得到了恢复和发展，但是仍然处在相对较低的水平。这一时期国民经济是典型的以农业为主的产业结构，粮食生产在种植业中占有极高的比重，所以，国内农业特别是粮食产业必然要承担起启动和推进工业化所需的资金积累。在国民经济发展落后和优先快速发展重工业的背景下，“统购统销”的粮食流通制度安排逐步形成，目的在于完成国家粮食收购计划和保障工业化建设的需要。

纵观改革开放以来我国粮食供求形势，实现了由过去的长期供给不足，到“总量大体平衡，丰年有余”格局的转变。应当看到，随着经济社会发展，粮食需求日益大幅刚性增长，粮食供求均衡表现出明显的动态性，在艰难曲折中由低水平相对均衡向较高水平均衡过渡，从中长期看，我国粮食供求形势“紧平衡”的格局将成为常态，保障粮食安全的压力依然巨大。粮食供求形势的不断变化，对推动粮食流通市场化改革产生了深远影响。以粮食流通“双轨制”时期（1985—1997年）为例，全国粮食总产量相比计划经济时期已经有了相当大幅度的提升，粮食供求状况发生了根本性地变化，粮食供求形势的扭转对粮食产业政策的市场化改革提供了经济基础和物质条件。期间，我国“卖粮难”和“买粮难”现象反复交替出现，共出现了三次

"卖难"和两次"买难"，1983—1985年出现"卖难"，国家改革统购统销制度，1986—1988年出现"买难"，国家加强行政控制粮食市场，1989—1993年出现"卖难"[①]，国家建立粮食市场宏观调控体系，1993—1995年出现"买难"[②]，国家强化行政控制粮食市场，1996—1998年出现"卖难"，部分政策调整有悖于市场化改革方向。总之，在粮食供大于求的情况下，国家粮食政策调整的市场化趋向明显，粮食流通体制改革的顺利推进具备了一定的物质基础，但是在粮食供给短缺的情况下，出于对作为"百价之基"的粮食带来的物价上涨可能引发的"米贵伤民"甚至社会稳定问题的考虑，往往会带来国家政策的适度调整，即倾向于采用行政手段调控粮食市场。

鉴于充分发挥市场配置资源的决定性作用，以及对于粮食安全公共属性的界定，粮食流通必然兼顾行政调控和市场手段，在特定历史条件下，受外部环境制约，不可避免出现一定的波动性和反复性。但总体上看，将会更加倾向市场化改革的取向，尊重市场规律，尽量避免扭曲市场价格。当然，这与加大政府对农业特别是粮食的支持力度并不矛盾，财政重农支粮的力度不但不应减弱而且还应继续加强，关键在于采取何种运作方式，其实农业发达国家提供了很多可资借鉴的做法。所以，在服务粮食宏观调控的目标导向下，粮食市场化改革这条逻辑主线不能改变，粮食宏观调控要努力通过市场手段发挥作用，尽量减少不必要的行政性干预。

2. 粮食供需格局深刻调整，粮食流通由"南粮北调"转变为"北粮南运"的局面持续强化，粮食供需的品种结构性矛盾日益突出

我国粮食供应在历史上一直是"南粮北调"格局。江苏、两广、两湖一带是主要的粮食生产和供应区，"湖广熟，天下足"，生动地反映了千百年来"南粮北调"的历史。改革开放30多年来，我国粮食供求的区域和品种矛盾

① 从1989年开始，国民经济连续三年在低谷中运行，城市有购买能力的需求下降导致粮食"卖难"。在1993年上半年，我国粮食还为"卖难"所困扰，到1989下半年形势发生了逆转，紧接着出现"买难"。因此1993年是一个特殊的年份，一年之内先后出现了"卖难"和"买难"现象。

② 1994年粮食减产，我国粮食又为"买难"所困，这种状况一直持续到1995年上半年。1995年秋收之后，市场供需紧张的状况趋于缓解，但仍然保持"买难"的态势，到1996年夏收后，粮食出现供大于求的局面，开始出现"卖难"。

日趋突出。自 20 世纪 80 年代特别是进入 90 年代以来，我国粮食供需格局发生了较大转变，粮食生产继续向优势区域集中，粮食生产重心逐步北移，粮食流通格局出现了由“南粮北调”到“北粮南运”的重大转变。20 世纪 80 年代初期，我国 30 个省（自治区、直辖市）中，包括江苏、广东、浙江在内共有 21 个粮食输出区，到 90 年代初中期，只有 9 个省份可以实现粮食外销，4 个产销基本平衡，其余 17 个省均存在不同程度的产需缺口，到 2006 年，缺粮省份再增加 2 个，达到 19 个。我国北方地区粮食生产趋增，占全国比重逐年上升，2007 年，北方地区粮食播种面积占全国的 55%，产量占全国的 52.5%，分别比 1980 年增加 5 个百分点和 11.9 个百分点。随着东南沿海工业化、城镇化加快推进，南方粮食生产萎缩，粮食播种面积不断减少，逐步由粮食产区转化成销区，人均粮食占有量不断下降，供需缺口越来越大。

同时，粮食品种结构也发生了深刻变化，对粮食流通形成了挑战。在品种结构上，小麦由前几年产不足需转为产略大于需，但品种优质率有待进一步提高；由于大米在居民口粮消费中比重逐步提高，水稻种植面积大幅下降，稻谷由前几年的产不足需转变为供需总量长期偏紧；玉米工业消费增长较快，将由以往供需平衡有余逐步转向供需关系趋紧；大豆生产徘徊不前，产需缺口扩大，进口依存度逐年提高；食用植物油的 50%以上需要进口解决（含大豆进口折油）。粮食库存品种结构、品质结构与市场消费需求结构相比还不完全适应，需要进一步完善。近几年临时存储小麦、稻谷库存增加较多，增加了粮食宏观调控的物质基础，但是库存大多集中在主产区，仅东北三省就占 1/3，而销区库存比较薄弱，一旦出现粮食紧张，将加重运输压力，增加粮食流通和消费成本，国家粮食库存的地区布局需要进一步调整和优化。

三、粮食流通领域的制约要素

1. 粮食主销区和主产区担负的粮食安全责任严重不平衡，产销区利益协调机制不完善，在一定程度上对粮食流通形成阻碍

从粮食产销格局的变化来看，很多省区已经由过去的“鱼米之乡”转变为粮食主销区，这些地方经济上去了，但粮食自给率不断降低；而粮食主产

区为保证全国的粮食安全做出了重要贡献，却由于粮食生产效益低，农民收入不高，发展粮食生产不仅不能给当地带来财政收入的增长，反而会增加支出压力，粮食生产的积极性有所降低，地方财力薄弱，当地政府支持粮食生产的能力不断下降。

粮食主产区承担的责任和政策的扶持仍不尽匹配。粮食风险基金[①]要求粮食产区财政配套资金补贴当地的粮食生产，越是粮食主产区，往往经济越不发达，财力相对薄弱，并且产区生产的粮食最终转入存在产需缺口的粮食主销区，而主销区的财政相对宽裕，实际上粮食风险基金的补贴很大程度上转移到了发达省份，出现了“穷省”补贴“富省”的现象。在粮食主销区，在比较利益原则的调节下，发展非粮产业为该地区带来了更快的经济增长，粮食生产调减趋势的压力增大，随着粮食产量的增加，主产区的负担越来越重，而一些主销区存在着“有钱就能买到粮”的观点，不愿意多储备粮食，将粮食主产区当成自己的“粮库”，与主产区建立产销协作关系的积极性不高。主产区粮食生产的越多，反而会增加经济负担，在为全国的粮食安全作出贡献的同时本地的利益受到损失[②]。

粮食产销区流通衔接不畅，加剧供求的区域结构性矛盾。由于经济利益关系，粮食产销区之间存在着许多矛盾。当粮食丰收时，主产区愿意大量调出粮食，而主销区却不愿大量调入，当粮食歉收时，主销区要求大量调入粮食，而主产区则不愿调出，这一情况加剧了地区性的粮食过剩与短缺的矛盾，导致产销区交替出现“买粮难”与“卖粮难”。另外，主产区和主销区不同的粮食流通体制，造成产销区分割。目前通过补贴支持粮食产区增加库存，粮食主产区面对的是库存的压力，但是粮食主销区的粮食库存缺少补贴支持，粮食库存大幅减少，有的地区甚至库存已经售空，主销区粮食供应不足问题更加凸显，这种做法实际在客观上阻碍了主产区粮

① 粮食风险基金始建于1994年，是国家为保护种粮农民积极性，平抑粮食市场价格，维护粮食正常流通秩序而建立的专项调控基金，是我国针对关系国计民生的重要商品而建立的第一个专项宏观调控基金。该基金由中央财政与地方政府共同筹资建立，地方政府包干使用。

② 2009年中央1号文件明确提出“逐步取消主产区粮食风险基金配套”。中央财政提出了分三年取消粮食主产区粮食风险基金地方配套的计划，全面取消粮食主产区粮食风险基金地方配套后，粮食主产区粮食风险基金全部由中央财政补助。

食向主销区的流动，导致粮食库存进一步向产区集中，加剧了粮食区域结构性的供求矛盾。

2. 粮食市场发育不健全，粮食市场的发展状况与其所担负的重要任务还不相适应，影响了粮食流通产业发展的效率

随着粮食购销市场化改革的不断深入，经营粮食的市场主体和粮食流通数量迅速增加，粮食产销格局出现新的变化，粮食宏观调控任务加重，对粮食市场体系建设提出了新的要求。目前，粮食市场的发展状况与其所担负的重要任务还不相适应，主要表现在：

一是粮食市场主体发育不够充分。粮食生产者种植规模小，合作组织化程度低；部分国有粮食企业产权制度改革比较滞后；其他所有制市场主体多数经营量小，特别是缺少一批大型的、有国际竞争能力的粮食企业集团；粮食市场行业中介组织发展尚不完善。

二是各类粮食市场发展不够完善。粮食收购市场有序、公平竞争的机制还不健全。粮食批发市场在地区间发展不平衡。粮食零售供应网络不健全，质量安全保障体系不够完善。粮食期货市场交易品种偏少，现货和期货市场联动性不够。

三是市场发展环境不够理想。粮食市场建设缺乏科学规划和政策指导，市场重复建设和功能缺失并存。缺少粮食市场管理的专门法规规章，市场监管比较薄弱。一些市场基础设施条件差，政府资金投入不足，扶持市场发展的政策措施不到位。

四是市场信息对粮食生产、流通的引导作用发挥不够充分。目前，我国还没有权威的粮食市场信息发布体系，信息监测和处理系统建设比较滞后，亟待建设面向全社会的公益型粮食市场信息服务系统。

3. 粮食价格形成机制还不完善，粮食生产价格增长相对缓慢，粮食流通等中间环节推高粮食消费价格

如图 3－18 所示，改革开放以来，我国粮食生产价格指数有了较大幅度提高，如果以 1985 年为 100，2010 年粮食生产价格指数增加到 464.0，但是粮食消费价格指数有了更大幅度的提高，2010 年粮食消费价格指数增加到 941.9，我们可以明显地观察到，进入 20 世纪 90 年代以来，粮食生产价格与粮食消费价格之间差距越来越大，近年来呈现进一步扩大的趋势。

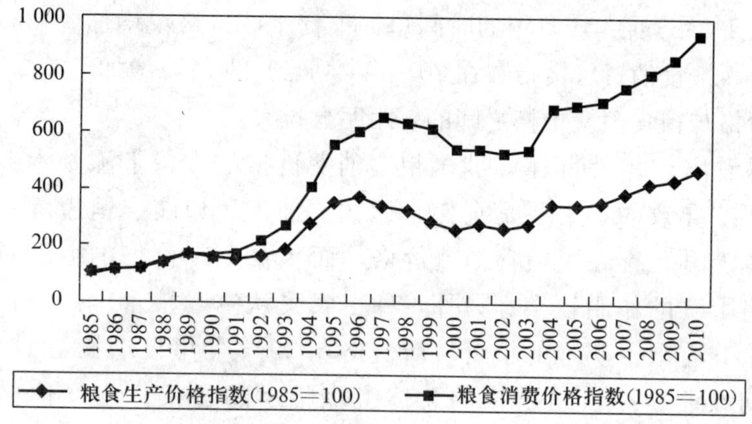

图 3-18　我国粮食生产价格和消费价格指数（1985—2010 年）

资料来源：粮食生产价格指数来自《中国农产品价格调查年鉴》。1978—2007 年粮食消费价格指数来自历年国家统计局统计公报，2008—2010 年数据来自中国统计摘要；其中，1979 年为零售物价总水平；1980 年、1981 年、1982 年、1983 年、1986 年、1987 年为食品消费价格指数。

如图 3-19 所示，如果剔除货币因素，以 1985 年为 100，我国粮食生产价格增长非常缓慢，而且呈现一定的波动性，到 2010 年粮食生产价格指数

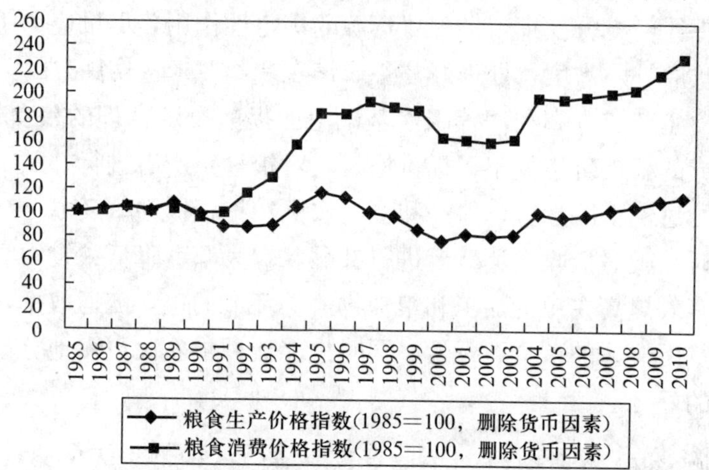

图 3-19　我国粮食生产价格和消费价格指数（剔除货币因素）（1985—2010 年）

资料来源：粮食生产价格指数来自《中国农产品价格调查年鉴》。1978—2007 年粮食消费价格指数来自历年国家统计局统计公报，2008—2010 年数据来自中国统计摘要；其中，1979 年为零售物价总水平；1980 年、1981 年、1982 年、1983 年、1986 年、1987 年为食品消费价格指数。

小幅增到113.4，在20多年的时间里，粮食生产价格仅增加了13.4%，而相比之下，粮食消费价格指数在2010年增加到230.2，增加了130.2%，粮食生产价格与粮食消费价格之间的差距明显拉大。

可以看出，20多年来，我国粮食消费价格的大幅上涨基本上是由中间流通环节导致的，主要是仓储、运输、加工、包装、销售等一系列费用的大幅上升，推高了粮食消费价格，而粮食生产价格的上涨对于粮食消费价格上涨的作用较小。另外，种粮农民从实际粮食生产价格中得到的利益十分有限，实际的粮食生产价格在20多年里仅增长了10%左右，并且期间农业生产资料价格的总体上涨幅度超过粮食生产价格（如图3-4所示），近年来农资价格的上涨严重消耗了粮食补贴给农民带来的好处。

因此，如何平衡粮食生产价格、粮食消费价格、农业生产资料价格之间的关系，实现粮食生产价格和粮食消费价格的合理上涨，调节农资价格的过快上涨幅度，是当前粮食流通领域面临的一个突出问题。要改革完善粮食最低收购价政策，逐步建立粮食目标价格制度，借鉴农业发达国家通行做法，尊重市场规律，充分发挥市场配置资源的决定性作用，尽量避免扭曲市场价格，加大政府补贴力度，处理好“谷贱伤农”和“米贵伤民”的关系。在综合考虑粮食生产成本和利润等因素基础上，提前设定合理的粮食目标价格，当市场形成的粮食价格低于目标价格时，对粮食生产者进行补贴，同时抑制农资价格的过快上涨趋势，保护和调动农民种粮积极性。反之，当市场粮食价格过高时，则对低收入消费者进行补贴，较大幅度降低粮食中间流通环节的成本，有效提高在粮食加工和粮食物流等环节的粮食流通效率，保护消费者利益和贫困群体的粮食可及性，同时也能让种粮农民更多地分享粮食价格上涨带来的好处。

四、粮食储备规模对宏观调控的影响

粮食储备规模是反映粮食安全水平的一个非常重要的指标，规模如果不尽科学合理，会直接或间接地影响宏观调控效果。FAO通常直接用粮食储备水平来衡量全球或一国的粮食安全水平，即把年消费量的17%～18%确定为最低储备安全线。鉴于我国人口众多且粮食生产基础相对薄弱、地域辽

阔且区域差异性较大的国情，综合考虑我国粮食长期供给能力、粮食生产区域结构、粮食市场发育程度以及国际经济政治环境等因素，我国的粮食储备消费比率应当设计在30%～40%。历史经验表明，粮食储备规模畸高畸低都会影响粮食安全调控效果。

如果粮食储备消费比率过低，难以有效平抑粮食供求波动。当粮食储备过低时，容易出现局部地区和个别粮食品种供求紧张，粮价上扬造成市场波动，极易引发人们的恐慌心理，对保障基本粮食安全形成挑战。如在粮食储备制度建立阶段（1952—1989年），不仅粮食储备规模总量较低，而且粮食库存安全系数也较低，难以实现调控目标，更多的是采用行政管理手段。改革开放以前，我国粮食底子太薄，不是“挖东墙补西墙”，就是“寅吃卯粮”。我国粮食储备消费比率在20世纪50年代平均为14%～15%，60年代平均为13%～14%，70年代平均为14%～15%。改革开放以来，粮情开始好转，粮食库存稳步增加，但粮食安全库存系数仍然偏低，在20世纪80年代平均为20%左右。1980年全国粮食减产，国家收购和年末国家库存均出现下降，粮食库存安全系数不足16%且继续减少。其中小麦缺口可以通过进口缓解，但是大米调拨困难，通过进口调节的余地非常有限，上海等销区大米告急。“当时只得由粮食部部长、副部长亲自分头去稻米主产区安徽、江苏、江西、湖南、湖北、浙江等省商调大米，才勉强渡过难关。[①]”1988年夏季出现全国性大米短缺局面，国务院决定从当年秋季开始由粮食部门统一收购大米。1988年10月，国务院又决定成立粮食货源组织和调运领导小组，负责粮源组织、分配、安排调运等工作，缓解了部分地区缺粮救灾问题。

如果粮食储备消费比率过高，会出现增加国家粮食储备财政负担，粮食仓库仓容不足，在面临经济增长压力和财政减收的情况下，国家储备大量转化为市场供给，出现严重的供过于求的形势，粮价低迷，极大挫伤农民种粮积极性，带来新一轮的粮食大起大落。针对1993年底和1994年初出现的全国大米供应偏紧的情况，国家采取措施大幅提高粮食收购价格，刺激粮食生

① 中国粮食经济学会，中国粮食行业协会．2011．粮食安全——国计民生的永恒主题［M］．北京：中国财政经济出版社．

产积极性，增加粮食供给。从 1994 年 6 月夏粮收购开始，粮食定购价一次性提高 40%，从 1996 年新粮上市起稻谷、小麦、玉米、大豆等四种粮食平均国家定购价提高 42.35%，经过两次提价，1996 年的粮食收购价比 1994 年夏收前提高了 1.05 倍，1996—1999 年粮食生产获得大丰收，国家粮食库存急剧增加，“1999 年创历史新高，国家粮食安全库存系数也猛增到 60%以上[①]”。粮食储备的大幅增加为保障粮食安全奠定了坚实的物质基础，但不可回避的是，过高的粮食储备比率带来了一系列问题。一是粮食仓库严重不足。国务院决定从 1998 年 6 月开始，利用国债专项资金，总投资 343 亿元，先后分三批建设 5 750 多万吨仓容的国家粮食储备库。尽管前所未有的建仓规模，在很大程度上缓解了仓库紧张的问题，但是仓容仍显不足。二是增加国家粮食储备财政负担，占用的银行贷款大大增加，粮食在短期内供给严重相对过剩，造成粮食价格大幅下降，谷贱伤农，对以后的粮食严重短缺埋下了潜在威胁。

第四节　粮食消费领域的底线思维

一、粮食消费的基本趋势

改革开放以来，我国粮食需求总量持续增加，结构不断发生变化。国内粮食消费按用途分，包括口粮消费、饲料用粮、工业用粮和种子用粮四大部分，其中居民口粮由城镇和农村居民口粮两部分组成，口粮消费包括在家消费和在外消费两部分，工业用粮主要是指食品加工、酿酒、油脂、淀粉、饲料等行业消费的原粮。

随着人口增长和生活水平的提高，粮食需求呈现出刚性增长的趋势。在消费领域，粮食的直接消费量将进一步下降。按照社会经济发展规律，一个地区人均国民收入达到 1 000 美元以后，在粮食消费形态上，代之而起的是食品加工和饲料用粮等间接粮食消费的急剧增加。我国人均国民收入已超过 5 000 美元，目前人们的食品结构已发生了较大变化，粮食二次消费品增加，

① 中国粮食经济学会，中国粮食行业协会. 2011. 粮食安全——国计民生的永恒主题［M］. 北京：中国财政经济出版社.

肉食品消费比例扩大。饲料用粮和工业用粮消费需求的增长，将会成为我国粮食消费需求增长的主体。

由表 3-12 可见，在 1995 年我国居民口粮消费量为 27 427 万吨，占粮食需求总量的 61%，饲料用粮消费量为 12 913 万吨，占粮食需求总量的 28%，工业用粮消费量为 3 800 万吨，占粮食需求总量的 8%，种子用粮消费量为 1 320 万吨，占粮食需求总量的 3%；到 2005 年居民口粮消费量为 27 107万吨，占粮食需求总量的 55%，饲料用粮消费量为 15 818 万吨，占粮食需求总量的 32%，工业用粮消费量为 5 335 万吨，占粮食需求总量的 11%，种子用粮消费量为 1 180 万吨，占粮食需求总量的 2%；据预测，到 2020 年居民口粮消费量为 24 750 万吨，占粮食需求总量的 43%，饲料用粮消费量为 23 550 万吨，占粮食需求总量的 41%，工业用粮及种子用粮消费量为 9 258 万吨，占粮食需求总量的 16%。通过图 3-20、图 3-21 和图 3-22，我们也可以直观地看出粮食消费需求结构的深刻调整变化。

表 3-12　我国国内粮食消费需求状况（1995—2020 年）

单位：万吨

年份	居民口粮	饲料用粮	工业用粮	种子用粮	总消费需求
1995	27 427	12 913	3 800	1 320	45 280
1996	27 395	13 172	3 919	1 303	45 789
1997	27 555	13 501	4 043	1 307	46 406
1998	27 677	13 812	4 160	1 305	46 954
1999	27 680	14 060	4 275	1 304	47 319
2000	27 669	14 271	4 513	1 250	47 703
2001	27 614	14 499	4 714	1 223	48 050
2002	27 451	14 789	4 912	1 197	48 349
2003	27 283	15 100	5 100	1 146	48 629
2004	27 200	15 432	5 216	1 171	49 019
2005	27 107	15 818	5 335	1 180	49 440
2007	26 450	17 150	6 500	1 150	51 250
2010	25 850	18 700	8 205		52 755
2020	24 750	23 550	9 258		57 558

注：1995—2007 年数据来自国家统计局、国家粮食局；2010 年、2020 年数据来自《国家粮食安全中长期规划纲要（2008—2020 年）》，为预测数据。

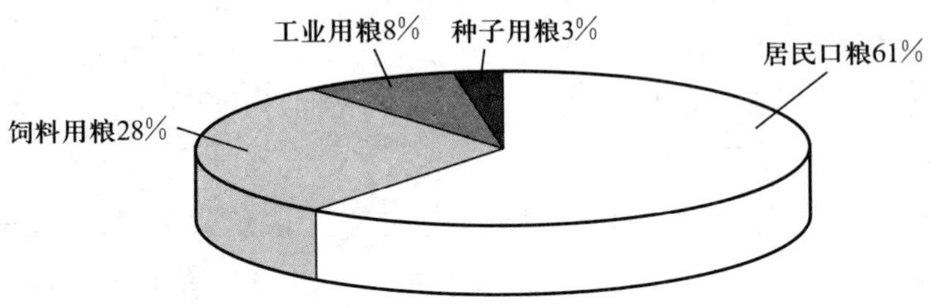

图 3-20　我国国内粮食消费需求结构（1995 年）

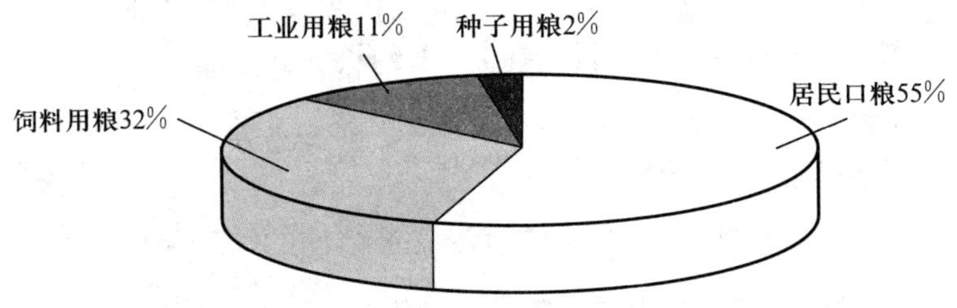

图 3-21　我国国内粮食消费需求结构（2005 年）

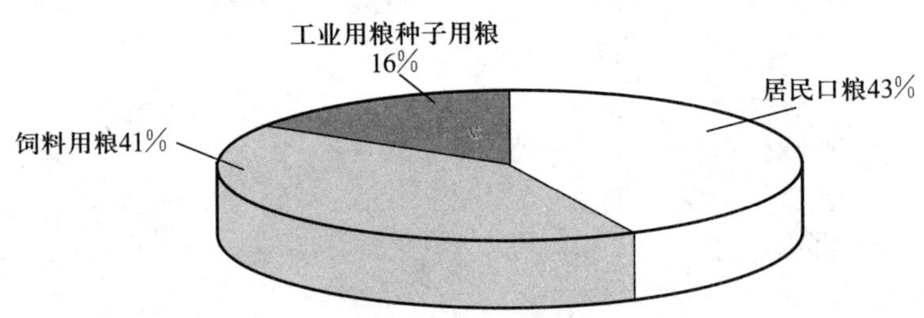

图 3-22　我国国内粮食消费需求结构（2020 年）

1. 居民口粮消费仍占据主体，消费总量基本保持平稳，随着居民膳食结构调整，消费比重均呈现略降趋势

"十一五"期间，我国城镇和农村居民的口粮消费数量基本保持平稳，但消费比重明显趋于减少。到 2007 年口粮消费总量为 26 450 万吨左右，占粮食需求总量的 52%，据预测，到 2010 年我国居民口粮消费总量 25 850 万吨，占粮食消费需求总量的 49%，到 2020 年口粮消费总量 24 750 万吨，占粮食消费需求总量的 43%。如表 3-12 所示，城乡居民口粮消费基本呈现平稳中缓慢下降的趋势，2005年居民口粮消费为27 107万吨，比1995年的27 427万吨，减少320万吨，平均每年下降0.13%；如图3-20和图3-21所示，居民口粮在我国粮食消费中，占据绝对主体地位，但是所占比重呈现下降趋势，1995年居民口粮的比重为61%，到了2005年降为55%。

由表3-13也可以看出，从1990—2006年的农村居民和城镇居民家庭人均口粮消费数量均出现逐步下降的趋势。从1990—2006年，农村人均口粮消费需求量下降了56.46千克，下降幅度为21.54%，平均每年下降1.50个百分点，城镇居民人均口粮消费需求量下降了53.74千克，下降幅度为41.1%，平均每年下降3.26个百分点，下降速度均远远高于人口增长率，这也使得近十几年来，口粮消费绝对量也呈下降趋势，但仍超过全国粮食消费的40%。

表3-13　我国居民家庭人均粮食消费量（1990—2010年）

单位：千克

年份	1990	1995	2000	2005	2010
农村居民	262.08	256.07	250.23	208.85	181.44
城镇居民	130.72	97.00	82.31	76.98	81.53

资料来源：国家统计局，历年《中国统计年鉴》，其中城镇居民家庭人均粮食消费量为人均全年购买粮食数量。

从粮食消费区域情况看，随着农民进城务工人数的不断增加，农村粮食需求总量减少；由于城市化步伐的加快和城镇人口的增加，城镇粮食需求增加，城镇口粮消费增加尤其明显。粮食主销区需求继续呈缓慢增加的趋势，部分粮食主产省在粮食加工业的带动下，粮食需求也出现较大增长。

2. 随着居民对肉蛋奶等粮食转化品的需求增加，饲料用粮需求总量大幅增加，消费比重逐步提高，消费增幅明显

饲料用粮已经成为推动粮食消费的主体因素。随着我国居民收入和生活水平的提高，人们对肉、蛋、奶类食品的需求量越来越多，要求畜牧业生产有较快的发展，饲料用粮需求数量及比重增幅明显，大大改变了我国的粮食消费结构。到 2007 年饲料用粮在 17 150 万吨左右，占粮食需求总量的 34%，比 2005 年增加 1 332 万吨，增幅为 8%，据预测，到 2010 年饲料用粮需求总量为 18 700 万吨，占粮食消费需求总量的 36%，到 2020 年将达到 23 550 万吨，占粮食消费需求总量的 41%。如表 3-12 所示，饲料用粮和工业用粮消费需求快速增长，已经成为我国粮食消费需求增长的主要力量，其中饲料用粮在 2005 年已经达到 15 818 万吨，比 2000 年增长了 10.8%，比 1995 年增长了 22.5%，平均每年增长 2.3%。如图 3-20 和图 3-21 所示，饲料用粮的比重由 1995 年的 28%上升为 32%，约占到粮食消费总量的 1/3。

从表 3-14 和表 3-15 可以看出，随着居民收入水平的提高，肉、禽、蛋、奶等的消费数量显著增加。1990—2003 年，饲料粮需求量几乎呈直线上升趋势，1990 年饲料粮需求量为7 590万吨，到 2003 年增加到 12 840 万吨，增加了 69.17%，平均每年增加 5 个百分点；从人均消费水平来看，1990—2003 年，饲料粮消费由 66.39 千克/人增加到 99.35 千克/人，增加了 49.65%，平均每年增加 3.82 个百分点。在饲料粮消费的构成中，玉米的比重从 1990 年的 80.7%稳步上升到 2003 年的 87.3%，大米、小麦和其他谷物的比重分别从 1990 年的 11.7%、3.3%和 4.3%下降到 2003 年的 7.1%、2%和 3.6%[①]。

表 3-14　我国农村居民家庭人均食品消费量（1990—2010 年）

单位：千克

品名	1990	2000	2010
猪肉	10.54	13.28	14.40
牛肉	0.40	0.52	0.63
羊肉	0.40	0.61	0.80
家禽	1.25	2.81	4.17
蛋	2.41	4.77	5.12
奶	1.10	1.06	3.55

资料来源：国家统计局，《中国统计年鉴》(2007)。

① 王健，陆文聪 .2007. 市场化、国家化背景下中国粮食安全分析及对策研究［M］. 杭州：浙江大学出版社。因统计口径不同，数据存在一定差异，但是不影响对饲料粮变化趋势的反映。

表 3-15　我国城镇居民家庭人均购买商品量（1990—2010 年）

单位：千克

品名	1990	2000	2010
猪肉	18.46	16.91	20.73
牛羊肉	3.28	3.09	3.78
家禽	3.42	4.92	10.21
鲜蛋	7.25	10.92	10.00
鲜奶	4.63	7.88	13.98

资料来源：国家统计局，《中国统计年鉴》（2007）。

随着城市化进程的高速推进，今后相当长的时期内，农村居民和城镇居民对动物性农产品的消费需求会有较大增长。根据联合国粮农组织统计，目前我国城乡居民的日蛋白质摄入量与发达国家相比还存在 20%～30%的差距，且近年来，我国城乡居民的肉类人均消费年均增长率超过 3%，考虑到我国居民对动物性食品消费需求的刚性增长态势，预计今后饲料粮较快的增长趋势还将继续，也是拉动我国粮食消费增长的主要动力之一。

3. 随着粮食能源化趋势不断深化，工业用粮增长速度超过饲料用粮，存在消费继续扩张冲动

粮食需求更大的压力来自工业化加工用粮的迅速增长，工业用粮超过了饲料用粮的增长速度。由于粮食价格相对低廉，而且加工用途广泛，随着石油和煤炭等不可再生能源的日趋短缺，酿酒、医药、燃料等行业对粮食的消费量在逐年增加。受世界生物质能源快速发展和能源价格全球性上涨的影响，燃料乙醇业发展迅速，粮食能源化的国际趋势短期内难以改变。随着科技进步和粮食加工技术的不断革新，其他相关行业对原料用粮的消费也会趋增，随着城乡居民生活水平的提高，食品消费中商品性消费支出比重将不断增加，食品加工业耗粮水平上升。

近年来，我国对粮食特别是玉米的需求量大增，以粮食为原料的深加工业迅速扩张，国内玉米精深加工发展很快。2004—2006 年我国深加工消耗玉米由 1 650 万吨提高到 3 598 万吨，年均增长 29.5%，远高于玉米产量 7.9%的平均增长速度。截至 2008 年前，我国东北三省建成和在建的玉米加工能力在 3 500 多万吨，而这三省实际玉米产量也只有 3 800 万吨。按照这种玉米加工业发展的势头，玉米调出量占全国 80%的东北三省，将很快面临无玉米可调出的问题①。到 2004 年底前，国家确定的 3 个变性燃料酒精生产试点项目将相继投产，总能力超过 100 万吨，新增工业用粮 300 万吨。2005—2006 年度与 2001—2002 年度相比，酒精用玉米（工业用酒精、食用酒精、燃料乙醇）数量增长 95%，淀粉用玉米增长 62%，饲料用玉米只增长 5%。另外，近几年油脂工业生产能力急剧提高，对大豆的消费需求迅速增长。从城乡居民对食用植物油需求情况看，城市居民消费水平趋于稳定，农村居民对食用植物油消费存在较大的上升空间。因此，今后一段时期，油脂工业对大豆需求仍将保持一定的增长速度。

可见，工业用粮消费发展空间很大，但这种较快增长的趋势在一定时期内会得到一定程度的控制。如表 3－12 所示，工业用粮在 2005 年已经达到 5 335万吨，比 2000 年增长了 18.2%，比 1995 年增长了 40.4%，平均每年增长 3.8%，2007 年工业用粮总量约为 6 500 万吨，占粮食需求总量的 13%。在工业用粮显著增长的同时，如图 3－20 和图 3－21 所示，工业用粮的比重也出现较大增长，由 1995 年的 8%增加到 2005 年的 11%。但是，近年来国家把维护粮食市场和价格基本稳定作为粮食工作的重要任务，2008 年国家开始严格控制工业用粮和粮食出口，坚决制止玉米深加工能力盲目扩张，保障居民口粮和饲料用粮供给，工业用粮的快速增加的趋势得到了控制。

4. 种子用粮需求比重较小，数量相对比较稳定，受科技进步因素的影响，亩均种子用粮数量稳中略减

种子用粮需求变化不大，基本稳定在 1 150 万吨左右，约占粮食需求总量的 2%。如表 3－12 所示，种子用粮变化较为平稳，但总体呈下降趋势，2005 年种子用粮为 1 180 万吨，比 1995 年下降了 140 万吨。如图 3－20 和图 3－21 所示，种子用粮所占比重最小，基本保持相对稳定，2005 年种子用粮比重为 3%，比 1995 年下降 1%。从长期看，随着良种普及率提高和作物栽培技术不断更新，以及耕作和种子加工技术的不断进步，平均每亩种子用粮

① 国务院发展研究中心《调查研究报告》，第 39 号（总 3151 号），2008 年 3 月 31 日。

数量将呈稳中略减的走势。但是，种子用粮数量主要还是取决于粮食播种面积的变化，自 2004 年以来，我国的粮食作物播种面积实现连续四年持续增加，每年的种子用粮将随着粮食播种面积的变化而小幅波动。从整体上看，全国种子用粮数量相对比较稳定。

5. 食物浪费折合粮食占全国总产量的 10%，整个粮食产业链条中各环节的食品浪费加剧了粮食供求关系压力

据统计，全国每年浪费食物总量折合粮食约 500 亿千克，相当于全国粮食总产量的 1/10，可满足 2.6 亿人一年所需。据国家粮食局调查，因农户家庭储粮设施简陋、运输抛洒遗漏以及过度加工等，每年我国粮食损失至少在 350 亿千克。据农业部门抽样调查，每年在生产、仓储（含农户储粮和城镇家庭储粮）、运输、加工（含深加工、饲料、工业用粮加工等）、餐饮及家庭消费等诸多环节浪费的粮食占粮食总产量的 17%～18%。

2010 年 1 月，国务院办公厅《关于进一步加强节约粮食反对浪费工作的通知》(国办发〔2010〕7 号）指出“粮食和食品在生产、储存、加工、运输、消费等环节损失浪费现象严重，尤其是讲排场、比阔气等不良消费方式造成的食品浪费令人触目惊心。”我们可以算一笔账，按我国现有 13 亿人口计算，如果每人每年浪费 0.5 千克粮食和 0.5 千克食用油，总共就是 6.5 亿千克粮食和 6.5 亿千克食用油，反过来讲，如果每人每年在合理消费的基础上再节约 0.5 千克粮食和 0.5 千克油，又是 6.5 亿千克粮食和 6.5 亿千克油，两者相加是 13 亿千克粮食和 13 亿千克油，仅粮食节约就相当于开发良田约 370 万亩（如果每亩粮食平均产量为 350 千克）[①]，由此可见我们粮食节约的潜力是多么巨大。在粮食供求处于紧平衡的大背景下，粮食产业链条中各环节的粮食浪费加剧了粮食需求压力。

总体来看，随着人口的增加、消费水平的提高和消费结构的升级，我国粮食需求尤其是饲料粮的需求将保持较大幅度的增长态势，同时粮食损耗较为严重。如果这种趋势继续发展，到 2030 年会达到 6 亿吨，而且可能超过 6.5 亿吨。也就是说，到 2030 年我国粮食消费需求至少要比目前的产量水平高出 20%～30%。综合考虑我国今后粮食需求总量的增加趋势和消费结

① 2010 年我国粮食单产达到历史最高水平，亩产为 331.57 千克/亩。

构的特点，我国提高粮食生产能力和确保粮食充足供给，压力是非常大的①。

二、粮食消费领域的制约要素

（一）我国人口基数庞大，未来20年将先后突破14亿和15亿关口，将进入人口数量最多的时期

人口数量庞大是中国国情最为显著的一个特点。如图3-23所示，改革开放以来，我国人口总量在高基数上不断增长，从1978年的9.63亿增加到2010年的13.41亿人，增加了约3.78亿人，增长约39.3%，年均增长1.04%。虽然中国已经进入了低生育率国家行列，从20世纪80年代后期人口增长率连续下降，从1987年的1.67%持续下降到2010年的0.46%，但由于人口增长的惯性作用，今后十几年，中国人口仍将在庞大的基数上继续增长。

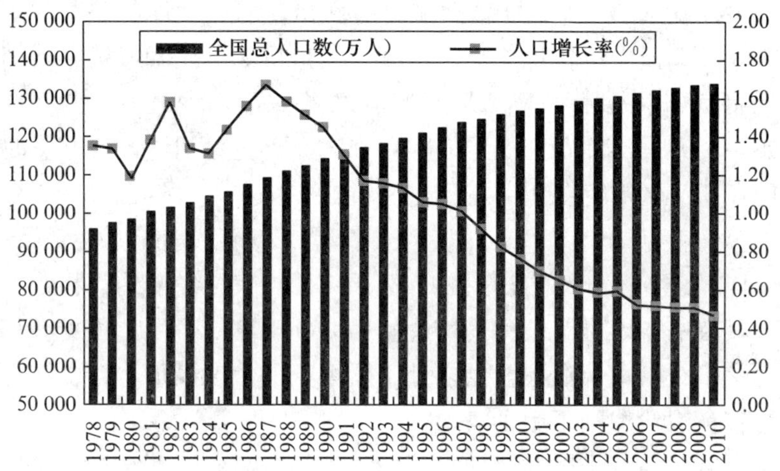

图3-23　我国人口数量及人口增长率（1978—2010年）

资料来源：《中国统计年鉴》。

国家统计数据数据显示，2011年，全国总人口为134 735万人，全年出生1604万人，死亡960万人，出生率、死亡率、自然增长率分别为

① 陈锡文，赵阳，罗丹．2008．中国农村改革30年回顾与展望［M］．北京：人民出版社．

11.93‰、7.14‰和4.79‰。根据《国家人口发展“十二五”规划》提出的人口总量目标，低生育水平保持稳定，“十二五”期间，人口年均自然增长率控制在7.2‰以内，全国总人口控制在13.9亿人以内。据国家卫生计生委介绍，2020年，总人口控制在14.5亿人以内，到2030年前后，我国总人口达峰值15亿左右，进入人口数量最多的时期。中国人口的增长导致粮食需求的持续增加，庞大的人口数量带来了巨大的粮食需求压力。

（二）城乡居民收入水平不断提高，在未来很长一段时期内，将继续推动食物消费升级，导致转化类粮食消费持续增长

国际经验比较分析表明，居民收入是决定食物消费需求最重要的变量之一。随着人民生活水平的提高，居民收入对粮食消费数量和消费结构都将产生重要影响。如图3-24所示，改革开放以来，我国城乡居民收入有了很大幅度地提高，农村居民家庭人均纯收入从1978年的133.6元增加到2010年的5 919.0元，增加了43.3倍，城镇居民家庭人均可支配收入从1978年的343.4元增加到2010年的19 109.4元，增加了54.6倍。总体来看，城乡居民人均口粮消费趋于下降，随着人口的继续增长，全国口粮消费数量总体基本稳定，而占粮食总消费比重趋于下降；城乡居民食物消费升级，多样化、优质化趋势增强，动物蛋白食品的消费数量将越来越大，导致饲料粮转化粮需求的持续增长，饲料粮消费占粮食总消费比重趋于上升。

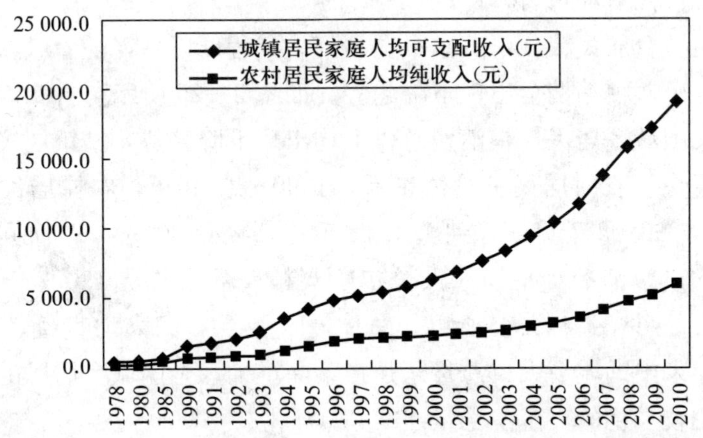

图3-24　我国城乡家庭居民人均收入水平（1978—2010年）

资料来源：《中国统计年鉴》。

1. 居民收入增长对口粮消费的影响

根据经验研究，当居民收入在贫困线上下时，口粮消费的收入弹性系数较大，会随着居民收入水平的提高急剧增加，而当居民收入达到一定水平以后，口粮消费的收入弹性系数就会下降，口粮消费量对收入的增加就不再敏感，而对肉蛋奶、水产品等动物性食品的需求将持续大幅增加。

改革开放初期人民收入水平较低，粮食消费不足问题突出，由表 3－16 可见，从 1978—1984 年，随着居民收入逐步提高，人均口粮消费量呈快速上升趋势，农村居民的人均口粮消费增长速度要明显高于城镇居民。其中，城市人均消费口粮（贸易粮）由 1978 年的 205.3 千克提高到了 1984 年的 239.4 千克，增加了 16.6%；而农村人均口粮消费由 1978 年的 214.8 千克提高到了 1984 年的 266.9 千克，增加了 24.3%。

表 3－16　1978—1984 年中国城乡居民人均口粮消费（1978—1984 年）

单位：千克/人

城乡＼年份	1978	1979	1980	1981	1982	1983	1984
城镇（贸易粮）	205.3	210.8	213.9	215.7	217.3	221.7	239.4
农村（原粮）	214.8	229.1	237.5	244.4	252.7	259.3	266.9

资料来源：国家统计局贸易司资料。

在中国城乡居民粮食消费水平提高到一定程度以后，随着收入水平的继续上升，居民口粮消费会出现下降趋势。如图 3－25 所示，自 20 世纪 90 年代以来，我国城乡居民口粮消费总体上均出现下降趋势，城镇居民口粮消费减少速度要快于农村居民。具体来看，1990—2010 年，农村居民家庭人均口粮消费从 262.08 千克下降到 181.44 千克，减少 30.77%；而同期城镇居民家庭人均口粮消费（平均每人全年购买粮食数量）从 130.7 千克下降到 81.5 千克，减少 37.64%。所以，总体看，城乡居民人均直接消费粮食下降，但近年来中国城乡人口总量还是在不断增加，全国城乡居民的口粮消费总量还是比较平稳的，基本稳定在27 000万吨左右。

2. 居民收入增长对饲料粮消费的影响

与口粮消费的相对稳定不同，随着居民收入的增加，饲料粮占粮食需求

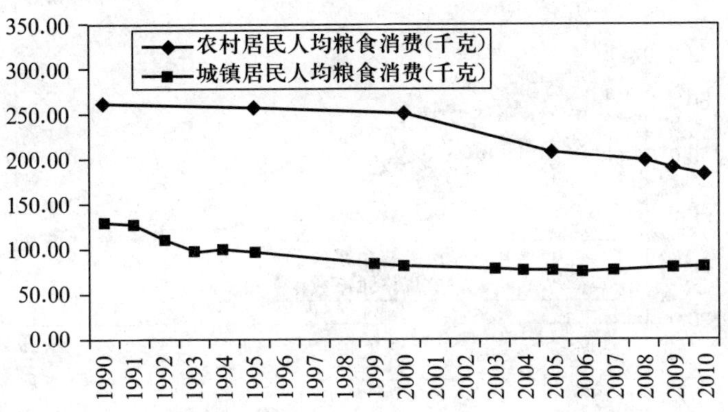

图 3-25　我国城乡居民人均口粮消费（1990—2010 年）

注：农村居民人均粮食消费为原粮，数据来自历年《中国统计年鉴》；城镇居民人均消费数据为城镇居民家庭平均每人全年购买粮食数量，来自《中国城市（镇）生活与价格年鉴》。

的比重将大幅度上升。1995 年饲料用粮消费量为12 913万吨，占粮食需求总量的 28%，到 2005 年饲料用粮消费量为 15 818 万吨，占粮食需求总量的 32%，据预测到 2020 年，饲料用粮消费量为 23 550 万吨，占粮食需求总量的 41%。

按照联合国对生活水平的划分标准，恩格尔系数在 60%以上是绝对贫困，50%～60%是勉强度日；40%～50%是小康水平；30%～40%是富裕，30%以下是最富裕。从收入水平与食物消费关系的演进阶段来看，在第一阶段当收入处于较低水平时，为解决温饱问题，消费以粮食为主；在第二阶段当收入跨越了第一阶段后，谷物、薯类所减少的份额逐步由畜产品替代，畜产品消费呈上升趋势；在第三阶段当恩格尔系数在 30%左右时，畜产品消费稳定、停滞或减少。目前，我国食物消费正处在第二阶段，即以畜产品为主的食物消费随收入的增加而增加的时期。如图 3-26 所示，到 2010 年中国农村居民恩格尔系数从 1978 年的 67.7%下降到 41.1%，按照联合国对生活水平的划分标准，处在小康水平，农村居民消费空间比较大，仍将保持较快的增长速度；城镇居民恩格尔系数从 1978 年的 57.5%下降到 2010 年的 35.7%，按照联合国对生活水平的划分标准，处在富裕水平，城市居民畜产品消费增长相对缓慢。从总体上看，未来几十年我国饲料粮需求将保持继续较大幅度的增长趋势。

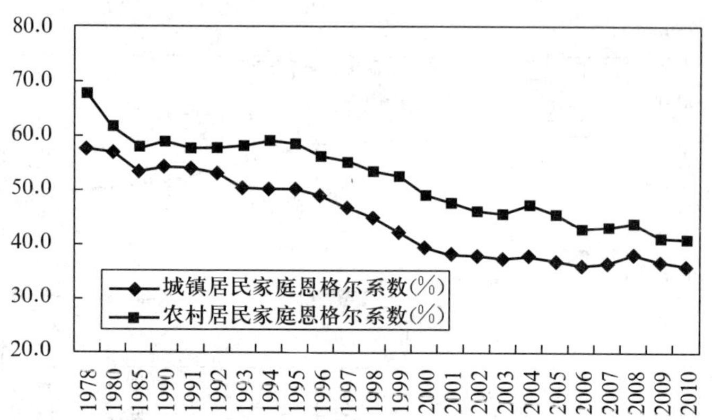

图 3－26　我国城乡居民家庭恩格尔系数（1978—2010 年）

资料来源：《中国统计年鉴》。

（三）城镇化进程加快推进，大量农村人口将会转化为城市人口，饮食结构也会不断发生变化

城市化是由以农业为主的传统乡村社会向以工业和服务业为主的现代城市社会逐渐转变的历史过程。如图 3－27 所示，改革开放以来我国城镇化进程不断推进，特别是进入 20 世纪 90 年代中期以来，城镇化进程加速推进，1978 年我国城镇化率仅为 17.92%，城镇人口大约是 5 765 万人，1996 年突破 30%，城镇人口增加到大约 3.7 亿人，2010 年已经达到 49.95%，城镇人口更是增加到约 6.7 亿人①。世界城市化发展的规律表明，当一个国家或地区的城市化水平达到 30%以后，城市化进程将进入快速发展阶段，每年城市化率至少应该增加 1.58～1.66 个百分点，这是一个不可逆转的客观规律。

随着我国工业化城镇化进程的加快推进，大量农村人口将会转化为城市人口，而粮食消费结构随着城市居民的增多，也将发生较大的变动。城市化导致人均直接消费的粮食减少，但人均间接粮食消费量将增加。一方面，随着城市化的推进，大量农村人口将转化为城镇居民，经验数据表明，城镇居民人均口粮消费大约只有农村居民人均口粮消费的 33%左右，所以，城镇居民的大量增加将导致人均直接粮食消费量的下降。另一方面，城市化却会

① 由于统计口径方面的原因，城镇化率存在“虚高”现象。我国城镇化人口的统计按国际惯例进行，即在城镇连续居住超过 6 个月，便统计为城镇人口。但实际上，仍有 10%～12%的城镇人口是农民工及其家属，他们并没有充分享受到城镇的公共服务和社会保障。

导致人均间接粮食消费量的增加。根据以往的统计数据来看，城镇居民的收入增长要比农村居民收入有较快增长[①]，而随着收入的增加，人们的饮食结构将会发生较大的变化，对肉禽蛋奶等动物性食品的消费需求将显著增加，这将使得饲料粮占粮食需求的比重大幅度上升。

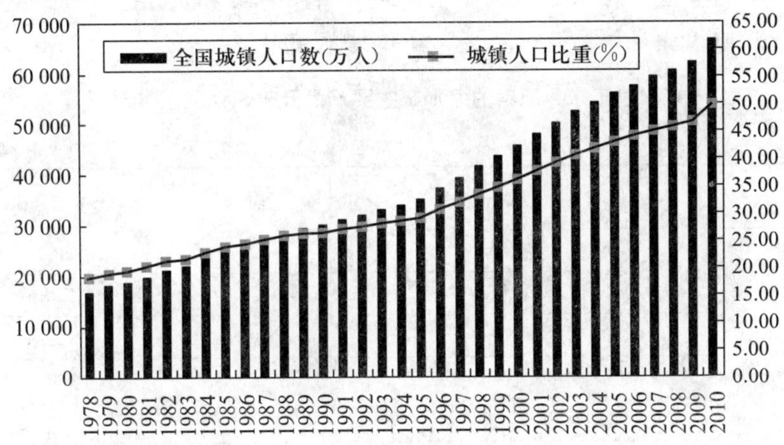

图 3-27 我国城镇化率水平（1978—2010 年）

资料来源：《中国统计年鉴》。

三、生物能源发展对粮食需求的拉动

近几年来，全球范围内化石能源供应趋紧，生物质能源迅速发展，以玉米淀粉、乙醇及其衍生产品为代表的玉米深加工工业[②]不断扩张，成为拉动粮

① 1980 年以来的 30 年间，基本上呈现城乡收入差距逐年拉大的趋势。我国城镇居民人均可支配收入与农村居民人均纯收入之间的比值，从 1980 年的 2.5 倍上升到 2010 年的 3.23 倍，只有少数几年反复，绝大多数年份城乡收入差距在不断拉大。与 2009 年城乡收入差距比 3.33：1 相比，2010 年城乡收入差距比有所缩小，为3.23：1。

② 玉米深加工产业是指以玉米初加工产品为原料或直接以玉米为原料，利用生物酶制剂催化转化技术、微生物发酵技术等现代生物工程技术并辅以物理、化学方法，进一步进行加工转化的工业。玉米深加工产品主要有四类：一是发酵制品，包括氨基酸（味精、饲料用赖氨酸、苯丙氨酸、苏氨酸、精氨酸）、强力鲜味剂（肌苷酸、鸟苷酸）、有机酸（柠檬酸、乳酸、衣康酸等）、酶制剂、酵母（食用、饲用）、功能食品等；二是淀粉糖，包括葡萄糖（浆）、麦芽糖（浆）、糊精、饴糖、高果葡糖浆、啤酒用糖浆、功能性低聚糖（低聚果糖、低聚木糖、低聚异麦芽糖）；三是多元醇，包括山梨糖醇、木糖醇、麦芽糖醇、甘露糖醇、低聚异麦芽糖醇、乙二醇、环氧乙烷、丙二醇等；四是酒精类产品，包括食用酒精、工业酒精、燃料乙醇等。

食需求的重要动力。玉米加工产品逐渐由传统的初级产品淀粉、酒精向精深加工扩展，氨基酸、有机酸、多元醇、淀粉糖和酶制剂等产品所占比重不断扩大，产业链不断延长（见表3-17)。2006年国内玉米消费量（不含出口）为1.34亿吨，其中深加工消耗玉米3 589万吨，占消费总量的26.8%，并且呈现增长趋势。与2003年深加工消耗玉米1 650万吨相比，2006年增加了1 839万吨，累计增幅117.5%，年均增幅高达29.6%。

表3-17 以玉米为原料的深加工主要产品及玉米消耗量（2006年）

单位：万吨

行业	产品	产量	玉米消耗量
淀粉加工产品	发酵制品	460	1 069
	淀粉糖	500	850
	多元醇	70	120
	变性淀粉	70	120
	其他医药、化工产品等		150
酒精	食用酒精	174	560
	工业酒精	142	448
	燃料乙醇	85	272
合计			3 589

资料来源：国家发展改革委，关于促进玉米深加工业健康发展的指导意见，2007.9。

我国燃料乙醇产业起步较晚，但发展较为迅速。2000年我国决定将燃料乙醇的开发生产、使用列入“十五”计划。最初，我国的燃料乙醇生产主要是消化陈化粮玉米和小麦等，近年来陈化粮彻底退出历史，随着燃料乙醇产业在国内的快速增长，生产乙醇燃料的原料逐渐转向以玉米为主。截至2006年，我国已经批准建设四家定点乙醇燃料企业，分别是吉林乙醇燃料有限责任公司、黑龙江华润酒精有限公司、河南天冠集团和安徽丰原生物化学股份有限公司，其中有2家企业在东北地区。据不完全统计，东北三省乙醇燃料消耗玉米量，从2003/2004年度的200万吨增加到2005/2006年度的427万吨，增长了一倍多。“十五”期间，我国玉米深加工产能增长幅度超过玉米产量增长水平。我国玉米深加工转化消耗玉米数量累计增长94%，年均增长14%；而同期玉米产量仅增长了31%，年均增长率仅为4.2%，远低于工业加工产能扩张的速度[①]。

玉米是最主要的饲料原料，玉米深加工业过度发展将会挤占饲料玉米的正常供应，进而影响到肉禽蛋奶等人民生活必需品的正常供应。如图 3-28 所示，我国玉米工业消费量从 2000 年的 850 万吨增至 2006 年的 3 500 万吨，增加了 3 倍多，玉米工业消费在玉米总消费中的比重由 2000 年的 7.18%增加到 2007 年的 23.51%。而同期，玉米饲料消费在总消费中所占的比重呈明显下降趋势，从 2000 年的 78.30%减小到 2007 年的 66.49%，下降了 11.81%。

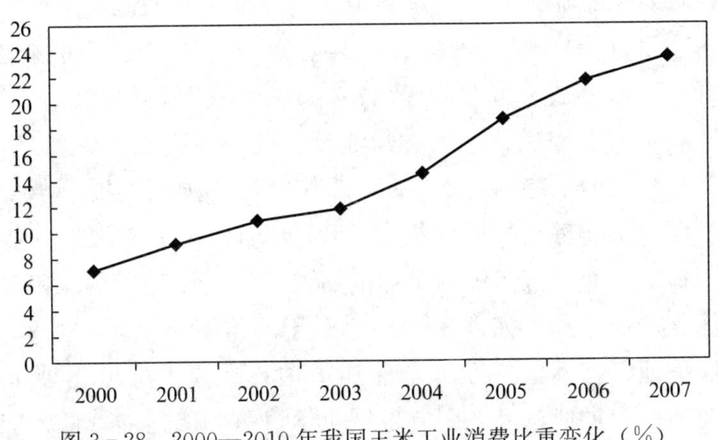

图 3-28　2000—2010 年我国玉米工业消费比重变化（%）

资料来源：国家粮油信息监测中心监测部，中国饲料谷物供需月报。

玉米深加工产业主要集中在产区，主要玉米调出省份外调原粮数量减少。2006 年，8 个玉米产区（黑龙江、吉林、辽宁、内蒙古、山东、河北、河南和安徽）深加工消耗玉米量合计 2 965 万吨，占全国深加工玉米消耗总量的 82.6%。部分主产区玉米深加工项目低水平重复建设现象严重，一些产区已经出现加工能力过快扩张、原料紧张的倾向。2005 年东北地区粮食外运量为5 500万吨，约占产量的 44%；2006 年虽有陈粮销售支撑，但是东北地区粮食外运量仍下降至 4 600 万吨，预计到 2010 年将下降到 3 000 万吨，净减少 40%以上，而其中主要的下降动力就来自于玉米，玉米的调出

① 国家发展改革委，关于促进玉米深加工业健康发展的指导意见，2007.9。

量已经由原来的 1 000 多万吨下降至目前的 100 多万吨[①]。我国玉米深加工产能过快扩张，短期内迅速拉高了当地粮食需求，打破国内玉米供求格局，东北地区调出玉米量将大大减少，使南方主销区的饲料原料从依靠国内供给转为依靠进口，对保障国家粮食安全形成威胁。

近年来，在国家宏观政策调控下，严格控制深加工消耗玉米数量，遵循“不与人争粮，不与粮争地”的原则，由玉米作为主要原料转为支持发展以木薯、红薯、甜高粱等非粮作物生产燃料乙醇，我国玉米深加工业盲目过快扩张的势头在一定程度上得到了遏制。2006 年 12 月 18 日，国家发改委、财政部联合下发紧急通知，要求“各地暂停核准和备案玉米加工项目，并对在建和拟建项目进行全面清理”。2006 年，财政部印发的《可再生能源发展专项资金管理暂行办法》也明确提出：“石油替代可再生能源开发利用，重点是扶持发展生物乙醇燃料、生物柴油等，其中生物乙醇燃料是指用木薯、甘蔗、甜高粱等制取的燃料乙醇”。2007 年 9 月，国家发展改革委发布《关于促进玉米深加工业健康发展的指导意见》，加强对玉米深加工业的宏观调控，实现饲料加工业和玉米深加工业的协调发展，以确保国家粮食安全。明确提出要优化产业布局（如表 3－18），对于严重缺乏玉米和水资源的地区、重点环境保护地区，不再核准玉米深加工项目。要求适度发展玉米深加工业，鼓励发展高附加值产品，限制发展供给过剩和高耗能、低附加值的产品以及出口导向型产品，严格控制深加工消耗玉米数量。

表 3－18　玉米深加工业区域布局的结构调整方向

行业	区域布局
淀粉	以山东、吉林、河北、辽宁 4 省为主，重点是用于造纸、纺织、建筑和化工等行业需要的高附加值的特种变性淀粉，稳定以玉米为原料的普通淀粉生产
淀粉糖	以山东、河北、吉林为主，重点是作为食糖补充的固体淀粉糖，以及用作食品配料的多元醇（糖醇）

① 东北玉米加工发展对粮食供求的影响．商务部网站，http：//shouxian. mofcom. gov. cn/aarticle/zhongyaozt/200612/20061204151266. html. 2006－12－26.

（续）

行业	区域布局
发酵制品	以山东、安徽、江苏、浙江等省为主，重点是进口替代的食品和医药行业需要的小品种氨基酸和其他新的发酵制品，不再新建或扩建柠檬酸、味精、赖氨酸、酒精等项目
多元醇	以吉林、安徽现有企业和规模进行试点，不再新建或改扩建其他化工醇项目，并结合国内玉米供需状况稳定发展
燃料乙醇	以黑龙江、吉林、安徽、河南等省现有企业和规模为主，按照国家车用燃料乙醇“十一五”发展规划的要求，不再建设新的以玉米为主要原料的燃料乙醇项目

资料来源：国家发展改革委，关于促进玉米深加工业健康发展的指导意见，2007.9。

第四章　新型粮食安全预警体系的理论探索和模拟运行

粮食安全是一个综合性、复杂性和动态性的体系，对于粮食安全预警机制的研究必须涉及宏观、中观、微观等不同层面，涵盖生产、消费、储备、贸易等产业链各个环节。通过第二章的研究，本书将粮食安全划分成宏观层面粮食安全、中观层面粮食安全和微观层面粮食安全三个层级。通过第三章的研究，本书从整个粮食产业链条出发，分别基于粮食生产、流通、消费、进出口贸易等各个环节，系统研究了影响我国粮食安全的主要因素。本章总体研究粮食安全预警系统的运行机制，包括预警系统的总体框架和工作流程，构建了一个由信息收集与整理系统、预警分析系统、警示预报系统、警情调控系统等部分组成的粮食安全预警体系。具体研究粮食安全预警指标体系的设置与构建问题，包括指标选择及其理论依据、指标的分类分级等，形成一套科学合理、可操作性强的粮食安全预警指标体系。在筛选构建指标体系的基础上，建立相应的数据库，收集整理相关数据，对每项具体指标进行警情分析，进而从各个层面对粮食安全程度进行系统研究，最终从总体上对粮食安全进行整体研究，对我国粮食安全状况作出实证评价，在实践中检验粮食安全预警系统的可靠性和稳定性。客观衡量和实证评价我国粮食安全或不安全程度，还包括对基于预测的未来粮食安全分析评价，这是国家粮食政策设计和调整的重要基础。

第一节　新型粮食安全预警体系的构架和流程

建立健全粮食安全预警机制，对我国粮食安全状况可能出现的问题提前预报，为有关部门决策提供可靠程度较高的预测信息，进而及时作出相应的调整措施，是切实保障国家粮食安全的必然选择。

一、粮食安全预警体系的基本构架

粮食安全预警系统的总体框架如图 4－1 所示。粮食安全预警是一个由信息收集与整理系统、预警分析系统、警示预报系统、警情调控系统等部分组成的完备体系。

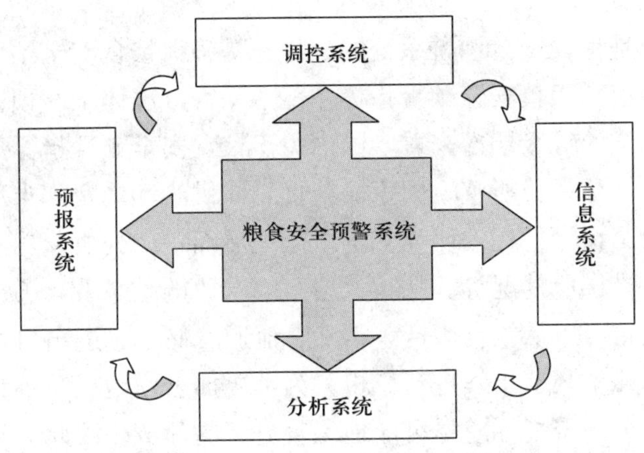

图 4－1　我国粮食安全预警系统的总体框架

1. 信息收集与整理系统

信息系统是整个粮食安全预警体系的输入系统，具体包括数据资料的搜集、加工、整理和初步分析等部分。信息系统是粮食安全预警系统的重要基础，是整个预警体系运转的开始。

如果信息收集与整理不到位，将直接影响到整个预警系统的正常运行。一方面，要注重预警信息的时效性，预先对可能发生的问题和相关要素变量的走势作出早期预报，确保提前对粮食不安全程度作出预警。因此，必须及时收集和整理有关信息资料，否则，早期的粮食安全预警就变成了事后的经济分析，使得预警的真正作用无法发挥。另一方面，要注重预警信息的共享性，由于长期以来的行政管理体制原因，以及粮食安全问题的复杂性、系统性问题，各个职能部门分工不同，且存在一定程度的职能交叉，粮食安全整个产业链条上各个环节如粮食生产、流通、储备、消费、进出口的数据资料分布在不同的部门，如国家发展改革委、农业部、民政部、财政部、国家粮食局、海关总署、国家统计局、中储粮总公司、中粮集团等，由于单位职能的不同和统计口径方法的不同，数据资料存在一定程度的分散性、差异性。因此，充分发挥各部门的优势，建立不同部门之间的协作机制，完善粮食安全预警数据的共享平台，有利于提高信息数据的时效性、准确性、适用性，进一步健全粮食安全预警的信息收集与整理系统。

2. 预警分析系统

分析系统是粮食安全预警系统的核心，是确保粮食安全预警质量的重点和关键，具体包括粮食安全预警指标体系、预警方法体系、预警评价体系。

从粮食安全的等级层次来看，国内关于粮食安全预警指标的研究多数集中在宏观层面，重在分析整个国家的粮食总体供给和消费需求平衡状况，国外关于粮食安全预警指标的研究侧重于微观层面，如分析营养不良人口比重和人均膳食热量供应情况等。从粮食安全的产业链条来看，关于粮食安全预警指标的研究，可以从粮食生产、消费、流通、储备、进出口贸易等某一个环节出发或某几个环节出发进行分析，为了更加全面地反映粮食安全的总体状况，粮食安全预警指标应尽可能地涵盖更多的环节。因此，借鉴国内外粮食安全预警的不同经验，本书从粮食安全的宏观、中观、微观三个层面出发，全面覆盖粮食安全的整个产业链条，筛选确定一套粮食安全预警指标。在构建起预警指标体系的基础上，对总体粮食安全状况以及不同层面粮食安全状况的警级进行划分（分为Ⅰ、Ⅱ、Ⅲ、Ⅳ、Ⅴ五个等级），相应地确定警情层次，分为无警（粮食安全）、轻警（轻度风险）、中警（中度风险）、重警（高度风险）、巨警（粮食危机）五个层次，选择警示灯号，分为绿色、蓝色、橙色、黄色、红色五种灯号，确定不同指标警级警限的取值区间，综合权衡不同层面指标体系以及分层面单个警情指标的权重取值，形成粮食安全预警方法体系。进而，通过预警指标体系和方法体系，对各历史年份的粮食安全程度进行全面评估，在实践中检验预警方法的科学性、合理性和稳定性。

3. 警示预报系统

预报系统是整个粮食安全预警体系的输出系统，通过及时发布预警分析系统的分析结果，为有关部门决策提供可靠程度较高的预测信息，预报粮食安全或不安全的程度，为警情调控系统提供依据。能否及时准确地进行警示预报决定了能否保障粮食安全预警系统的健康运行。

4. 警情调控系统

调控系统是粮食安全预警体系的反馈系统，在信息系统、分析系统、预报系统顺次运转的基础上，针对不同的粮食安全警情，寻求导致粮食不安全的警源，提出各种可供选择的粮食安全调控方案，进而消除警示预报信号，防止出现严重影响粮食安全的局面。为了完成粮食安全预警调控系统的目标任务，将各种备选的粮食安全调整措施指标输入调控系统，对可能采取的不同政策进行模拟，分析某一方案实施后对相关预警指标的影响以及对粮食安全程度的系统影响，比较各种调控方案的优劣，最终权衡确定最优化的紧急政策调控措施以及中长期政策设计方案。

二、粮食安全预警体系的运行流程

粮食安全预警系统的工作流程如图 4-2 所示，总体上分为构建粮食安全预警指标体系、预警方法选择及模型调试构建、分层面预警系统评价分析、预警模型的预测与模拟运行、发布粮食安全警示预报并启动报警程序、寻找警源并探索消警对策、粮食安全应急调整措施以及中长期政策设计等几个主要部分。

首先，构建粮食安全预警指标体系。从宏观层面、中观层面、微观层面，立足于粮食生产、流通、储备、进出口贸易等整个粮食产业链条的不同环节，充分考虑数据的可获得性，筛选出能够衡量和反映粮食安全程度的若干指标，形成一套科学合理、实用可行的预警指标体系。

其次，搜集准备粮食安全相关数据，选择预警方法，调试构建预警模型。建立不同部门之间的数据共享平台，统一整合相关部门之间的数据，完善粮食安全预警数据库，包括历史数据搜集整理和未来粮食安全相关数据的预测。根据历史数据，运用相关统计分析方法和专家分析判断，划分不同预警指标的警度区间，确定反映粮食安全程度的警级和警限范围，同时确定不同层面指标体系以及分层面单个警情指标的权重取值。进而选择确定粮食安全预警的方法，调试构建粮食安全预警模型。

再次，进行粮食安全预警系统评价分析，实证研究历年粮食安全程度，在实践中进一步检验粮食安全预警系统可靠性和稳定性，包括对宏观层面、

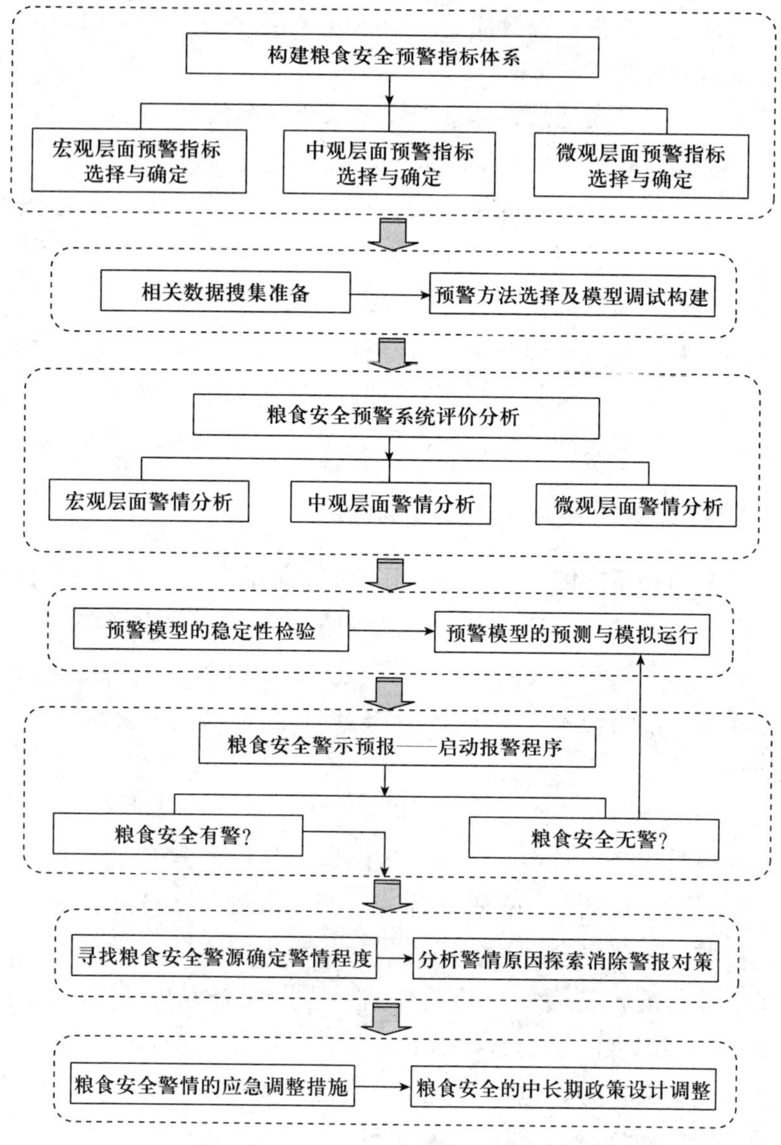

图 4-2　我国粮食安全预警系统的工作流程

中观层面和微观层面的各项警情分析，进而对三个不同层面以及总体的粮食安全程度进行系统定量分析。

另外，基于定量模型预测、不同部门预测以及专家会商预测的相关数据，模拟运行粮食安全预警模型，对未来粮食安全或不安全程度作出判断，根据不同警度发出粮食安全信号警示预报（绿灯、蓝灯、橙灯、黄灯、红灯），启动报警程序，进而确定粮食安全有警还是无警，如果处于无警状态，返回预警模型的模拟运行，继续监测粮食安全或不安全动态，如果有预警警情出现，立即进入下一步预警程序。

最后，根据预警模型发布的警情信号，确定警情的严重程度，寻找导致粮食不安全的主要原因（警源），为有关部门决策提供可靠程度较高的预测信息，探索消除警报的对策方案，进而作出相应的保障粮食安全的调整措施，一方面要采取紧急的粮食安全应急调整措施，另一方面从中长期着手进行粮食安全的政策设计调整，同时对政策效果进行模拟和预测。

第二节　新型粮食安全预警体系的理论探索

本部分重点研究粮食安全预警指标体系的设置与构建问题，包括指标选择及其理论依据、指标的分类分级等，从而形成一套科学合理、可操作性强的粮食安全预警指标体系。

要对当前我国粮食安全状况作出客观评价，对未来粮食安全作出科学预测，就必须有定量的数据指标和合理的理论体系。建立科学合理的粮食安全指标体系是进行粮食安全预警机制研究的一项重要的基础性工作。本书进行粮食安全预警的基本要求和任务重在回答以下问题，如粮食安全或不安全的总体程度如何？粮食供求是否处于安全状态？粮食供求是否存在结构性问题？低收入群体的粮食可获得性保障程度如何？影响粮食安全的因素有哪些？以及这些因素影响程度如何？因此，必须制定出一套粮食安全预警指标体系，定量地对上述一系列问题作出回答。

本书选择和设置粮食安全预警指标体系的基本原则是：

（1）能够全面客观评估粮食安全程度

（2）能够系统反映影响粮食安全的主要因素

（3）能够方便有效地对粮食安全进行预测预报

粮食安全预警指标体系的主要特点包括：

1. 全面性

预警指标体系尽量涵盖粮食安全的各个方面，全面反映粮食安全的状况。

2. 层次性

预警指标体系应从宏观层面、中观层面、微观层面三个不同的层次选取，归类分层。

3. 系统性

预警指标体系应从整个粮食产业链条出发，系统涉及粮食生产、流通、储备、消费、进出口等各个环节。

4. 可操作性

预警指标体系必须充分考虑数据的可获得性，否则再完美的预警体系也会成为空中楼阁。

如图 4－3 所示，本书提出的粮食安全预警指标是一个由多要素组成的复合体系，涉及宏观、中观、微观三个不同层面，涵盖生产、消费、储备、

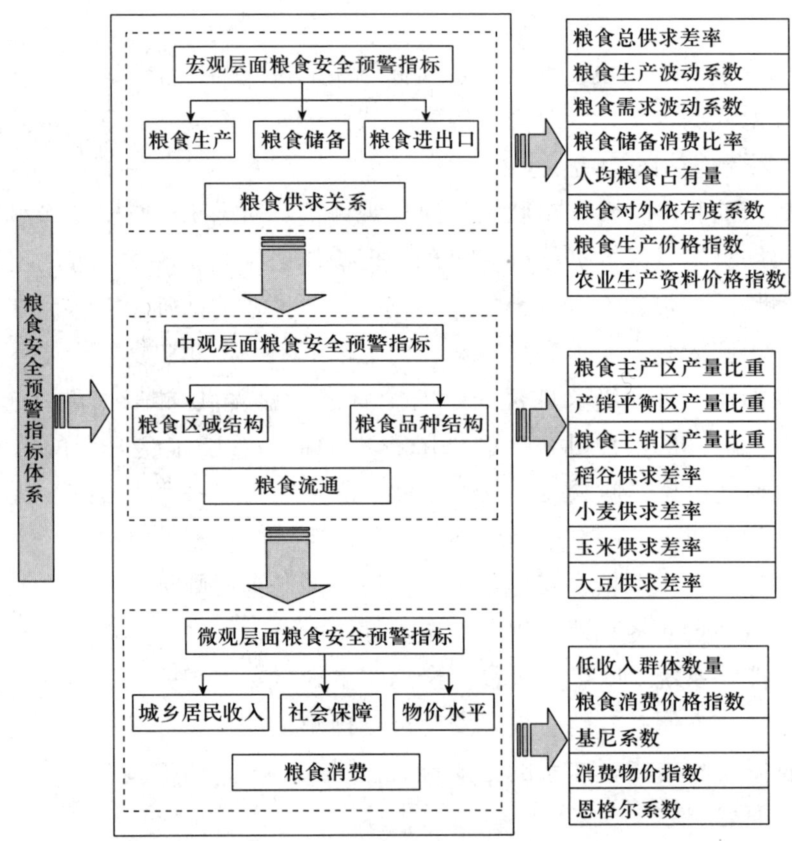

图 4－3　粮食安全预警指标体系

贸易等产业链条各个环节，较为系统全面地考虑了我国粮食安全的影响因素，共筛选了20项指标。其中，宏观层面选取了8项指标，包括粮食总供给与总需求差率、粮食生产波动系数、粮食需求波动系数、粮食库存消费比、人均粮食占有量、粮食对外依存度系数、粮食生产价格上涨率、农业生产资料价格上涨率；中观层面选取了7项指标，包括粮食主产区产粮比重、粮食产销平衡区产粮比重、粮食主销区产粮比重、稻谷供求差率、小麦供求差率、玉米供求差率、大豆供求差率；微观层面选取了5项指标，包括低收入群体数量、粮食消费价格上涨率、基尼系数、居民消费价格指数CPI、恩格尔系数。该指标体系能够客观合理地衡量我国粮食安全状况，对未来粮食安全预警提供科学可靠的基础保障。

一、预警指标权重的专家判断决策

层次分析法（Analytic Hierarchy Process）简称AHP方法，是20世纪70年代末美国匹兹堡大学教授萨迪（T. L. Saaty）提出的对一种多层次权重解释法。AHP方法的基本原理是把复杂问题分解成若干组成要素，又将这些因素按支配关系分组形成递阶层次结构，按照某一准则，通过两两比较的方式判断确定层次中不同因素的相对重要性，确定不同因素相对重要性的总的排序，以此计算各层要素的权重。

AHP方法与其他方法相比具有不可比拟的优势，其能以定性与定量相结合的方法处理各种决策要素，将专家的判断用数量形式表达和处理，解决许多用传统的最优化技术无法着手的实际问题。这一方法在最大程度克服主观因素的前提下，尽可能全面系统地考虑所有的影响因素，以得出相对更为科学准确的结论。AHP方法体现了人的决策思维的基本特征，即分解、判断、综合，其由于系统性、灵活性、实用性等特点，能够适用于多目标、多层次、多因素的复杂系统决策，越来越受到重视，而在社会、经济、军事、规划等多个领域得到了广泛的应用。

AHP方法主要包括建立递阶层次结构模型、构造两两比较判断矩阵、层次单排序判断、矩阵的一致性检验和层次总排序等几个步骤。

1. 构建判断矩阵

在粮食全预警指标体系中，每一个因素和该要素所支配的下一层因素构成一个子区域，对于该子区域内部的各个因素构建若干个重要性判断矩阵。假设总目标因素$\overline{A}$与下层因素A_1、A_2、A_3……A_n相联系，重要性判断矩阵$\overline{A}$如表 4－1 所示。

表 4－1　因素相对重要性判断矩阵

A	A_1	A_2	A_3	……	A_n
A_1	a_{11}	a_{12}	a_{13}		a_{1n}
A_2	a_{21}	a_{22}	a_{23}		a_{2n}
A_3	a_{31}	a_{32}	a_{33}		a_{3n}
……					
A_n	a_{n1}	a_{n2}	a_{n3}		a_{nn}

其中，不同因素相对重要性判断矩阵 1～9 度及其含义如表 4－2 所示。

表 4－2　因素相对重要性判断矩阵 1～9 度及其含义

指标相对重要程度标度	含　义
1	i 因素与 j 因素相比，具有同样地重要性
3	i 因素与 j 因素相比，前者比后者略重要
5	i 因素与 j 因素相比，前者比后者较重要
7	i 因素与 j 因素相比，前者比后者很重要
9	i 因素与 j 因素相比，前者比后者极重要
2、4、6、8	i 因素与 j 因素相比，结果处于以上标度的中间
1/3	i 因素与 j 因素相比，前者比后者略不重要
1/5	i 因素与 j 因素相比，前者比后者较不重要
1/7	i 因素与 j 因素相比，前者比后者很不重要
1/9	i 因素与 j 因素相比，前者比后者极不重要

2. 层次单排序

层次单排序是指通过判断矩阵计算对于上一层次的某元素A_k而言本层次与之有联系的元素重要性次序的权重值，这一步骤主要是通过计算判断矩阵的特征向量和特征根，实现对权重值的赋值。即对于判断矩阵A_k，求满足$A_K W = \lambda_{max} W$的特征根和特征向量，主要有和法、根法和幂法等方法。λ_{max}为A_k的最大特征根，W为对应于λ_{max}的正规化特征向量，W的分量W_i就是对应元素的权值。另外，建立两两判断矩阵后，保持判断思维的一致性非常重要，因此应采用矩阵一致性指标CI（Consistence Index）对判断矩阵的一致性进行检验。其公式为：

$$CI=\frac{\lambda_{\max}-n}{n-1}$$

判断矩阵的一致性比值 CR（Consistence Rate）为：

$$CR=\frac{CI}{RI}$$

当 $CR<0.10$ 时，认为判断矩阵通过一致性检验，所求 W 值才有效，否则判断矩阵就需要调整，直到满足一致性要求。其中 RI 为判断矩阵的平均随机一致性指标，对于1～9矩阵，其值如表1-3所示。

当 $CR=0.10$ 时，最大特征值为：

$$\lambda'_{\max}=CI\times(n-1)+n=CR\times RI\times(n-1)+n=0.1\times RI\times(n-1)+n$$

其取值如表4-3所示。

表4-3 随机指标 RI，$\lambda'_{\max}$ 取值表

n	1	2	3	4	5	6	7	8	9
RI	0	0	0.58	0.90	1.12	1.24	1.32	1.41	1.45
$\lambda'_{\max}$			3.116	4.27	5.45	6.62	7.79	8.99	10.16

3. 层次总排序

总排序是指计算同一层次所有因素对于最高层总目标相对重要性的排序。这一过程由最高层次到最低层次逐层进行。如果上一层次 A 包含 m 个要素 A_1，A_2……A_m，其层次总排序的权值分别为 a_l，a_2……，下一层次 B 包括 n 个因素 B_1，B_2……，它们对于因素 A_i 的层次单排序权值分别为 b_1，b_2……b_n。这时，下一层次总排序值 $W_j=\sum_{i=1}^{m}a^ib_j^i$，最后可以计算出指标层不同元素对于总目标的权重。

本书为了确定我国粮食安全预警指标体系的权重，基于层次分析法（AHP）设计了专家调查问卷（见附录），广泛征求政府部门、科研机构和高校相关专家的意见建议，共发放问卷40份，收回问卷37份，通过层次分析法软件（YAAHP 0.5.2）进行数据评估检验，其中有效问卷35份，这些调查问卷的发放对象主要是中央农村工作领导小组办公室、中央政策研究室、国家发展和改革委员会、农业部、国家粮食局等政府部门，国务院发展研究中心、国家发展和改革委员会宏观经济研究院、中国农业科学院、农业部农村经济研究中心、农业部农业贸易促进中心、国家粮食局科学研究院、中国粮食研究培训中心等科研机构，以及中国农业大学、中国人民大学、浙江大学、南京农业大学、西北农林科技大学等高校粮食安全研究领域的知名专家学者。

针对收回的35份有效专家问卷，通过层次分析法软件（YAAHP 0.5.2）测算得到各评价指标权重并对结果进行分析。总体来看，专家学者对于粮食安全指标权重的群决策认为，按照重要程度从大到小依次为宏观层面（权重为0.508 5）、微观层面（权重为0.273 5）、中观层面（权重为0.218 0）。具体来看，专家学者对于不同层面粮食安全的重要程度存在不同意见，大致可以分为四类，其中多数农业部门和科研机构及高校学者（26位专家学者）认为，宏观层面粮食安全指标重要程度最高，如专家A对预警指标权重的判断结果，按照重要程度从大到小依次为宏观层面（权重为0.669 2）、中观层面（权重为0.176 4）、微观层面（权重为0.154 4）；部分粮食部门和科研机构学者（3位专家学者）则认为，中观层面粮食安全指标重要程度最高，如专家B对预警指标权重的判断结果，按照重要程度从大到小依次为中观层面（权重为0.448 4）、微观层面（权重为0.321 3）、宏观层面（权重为0.230 2）；部分科研机构及高校学者（5位专家学者）则认为，微观层面粮食安全指标重要程度最高，如专家C对预警指标权重的判断结果，按照重要程度从大到小依次为微观层面（权重为0.551 4）、宏观层面（权重为0.231 8）、中观层面（权重为0.216 8）；另外有的专家学者（1位）则认为，宏观层面、中观层面和微观层面粮食安全重要程度相同，如专家D对预警指标权重的判断结果为三个不同层面指标权重各为1/3。

对此，本书选取分别倾向于宏观层面、中观层面和微观层面的三类独立专家学者代表，将其对粮食安全预警指标的判断决策结果作具体报告。

（一）第一层级指标倾向独立专家判断决策

根据调查问卷统计分析，共有26位专家学者的判断决策结果为宏观层面重要程度最高，以专家A为代表。宏观层面倾向的独立专家群体认为，宏观层面的粮食安全是实现整体粮食安全的先决条件，在很大程度上决定了中观层面和微观层面粮食安全的实现，因此必须保障总量供需平衡，如果供应总量出现问题，必定会影响到一个国家的粮食安全，从这个意义上来说，宏观层面的重要程度要高于中观层面和微观层面。

1. 总体层级指标判断矩阵

专家A对总体层面指标判断矩阵见表4-4。该专家认为，宏观层面粮食安全对保障我国整体粮食安全的重要性最大，也就是说更重视粮食安全实现的基础和前提。

表4-4　专家A总体层级指标判断矩阵

粮食安全	中观层面	宏观层面	微观层面	临界值	一致性检验
中观层面	1.000 0	0.201 9	1.491 8	$\lambda'_{max}=3.116$	$\lambda_{max}=3.0715$
宏观层面	4.953 0	1.000 0	3.320 1	$CR'=0.1$	$CR=0.0688$
微观层面	0.670 3	0.301 2	1.000 0	$\lambda_{max}<\lambda'_{max}$　$CR<CR'$	
权重赋值	0.176 4	0.669 2	0.154 4	一致性检验通过	

注：标度类型：e^(0/5) ～e^(8/5)。

2. 第一层级指标判断矩阵

专家A对宏观层面指标判断矩阵见表4-5。该专家认为，粮食总供求差率、粮食生产波动系数和粮食需求波动系数等预警指标相比而言更加重要。

表4-5　专家A第一层级指标判断矩阵

指标	$H1$	$H2$	$H3$	$H4$	$H5$	$H6$	$H7$	$H8$	临界值	一致性检验
$H1$	1.000 0	2.225 5	1.491 8	1.491 8	1.491 8	3.320 1	1.491 8	1.491 8	λ'_{max} $=8.99$	λ_{max} $=8.5038$
$H2$	0.449 3	1.000 0	1.491 8	2.225 5	1.491 8	1.491 8	3.320 1	2.225 5		
$H3$	0.670 3	0.670 3	1.000 0	2.225 5	1.491 8	1.491 8	1.491 8	1.491 8	$CR'=0.1$	CR $=0.0510$
$H4$	0.670 3	0.449 3	0.449 3	1.000 0	1.491 8	1.491 8	2.225 5	1.491 8		
$H5$	0.670 3	0.670 3	0.670 3	0.670 3	1.000 0	1.491 8	1.491 8	1.491 8	$\lambda_{max}<\lambda'_{max}$ $CR<CR'$	
$H6$	0.301 2	0.670 3	0.670 3	0.670 3	0.670 3	1.000 0	1.491 8	1.491 8		
$H7$	0.670 3	0.301 2	0.670 3	0.449 3	0.670 3	0.670 3	1.000 0	3.320 1	一致性检验通过	
$H8$	0.670 3	0.449 3	0.670 3	0.670 3	0.670 3	0.670 3	0.301 2	1.000 0		
Wi	0.195 4	0.176 8	0.144 7	0.118 5	0.112 7	0.092 3	0.087 8	0.071 9		

注：指标 $H1$、$H2$、$H3$、$H4$、$H5$、$H6$、$H7$、$H8$ 分别表示粮食总供求差率、粮食生产波动系数、粮食需求波动系数、粮食库存消费比、人均粮食占有量、粮食对外依存度、粮食生产价格上涨率、农业生产资料价格上涨率，Wi 表示指标权重赋值，标度类型：e^(0/5) ～e^(8/5)。

3. 第二层级指标判断矩阵

专家A对中观层面指标判断矩阵见表4-6。该专家认为，粮食主产区产量比重和粮食产销平衡区产量比重等预警指标相比而言更加重要。

表 4－6　专家 A 第二层级指标判断矩阵

指标	Z1	Z2	Z3	Z4	Z5	Z6	Z7	临界值	一致性检验
Z1	1.000 0	1.491 8	1.491 8	3.320 1	3.320 1	3.320 1	1.491 8	λ'_{max} = 7.79	λ_{max} = 7.541 1
Z2	0.670 3	1.000 0	2.225 5	3.320 1	3.320 1	3.320 1	3.320 1		
Z3	0.670 3	0.449 3	1.000 0	1.491 8	1.491 8	1.491 8	1.491 8	CR' = 0.1	CR = 0.066 3
Z4	0.301 2	0.301 2	0.670 3	1.000 0	1.491 8	1.491 8	1.491 8		
Z5	0.301 2	0.301 2	0.670 3	0.670 3	1.000 0	1.491 8	1.491 8	$\lambda_{max} < \lambda'_{max}$ $CR < CR'$	
Z6	0.301 2	0.301 2	0.670 3	0.670 3	0.670 3	1.000 0	4.953 0		
Z7	0.670 3	0.301 2	0.670 3	0.670 3	0.670 3	0.201 9	1.000 0	一致性检验通过	
Wi	0.250 1	0.264 9	0.133 4	0.100 3	0.089 4	0.094 7	0.067 2		

注：指标 Z1、Z2、Z3、Z4、Z5、Z6、Z7 分别表示粮食主产区产量比重、粮食产销平衡区产量比重、粮食主销区产量比重、稻谷供求差率、小麦供求差率、玉米供求差率、大豆供求差率，Wi 表示指标权重赋值，标度类型：e^(0/5)～e^(8/5)。

4. 第三层级指标判断矩阵

专家 A 对微观层面指标判断矩阵见表 4－7。该专家认为，低收入群体数量和粮食消费价格上涨率等预警指标相比而言更加重要。

表 4－7　专家 A 第三层级指标判断矩阵

指标	W1	W2	W3	W4	W5	临界值	一致性检验
W1	1.000 0	2.718 3	2.225 5	2.225 5	3.320 1	λ'_{max} = 5.45	λ_{max} = 5.37
W2	0.367 9	1.000 0	3.320 1	1.491 8	3.320 1		
W3	0.449 3	0.301 2	1.000 0	2.225 5	3.320 1	CR' = 0.1	CR = 0.082 6
W4	0.449 3	0.670 3	0.449 3	1.000 0	2.225 5		
W5	0.301 2	0.301 2	0.301 2	0.449 3	1.000 0	$\lambda_{max} < \lambda'_{max}$	$CR < CR'$
Wi	0.370 4	0.248 3	0.173 2	0.136 3	0.071 8	一致性检验通过	

注：指标 W1、W2、W3、W4、W5 分别表示低收入群体数量、粮食消费价格上涨率、基尼系数、居民消费价格指数、恩格尔系数，Wi 表示指标权重赋值，标度类型：e^(0/5)～e^(8/5)。

（二）第二层级指标倾向独立专家判断决策

根据调查问卷统计分析，共有 3 位专家学者的判断决策结果为中观层面重要程度最高，以专家 B 为代表。中观层面倾向的独立专家群体认为，中观层面的粮食安全是实现粮食安全的重要方面，也是很容易被轻视的一个领域，其在一定程度上决定了微观层面粮食安全的实现，如果粮食供应在区域结构和品种结构上得不到合理有效的配置，即使在总量上实现供需平衡，也同样会出现粮食安全问题，从这个意义上来说，中观层面的重要程度要高于宏观层面和微观层面。

1. 总体层级指标判断矩阵

专家 B 对总体层面指标判断矩阵见表 4－8。该专家认为，中观层面粮食安全对保障我国整体粮食安全的重要性最大，也就是说更重视粮食安全科学合理的结构配置和效率。

表 4－8　专家 B 总体层级指标判断矩阵

粮食安全	中观层面	宏观层面	微观层面	临界值	一致性检验
中观层面	1.000 0	1.822 1	1.491 8	$\lambda'_{max}=3.116$	$\lambda_{max}=3.0044$
宏观层面	0.548 8	1.000 0	0.670 3	$CR'=0.1$	$CR=0.0043$
微观层面	0.670 3	1.491 8	1.000 0	$\lambda_{max}<\lambda'_{max}$　$CR<CR'$	
权重赋值	0.448 4	0.230 2	0.321 3	一致性检验通过	

注：标度类型：e^(0/5)～e^(8/5)。

2. 第一层级指标判断矩阵

专家 B 对宏观层面指标判断矩阵见表 4－9。该专家认为，粮食总供求差率、粮食库存消费比和粮食生产波动系数等预警指标相比而言更加重要。

表 4－9　专家 B 第一层级指标判断矩阵

指标	*H*1	*H*2	*H*3	*H*4	*H*5	*H*6	*H*7	*H*8	临界值	一致性检验
*H*1	1.000 0	1.491 8	1.822 1	1.221 4	1.491 8	2.225 5	1.491 8	1.221 4	$\lambda'_{max}=8.99$	$\lambda_{max}=8.078$
*H*2	0.670 3	1.000 0	1.221 4	0.818 7	1.000 0	1.221 4	1.491 8	1.822 1		
*H*3	0.548 8	0.818 7	1.000 0	0.670 3	0.670 3	1.000 0	0.818 7	1.221 4	$CR'=0.1$	$CR=0.0079$
*H*4	0.818 7	1.221 4	1.491 8	1.000 0	1.000 0	1.822 1	1.491 8	1.822 1		
*H*5	0.670 3	1.000 0	1.491 8	1.000 0	1.000 0	1.491 8	1.000 0	1.221 4	$\lambda_{max}<\lambda'_{max}$　$CR<CR'$	
*H*6	0.449 3	0.818 7	1.000 0	0.548 8	0.670 3	1.000 0	0.670 3	0.818 7		
*H*7	0.670 3	0.670 3	1.221 4	0.670 3	1.000 0	1.491 8	1.000 0	1.491 8	一致性检验通过	
*H*8	0.818 7	0.548 8	0.818 7	0.548 8	0.818 7	1.221 4	0.670 3	1.000 0		
Wi	0.177 1	0.134 5	0.099 6	0.156 3	0.131 2	0.087 9	0.118 7	0.094 8		

注：指标 *H*1、*H*2、*H*3、*H*4、*H*5、*H*6、*H*7、*H*8 分别表示粮食总供求差率、粮食生产波动系数、粮食需求波动系数、粮食库存消费比、人均粮食占有量、粮食对外依存度、粮食生产价格上涨率、农业生产资料价格上涨率，*Wi* 表示指标权重赋值，标度类型：e^(0/5)～e^(8/5)。

3. 第二层级指标判断矩阵

专家B对中观层面指标判断矩阵见表4-10。该专家认为，稻谷供求差率和小麦供求差率等预警指标相比而言更加重要。

表4-10　专家B第二层级指标判断矩阵

指标	Z1	Z2	Z3	Z4	Z5	Z6	Z7	临界值	一致性检验
Z1	1.000 0	1.822 1	2.718 3	0.548 8	0.670 3	0.818 7	0.818 7	$\lambda'_{max}=7.79$	$\lambda_{max}=7.026\ 2$
Z2	0.548 8	1.000 0	1.491 8	0.449 3	0.548 8	0.670 3	0.670 3		
Z3	0.367 9	0.670 3	1.000 0	0.301 2	0.367 9	0.449 3	0.449 3	$CR'=0.1$	$CR=0.003\ 2$
Z4	1.822 1	2.225 5	3.320 1	1.000 0	1.221 4	1.491 8	1.491 8		
Z5	1.491 8	1.822 1	2.718 3	0.818 7	1.000 0	1.221 4	1.221 4	$\lambda_{max}<\lambda'_{max}$ $CR<CR'$	
Z6	1.221 4	1.491 8	2.225 5	0.670 3	0.818 7	1.000 0	1.000 0		
Z7	1.221 4	1.491 8	2.225 5	0.670 3	0.818 7	1.000 0	1.000 0	一致性检验通过	
Wi	0.137 2	0.094 7	0.063 4	0.223 0	0.182 6	0.149 5	0.149 5		

注：指标Z1、Z2、Z3、Z4、Z5、Z6、Z7分别表示粮食主产区产量比重、粮食产销平衡区产量比重、粮食主销区产量比重、稻谷供求差率、小麦供求差率、玉米供求差率、大豆供求差率，Wi表示指标权重赋值，标度类型：e^(0/5)～e^(8/5)。

4. 第三层级指标判断矩阵

专家B对微观层面指标判断矩阵见表4-11。该专家认为，低收入群体数量和粮食消费价格上涨率等预警指标相比而言更加重要。

表4-11　专家B第三层级指标判断矩阵

指标	W1	W2	W3	W4	W5	临界值	一致性检验
W1	1.000 0	0.818 7	1.221 4	1.000 0	1.221 4	$\lambda'_{max}=5.45$	$\lambda_{max}=5.004\ 8$
W2	1.221 4	1.000 0	1.491 8	1.221 4	1.221 4		
W3	0.818 7	0.670 3	1.000 0	0.818 7	1.000 0	$CR'=0.1$	$CR=0.001\ 1$
W4	1.000 0	0.818 7	1.221 4	1.000 0	1.221 4		
W5	0.818 7	0.818 7	1.000 0	0.818 7	1.000 0	$\lambda_{max}<\lambda'_{max}$　$CR<CR'$	
Wi	0.206 4	0.242 2	0.169 0	0.206 4	0.175 9	一致性检验通过	

注：指标W1、W2、W3、W4、W5分别表示低收入群体数量、粮食消费价格上涨率、基尼系数、居民消费价格指数、恩格尔系数，Wi表示指标权重赋值，标度类型：e^(0/5)～e^(8/5)。

（三）第三层级指标倾向独立专家判断决策

根据调查问卷统计分析，共有5位专家学者的判断决策结果为微观层面重要程度最高，以专家C为代表。微观层面倾向的独立专家群体认为，微观层面粮食安全是实现粮食安全的最终目标，宏观和中观层面粮食安全是微观层面粮食安全实现的前提，但并不必然能保障整体粮食安全，只有充分保障居民的食物获取权，最终消费到所需要的粮食，才能真正实现达到粮食安全，从这个意义上来说，微观层面的重要程度要高于宏观层面和中观层面。

1. 总体层级指标判断矩阵

专家C对总体层面指标判断矩阵见表4－12。该专家认为，微观层面粮食安全对保障我国整体粮食安全的重要性最大，也就是说更重视家庭居民的食物可获得性。

表4－12　专家C总体层级指标判断矩阵

粮食安全	中观层面	宏观层面	微观层面	临界值	一致性检验
中观层面	1.000 0	0.818 7	0.449 3	$\lambda'_{max}=3.116$	$\lambda_{max}=3.0178$
宏观层面	1.221 4	1.000 0	0.367 9	$CR'=0.1$	$CR=0.0171$
微观层面	2.225 5	2.718 3	1.000 0	$\lambda_{max}<\lambda'_{max}$	$CR<CR'$
权重赋值	0.216 8	0.231 8	0.551 4	一致性检验通过	

注：标度类型：e^(0/5)～e^(8/5)。

2. 第一层级指标判断矩阵

专家C对宏观层面指标判断矩阵见表4－13。该专家认为，粮食对外依存度、粮食库存消费比和粮食总供求差率等预警指标相比而言更加重要。

表4－13　专家C第一层级指标判断矩阵

指标	*H*1	*H*2	*H*3	*H*4	*H*5	*H*6	*H*7	*H*8	临界值	一致性检验
*H*1	1.000 0	1.221 4	3.320 1	0.301 2	1.000 0	1.221 4	4.055 2	4.055 2	$\lambda'_{max}=$	$\lambda_{max}=$
*H*2	0.818 7	1.000 0	2.225 5	0.301 2	0.548 8	1.000 0	1.822 1	1.822 1	8.99	8.391 1
*H*3	0.301 2	0.449 3	1.000 0	0.301 2	0.301 2	0.548 8	0.818 7	0.818 7	$CR'=0.1$	$CR=$
*H*4	3.320 1	3.320 1	3.320 1	1.000 0	1.221 4	1.000 0	1.822 1	1.822 1		0.039 6
*H*5	1.000 0	1.822 1	3.320 1	0.818 7	1.000 0	1.221 4	1.822 1	1.822 1	$\lambda_{max}<\lambda'_{max}$	
*H*6	0.818 7	1.000 0	1.822 1	1.000 0	0.818 7	1.000 0	1.491 8	1.491 8	$CR<CR'$	
*H*7	0.246 6	0.548 8	1.221 4	0.548 8	0.548 8	0.670 3	1.000 0	1.000 0	一致性检验通过	
*H*8	0.246 6	0.548 8	1.221 4	0.548 8	0.548 8	0.670 3	1.000 0	1.000 0		
Wi	0.170 2	0.114 1	0.058 1	0.213 2	0.166 0	0.129 3	0.074 6	0.074 6		

注：指标*H*1、*H*2、*H*3、*H*4、*H*5、*H*6、*H*7、*H*8分别表示粮食总供求差率、粮食生产波动系数、粮食需求波动系数、粮食库存消费比、人均粮食占有量、粮食对外依存度、粮食生产价格上涨率、农业生产资料价格上涨率，*Wi*表示指标权重赋值，标度类型：e^(0/5)～e^(8/5)。

3. 第二层级指标判断矩阵

专家C对中观层面指标判断矩阵见表4-14。该专家认为，粮食主产区产量比重和小麦供求差率等预警指标相比而言更加重要。

表4-14　专家C第二层级指标判断矩阵

指标	Z1	Z2	Z3	Z4	Z5	Z6	Z7	临界值	一致性检验
Z1	1.000 0	1.000 0	1.822 1	1.822 1	1.822 1	1.822 1	1.000 0	λ'_{max} = 7.79	λ_{max} = 7.449 4
Z2	1.000 0	1.000 0	0.449 3	0.670 3	0.670 3	0.670 3	0.449 3		
Z3	0.548 8	2.225 5	1.000 0	0.449 3	0.449 3	0.449 3	0.367 9	CR' = 0.1	CR = 0.055 1
Z4	0.548 8	1.491 8	2.225 5	1.000 0	0.818 7	1.000 0	1.491 8		
Z5	0.548 8	1.491 8	2.225 5	1.221 4	1.000 0	1.491 8	2.225 5	$\lambda_{max} < \lambda'_{max}$ $CR < CR'$	
Z6	0.548 8	1.491 8	2.225 5	1.000 0	0.670 3	1.000 0	1.221 4		
Z7	1.000 0	2.225 5	2.718 3	0.670 3	0.449 3	0.818 7	1.000 0	一致性检验通过	
Wi	0.193 5	0.092 1	0.086 9	0.154 0	0.182 7	0.145 4	0.145 4		

注：指标Z1、Z2、Z3、Z4、Z5、Z6、Z7分别表示粮食主产区产量比重、粮食产销平衡区产量比重、粮食主销区产量比重、稻谷供求差率、小麦供求差率、玉米供求差率、大豆供求差率，Wi表示指标权重赋值，标度类型：e^(0/5) ～e^(8/5)。

4. 第三层级指标判断矩阵

专家C对微观层面指标判断矩阵见表4-15。该专家认为，低收入群体数量和粮食消费价格上涨率等预警指标相比而言更加重要。

表4-15　专家C第三层级指标判断矩阵

指标	W1	W2	W3	W4	W5	临界值	一致性检验
W1	1.000 0	2.225 5	2.225 5	1.491 8	1.000 0	λ'_{max} = 5.45	λ_{max} = 5.075 6
W2	0.449 3	1.000 0	0.818 7	1.221 4	0.548 8		
W3	0.449 3	1.221 4	1.000 0	1.000 0	0.301 2	CR' = 0.1	CR = 0.016 9
W4	0.670 3	0.818 7	1.000 0	1.000 0	0.449 3		
W5	1.000 0	1.822 1	3.320 1	2.225 5	1.000 0	$\lambda_{max} < \lambda'_{max}$	$CR < CR'$
Wi	0.277 1	0.140 4	0.129 6	0.140 4	0.312 5	一致性检验通过	

注：指标W1、W2、W3、W4、W5分别表示低收入群体数量、粮食消费价格上涨率、基尼系数、居民消费价格指数、恩格尔系数，Wi表示指标权重赋值，标度类型：e^(0/5) ～e^(8/5)。

（四）专家群决策结果

针对35位专家学者的判断决策结果，通过YAAHP 0.5.2软件，利用群决策控制，加权平均计算出最终指标体系权重群决策计算结果，如表4-16所示。

表 4-16　粮食安全预警警情指标、警级界限、警示灯号和指标权重

警级			Ⅰ	Ⅱ	Ⅲ	Ⅳ	Ⅴ	指标权重	
警情			无警	轻警	中警	重警	巨警		
警灯			绿色	蓝色	橙色	黄色	红色		
警情指标及相应警限	宏观层面	1. 粮食总供求差率（%）	−5～5	−8～−5；5～8	−11～−8；8～11	−15～−11；11～15	<−15；>15	0.083 7	0.508 5
		2. 粮食生产波动系数（%）	−0.5～1.5	−1.5～−0.5；1.5～4.0	−3～−1.5；4～7	−5～−3；7～10	<−5；>10	0.066 3	
		3. 粮食需求波动系数（%）	−1.5～0.5	−2.5～−1.5；0.5～2.0	−4～−2.5；2～4	−6～−4；4～6	<−6；>6	0.051 0	
		4. 粮食库存消费比（%）	30～40	25～30；40～45	20～25；45～50	15～20；50～55	<15；>55	0.071 8	
		5. 人均粮食占有量（千克）	390～400	375～390；400～410	360～375；410～420	345～360；420～430	<345；>430	0.078 7	
		6. 粮食对外依存度系数（%）	0～5	−5～0；5～10	−5～−7；10～15	−7～−10；15～20	<−10；>20	0.056 5	
		7. 粮食生产价格上涨率（%）	5～15	0～5；15～20	−5～0；20～25	−10～−5；25～30	<−10；>30	0.057 1	
		8. 农业生产资料价格上涨率（%）	−5～5	−10～−5；5～10	−15～−10；10～15	−20～−15；15～20	<−20；>20	0.043 4	

（续）

警级			Ⅰ	Ⅱ	Ⅲ	Ⅳ	Ⅴ	指标权重	
警情			无警	轻警	中警	重警	巨警		
警灯			绿色	蓝色	橙色	黄色	红色		
警情指标及相应警限	中观层面	9. 主产区粮食产量比重（%）	55～65	65～70	70～75	75～80	＞80	0.042 4	0.218 0
		10. 产销平衡区粮食产量比重（%）	20～24	17.5～20	15～17.5	12.5～15	＜12.5	0.028 2	
		11. 主销区粮食产量比重（%）	16～20	12～16	8～12	4～8	＜4	0.022 4	
		12. 稻谷供求差率（%）	0～8	−4～0；8～12	−8～−4；12～16	−12～−8；16～20	＜−12；＞20	0.038 5	
		13. 小麦供求差率（%）	0～8	−6～0；8～12	−12～−6；12～16	−18～−12；16～20	＜−18；＞20	0.033 2	
		14. 玉米供求差率（%）	0～12	−6～0；12～18	−12～−6；18～24	−18～−12；24～30	＜−18；＞30	0.029 6	
		15. 大豆供求差率（%）	0～30	−25～0；30～50	−50～−25；50～70	−75～−50；70～90	＜−75；＞90	0.023 7	
警情指标及相应警限	微观层面	16. 低收入群体数量（万人）	0	0～5 000	5 000～15 000	15 000～25 000	＞25 000	0.071 8	0.273 5
		17. 粮食消费价格指数（%）	＜5	5～10	10～15	15～20	＞20	0.061 3	
		18. 基尼系数	＜0.2	0.2～0.3	0.3～0.4	0.4～0.5	＞0.5	0.049 4	
		19. CPI 上涨率（%）	−2～5	5～10	10～15	15～20	＞20	0.048 3	
		20. 恩格尔系数（%）	＜40	40～50	50～60	60～70	＞70	0.042 7	

注：①基于对我国粮食安全历史与现实状况的经验判断，粮食安全存在短缺风险和过剩风险，如过剩风险可能会导致粮食供需失衡、粮食价格低迷、库存压力过大，农民粮食生产积极性受挫，财政压力难承重负，极容易导致粮食生产的大幅波动，引起新一轮的粮食短缺风险。由此，本书对指标警级界限采取了双向取值区间，如粮食总供求差率、粮食生产波动系数、粮食需求波动系数、粮食库存消费比、大豆供求差率、粮食对外依存度系数、粮食生产价格上涨率、农业生产资料价格上涨率、稻谷供求差率、小麦供求差率、玉米供求差率、人均粮食占有量等。

② 指标权重在35份专家调查问卷的基础上，运用层次分析法（AHP）确定；标度类型：$e^{(0/5)}$ ～$e^{(8/5)}$；群决策——专家数据集结方法：各专家排序向量加权几何平均。

由表中权重可以看出：

对于总体层面指标，群决策认为要全面考虑粮食安全不同层面的指标，但按照重要程度从大到小依次为宏观层面、微观层面、中观层面，指标权重分别为 0.508 5、0.273 5、0.218 0。宏观层面的粮食安全是实现整体粮食安全的先决条件，微观层面粮食安全是实现整体粮食安全的最终目标，中观层面的粮食安全是实现整体粮食安全的重要方面，但是不同层面的重要性存在差异。

对于宏观层面指标，群决策认为按照各指标重要程度从大到小依次为粮食总供求差率（权重为 0.083 7）、人均粮食占有量（权重为 0.078 7）、粮食库存消费比（权重为 0.071 8）、粮食生产波动系数（权重为 0.066 3）、粮食生产价格上涨率（权重为 0.057 1）、粮食对外依存度（权重为 0.056 5）、粮食需求波动系数（权重为 0.051 0）、农业生产资料价格上涨率（权重为 0.043 4）。对于中观层面指标，群决策认为按照各指标重要程度从大到小依次为粮食主产区产量比重（权重为 0.042 4）、稻谷供求差率（权重为 0.038 5）、小麦供求差率（权重为 0.033 2）、玉米供求差率（权重为 0.029 6）、粮食产销平衡区产量比重（权重为 0.028 2）、大豆供求差率（权重为 0.023 7）、粮食主销区产量比重（权重为 0.022 4）。对于微观层面指标，群决策认为按照各指标重要程度从大到小依次为低收入群体数量（权重为0.071 8）、粮食消费价格上涨率（权重为 0.061 3）、基尼系数（权重为 0.049 4）、居民消费价格指数（权重为 0.048 3）、恩格尔系数（权重为 0.042 8）。

二、粮食安全预警指标的警级划分

基于对历史数据的统计学和经济学分析，结合专家经验判断，如表 4 - 17，本书将总体粮食安全状况以及不同层面粮食安全状况的警级划分为Ⅰ、Ⅱ、Ⅲ、Ⅳ、Ⅴ五个等级，警情分别对应为无警（粮食安全）、轻警（轻度风险）、中警（中度风险）、重警（高度风险）、巨警（粮食危机）五个层次，警灯分别对应为绿色、蓝色、橙色、黄色、红色五种灯号。粮食安全警限的划分原则为：无警警限为（$a-1/2p$，1），轻警警限为（$a-p$，$a-1/2p$），中警警限为（$a-3/2p$，$a-p$），重警警限为（$a-2p$，$a-3/2p$），巨警警限为（0，$a-2p$）。其中，a 为平均值，p 为标准差。

表 4-17　粮食安全综合指数、警情界限和警示灯号

单位：%

警　级	Ⅰ	Ⅱ	Ⅲ	Ⅳ	Ⅴ
警　情	无警	轻警	中警	重警	巨警
	粮食安全	轻度风险	中度风险	高度风险	粮食危机
警　灯	绿色	蓝色	橙色	黄色	红色
宏观层面粮食安全指数	68.35～100	64.17～68.35	59.98～64.17	55.80～59.98	0～55.80
中观层面粮食安全指数	67.16～100	64.51～67.16	61.86～64.51	59.21～61.86	0～59.21
微观层面粮食安全指数	63.71～100	58.12～63.71	52.53～58.12	46.93～52.53	0～46.93
粮食安全综合评价指数	68.44～100	65.82～68.44	63.20～65.82	60.58～63.20	0～60.58

注：无警警限为（$a-1/2p$，1），轻警警限为（$a-p$，$a-1/2p$），中警警限为（$a-3/2p$，$a-p$），重警警限为（$a-2p$，$a-3/2p$），巨警警限为（0，$a-2p$），其中 a 为平均值，p 为标准差。

同样，根据各项指标与粮食安全的关系程度，对不同指标进行了区间划分，分别代表着不同的粮食安全程度。如表 4-16，将各项粮食安全预警指标的警级划分为Ⅰ、Ⅱ、Ⅲ、Ⅳ、Ⅴ五个等级，警情分别对应为无警、轻警、中警、重警、巨警五个层次，警灯分别对应为绿色、蓝色、橙色、黄色、红色五种灯号，并相应确定了各项指标警限。

关于粮食安全综合评估指数、不同层面粮食安全评估指数和具体各项预警指标的警级、警限和警示灯号，以及测度衡量粮食安全的各个指标的取值区间和权重赋值，在下面的部分具体介绍。

第三节　新型粮食安全预警体系的运行模拟

在筛选构建指标体系的基础上，建立相应的数据库，收集整理相关数据，对每项具体指标进行警情分析，进而从各个层面上对粮食安全程度进行系统研究，最终从总体上对粮食安全进行整体研究，对我国粮食安全状况作出实证评价。同时，结合每年实际粮食安全状况，对粮食安全预警指标体系进行实践检验，确保该套体系的科学性、可靠性和稳定性。

一、总体粮食安全模拟评价

粮食安全综合系数（λ）是对一个国家的各项粮食安全指标进行加权平均处理后得到的综合评分值，反映了一个国家粮食安全的总体水平。根据粮食安全宏观、中观和微观三个层面的粮食安全系数，采用粮食安全综合系数计算公式（4－1），得出我国1978—2010年粮食安全系数（表4－18）。

$$\lambda = \sum_{i=1}^{3} \lambda_{ti} \cdot \alpha_i \times 100\% \qquad (4-1)$$

其中：λ——粮食安全系数，$0 \leqslant \lambda \leqslant 100$，$\lambda$越接近100，表示安全水平越高，$\lambda$越接近0表示不安全水平越高，$\lambda=100$表示处于绝对安全状态，$\lambda=0$表示处于绝对不安全状态；$\alpha$——不同层面粮食安全的系数权重；$t$——年份；$i$——各项指标序号。

根据不同层面指标警限范围确定的各个指标的取值，以及各个指标赋予的权重，通过加权方法可以分别计算出宏观、中观和微观层面粮食安全系数，进而测算出粮食安全综合评价指数。总体上看，如图4－4和表4－18，改革开放以来，我国粮食安全综合系数趋于上升，整体粮食安全水平的提高，主要归功于宏观层面和微观层面粮食安全程度的改善，而中观层面粮食安全程度总体趋于下降。同时，粮食安全综合系数波动性较为明显，不同年份之间的粮食安全程度具有较大的差异性。按照警限界线划分，改革开放以来33年间，其中有21个年份处于无警状态，8个年份处于轻警状态，3个年份处于中警状态，1个年份处于重警状态。如1994年粮食安全综合系数低于63.20%，处于重警状态，1978年、1980年、1985年粮食安全综合系数均

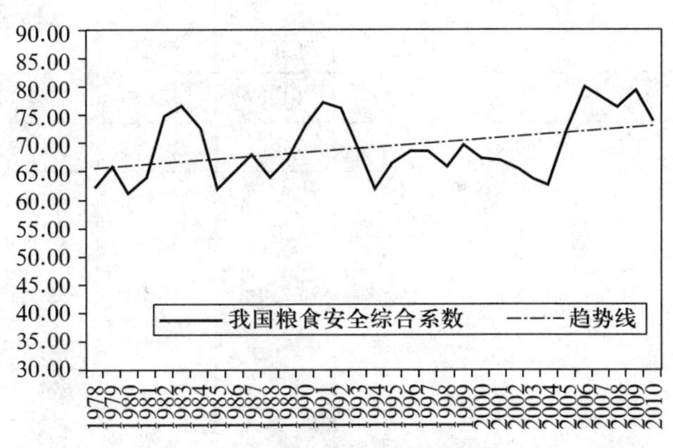

图4－4　我国粮食安全综合系数（1978—2010年）

低于65.82%，处于中警状态，1979年、1981年、1988年、1995年、1998年、2002年、2003年、2004年综合安全系数均低于68.44%，处于轻警状态。

表4-18 我国粮食安全程度总体评估（1978—2010年）

单位：%

年份	粮食安全程度							
	宏观层面		中观层面		微观层面		综合评价	
	评分	警情	评分	警情	评分	警情	评分	警情
1978	61.05	中警	72.85	无警	62.41	轻警	64.00	中警
1979	61.54	中警	75.51	无警	66.79	无警	66.02	轻警
1980	65.31	中警	69.63	无警	58.77	轻警	64.46	中警
1981	65.07	轻警	68.46	无警	71.27	无警	67.50	轻警
1982	75.38	无警	68.33	无警	79.64	无警	75.01	无警
1983	80.14	无警	65.10	轻警	79.64	无警	76.73	无警
1984	76.20	无警	61.57	重警	76.03	无警	72.96	无警
1985	63.85	中警	71.02	无警	63.53	轻警	65.33	中警
1986	69.88	无警	65.83	轻警	68.01	无警	68.49	无警
1987	75.22	无警	65.17	轻警	63.53	轻警	69.83	无警
1988	73.33	无警	67.43	无警	56.47	中警	67.43	轻警
1989	76.52	无警	70.48	无警	47.50	重警	67.27	无警
1990	77.83	无警	66.04	轻警	76.03	无警	74.77	无警
1991	82.95	无警	71.29	无警	71.55	无警	77.29	无警
1992	87.46	无警	77.72	无警	54.57	中警	76.34	无警
1993	76.37	无警	75.87	无警	51.03	重警	69.33	无警
1994	65.51	轻警	77.17	无警	43.97	巨警	62.16	重警
1995	75.30	无警	70.93	无警	47.50	重警	66.74	轻警
1996	68.97	无警	69.08	无警	68.01	无警	68.73	无警
1997	65.07	轻警	73.72	无警	71.55	无警	68.73	无警
1998	57.08	重警	75.20	无警	81.28	无警	67.65	轻警
1999	63.50	中警	78.46	无警	80.79	无警	71.49	无警

（续）

年份	粮食安全程度							
	宏观层面		中观层面		微观层面		综合评价	
	评分	警情	评分	警情	评分	警情	评分	警情
2000	66.33	轻警	69.65	无警	80.79	无警	71.01	无警
2001	68.52	无警	62.26	中警	80.79	无警	70.51	无警
2002	64.63	轻警	65.79	轻警	80.79	无警	69.30	轻警
2003	65.07	轻警	53.22	巨警	80.79	无警	66.78	轻警
2004	69.00	无警	63.25	中警	62.86	轻警	66.07	轻警
2005	72.93	无警	70.37	无警	80.79	无警	74.52	无警
2006	84.61	无警	76.94	无警	80.30	无警	81.76	无警
2007	87.37	无警	73.06	无警	76.31	无警	81.23	无警
2008	83.51	无警	70.34	无警	72.78	无警	77.70	无警
2009	85.49	无警	71.18	无警	79.43	无警	80.71	无警
2010	82.80	无警	70.88	无警	71.33	无警	77.07	无警

二、一级粮食安全实证分析

宏观层面粮食安全综合系数（λ^h）是对宏观层面各项粮食安全指标进行加权平均处理后得到的综合评分值，反映了该层面的粮食安全水平。根据计算公式（4－2），得出我国1978—2010年粮食安全系数（表4－7）。

$$\lambda^h = \sum_{i=1}^{8} \lambda_{ti}^h \cdot \alpha_i^h \times 100\% \qquad (4-2)$$

其中：λ^h——宏观层面粮食安全系数，$0 \leqslant \lambda^h \leqslant 100$，$\lambda^h$越接近100，表示安全水平越高，$\lambda^h$越接近0表示不安全水平越高，$\lambda^h=100$表示处于绝对安全状态，$\lambda^h=0$表示处于绝对不安全状态；$\alpha^h$——不同层面粮食安全的系数权重；$t$——年份；$i$——各项指标序号。

总体上看，如图4－5，改革开放以来，我国宏观层面粮食安全系数趋于上升，但是波动性较为强烈，不同年份之间的粮食安全程度差异性较大。按照警限界线划分，改革开放以来33年间，其中有21个年份处于无警状态，6个年份处于轻警状态，5个年份处于中警状态，1个年份处于重警状态。如1998年宏观安全系数为57.08%，处于重警状态，1978年、1979年、1980年、1985年、1999年宏观安全系数均低于64.17%，处于中警状态，1981年、1994年、1997年、2000年、2002年、2003年宏观安全系数均低于68.35%，处于轻警状态。

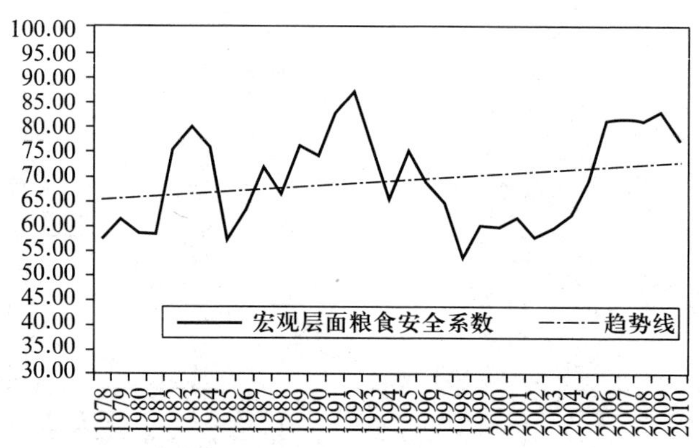

图4-5　我国宏观层面粮食安全综合系数（1978—2010年）

1. 粮食总供求差率警情分析

粮食总供给与总需求差额是反映宏观层面粮食安全的主要方面，其计算公式为：$\Delta C = TS - TR$，其中ΔC代表粮食总供给与总需求差额，TS代表粮食总供给，TR代表粮食总需求。粮食总供求差率$=\Delta C/TR \times 100\%$。本书用粮食产量近似代替粮食总供给数量（粮食总供给＝期初库存＋粮食产量＋粮食进口量－期末库存－粮食出口量），粮食库存、粮食进出口数据通过其他指标反映。即：粮食总供求差率＝(粮食总产量－粮食消费量)/粮食消费量×100%。

基于经验分析和专家判断，粮食总供求差率警限界于0～5%时，警情为无警，警级为Ⅰ级，警灯为绿色，粮食安全指标取值为1.0；警限界于－3%～0和5%～7%时，警情为轻警，警级为Ⅱ级，警灯为蓝色，粮食安全指标取值为0.8；警限界于－5%～－3%和7%～9%时，警情为中警，警级为Ⅲ级，警灯为橙色，粮食安全指标取值为0.6；警限界于－7%～－5%和9%～11%时，警情为重警，警级为Ⅳ级，警灯为黄色，粮食安全指标取值为0.4；警限界于＜－7%和＞11%时，警情为巨警，警级为Ⅴ级，警灯为红色，粮食安全指标取值为 0.2。粮食总供求差率的指标权重设定为 0.083 7。

总体上看，如图 4-6，改革开放以来，我国粮食总供求差率呈发散趋势，波动性增强，粮食宏观调控的难度加大。按照警限界线划分，改革开放以来 33 年间，其中有 23 个年份处于无警状态，6 个年份处于轻警状态，2 个年份处于中警状态，2 个年份处于重警状态。如 1996 年、1997 年和 1998 年粮食出现较为严重过剩，粮食供大于求分别为 11.72%、8.76% 和 10.23%，处于中警和重警状态，2003 年粮食出现较为严重短缺，粮食供需差率达到－11.74%，处于重警状态。

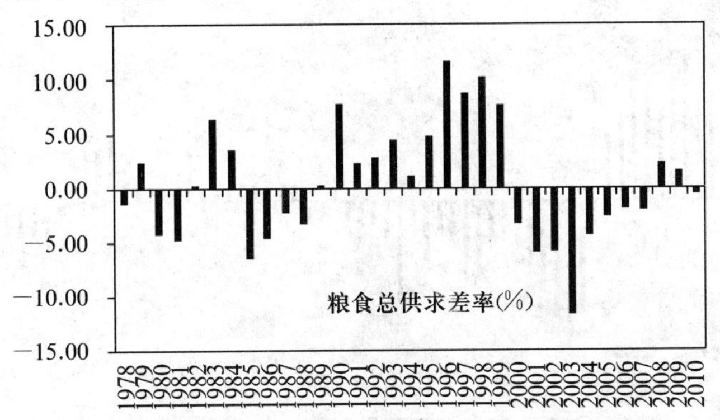

图 4-6　我国粮食总供求差率（1978—2010 年）

资料来源：粮食产量数据来自《中国统计年鉴》，1978—1979 年粮食需求数据来自国家计委农经司和国家统计局农调总队，1980—2010 年粮食需求数据来自国家粮食局，在此基础上测算得到。

2. 粮食生产波动系数警情分析

粮食总产量波动幅度的大小反映了粮食供给的平稳程度，进而影响到国家粮食安全的稳定性。波动幅度可以用粮食生产波动系数来表示，其计算公式为：$V_t=(Y_t-Y'_t)/Y'_t\times100\%$，其中：$V_t$ 表示粮食总产波动指数，Y_t 表示 t 年的实际粮食产量，Y'_t 表示 t 年的趋势粮食产量。趋势粮食产量估计方程为：$\hat{Y}_t=a+b\cdot time$，式中 $time$ 为预测年度，a 和 b 为待定系数。即：粮食生产波动系数=(粮食实际产量－趋势产量)/趋势产量×100%。

通过 EViews 4.0 软件，采取 OLS 方法，利用 1949—2010 年 62 年的历史统计数据，以时间序列作为自变量（$time$），粮食总产量（y）作因变量进行回归，得到如下线性回归方程：

$$\hat{Y}_t = 9\,982.094 + 721.079\,9time$$

(12.98)　　(33.97)

($R^2 = 0.95$　　$DW = 0.34$　$F = 1\,154.01$)

其中，上式下方括号内的数字为模型系数的 t 检验值。

值得说明的是，模型的拟合优度 R^2 很高，相关系数 r 很高，预测的准确性较大，尽管 DW 值较小，但本书更加关注的是粮食总产量和历史年份两者之间的相关性，以对各历史年份得出预测结果，进一步可以计算出我国粮食总产量的波动系数（如图 4－7）。

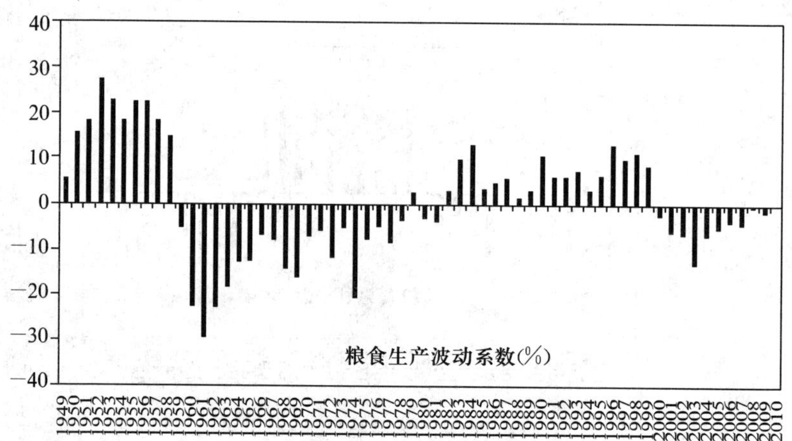

图 4－7　我国粮食生产波动系数（1949—2010 年）

资料来源：粮食产量数据来自《中国统计年鉴》，在此基础上测算得到。

基于经验分析和专家判断，粮食生产波动系数警限界于－0.5%～1.5%时，警情为无警，警级为Ⅰ级，警灯为绿色，粮食安全指标取值为 1.0；警限界于－1.5%～－0.5%和 1.5%～4.0%时，警情为轻警，警级为Ⅱ级，警灯为蓝色，粮食安全指标取值为 0.8；警限界于－3%～－1.5%和 4%～7%时，警情为中警，警级为Ⅲ级，警灯为橙色，粮食安全指标取值为 0.6；警限界于－5%～－3%和 7%～10%时，警情为重警，警级为Ⅳ级，警灯为黄色，粮食安全指标取值为 0.4；警限界于＜－5%和＞10%时，警情为巨警，警级为Ⅴ级，警灯为红色，粮食安全指标取值为 0.2。粮食生产波动系数的指标权重设定为 0.066 3。

总体上看，如图 4-7，新中国成立以来，我国粮食生产波动系数呈收敛趋势，但仍表现出一定的波动性。按照警限界线划分，改革开放以来 33 年间，其中有 1 个年份处于无警状态，7 个年份处于轻警状态，7 个年份处于中警状态，9 个年份处于重警状态，9 个年份处于巨警状态。如 1984 年、1990 年、1996 年、1998 年生产波动系数均超过 10%，2001—2005 年生产波动系数均低于−5%，均处于巨警状态。

3. 粮食需求波动系数警情分析

粮食需求波动幅度的大小反映了粮食消费的平稳程度，可能导致粮食供需出现缺口，引起粮食价格上涨，进而影响到国家粮食安全的稳定性。波动幅度可以用粮食需求波动系数来表示，其计算公式为：$V_t = (R_t - R'_t)/R'_t \times 100\%$，其中：$V_t$ 表示粮食需求波动指数，V_t 表示 t 年的实际粮食消费量，R'_t 表示 t 年的趋势粮食消费量。趋势粮食消费量估计方程为：$\hat{R}_t = a + b \cdot time$ $\hat{Y}_t = a + b \cdot time$ ，式中 $time$ 为预测年度，a 和 b 为待定系数。即：粮食需求波动系数=(粮食实际消费量−趋势消费量)/趋势消费量×100%。

通过 EViews 4.0 软件，采取 OLS 方法，利用 1978—2010 年 33 年的历史统计数据，以时间序列作为自变量（$time$），粮食需求量（y）作因变量进行回归，得到如下线性回归方程：

$$\hat{R}_t = 33\,045.90 + 628.946\,9time$$

(78.81)　　(29.23)

($R^2 = 0.96$　$DW = 0.35$　$F = 854.10$)

其中，上式下方括号内的数字为模型系数的 t 检验值。

值得说明的是，模型的拟合优度 R^2 很高，预测的准确性较大，尽管 DW 值较小，但本书更加关注的是粮食需求量和历史年份两者之间的相关性，以对各历史年份得出预测结果，进一步可以计算出我国粮食需求量的波动系数（如图 4-8）。

基于经验分析和专家判断，粮食需求波动系数警限界于−1.5%～0.5%时，警情为无警，警级为Ⅰ级，警灯为绿色，粮食安全指标取值为 1.0；警限界于−2.5%～−1.5%和 0.5%～2.0%时，警情为轻警，警级为Ⅱ级，警灯为蓝色，粮食安全指标取值为 0.8；警限界于−4%～−2.5%和 2%～4%

时，警情为中警，警级为Ⅲ级，警灯为橙色，粮食安全指标取值为 0.6；警限界于−6%～−4%和 4%～6%时，警情为重警，警级为Ⅳ级，警灯为黄色，粮食安全指标取值为 0.4；警限界于<−6%和>6%时，警情为巨警，警级为Ⅴ级，警灯为红色，粮食安全指标取值为 0.2。粮食需求波动系数的指标权重设定为 0.051 0。

总体上看，如图 4－8，改革开放以来，我国粮食需求波动系数呈收敛趋势，其背后隐含的是总体消费需求数量的稳步提高。按照警限界线划分，改革开放以来 33 年间，其中有 12 个年份处于无警状态，11 个年份处于轻警状态，3 个年份处于中警状态，4 个年份处于重警状态，3 个年份处于巨警状态。如 1978 年需求波动系数为−8.18%，1985 年、1986 年为 6.48%、6.07%，均处于巨警状态。

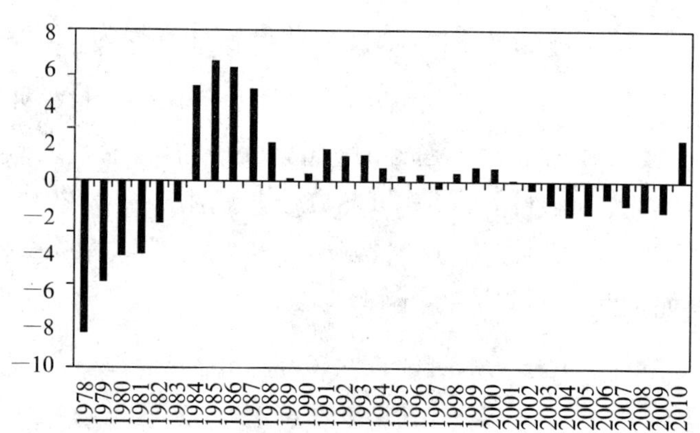

图 4－8　我国粮食需求波动系数（1978—2010 年）

资料来源：1978—1979 年粮食需求数据来自国家计委农经司和国家统计局农调总队，1980—2010 年粮食需求数据来自国家粮食局，在此基础上测算得到。

4. 粮食库存消费比系数警情分析

粮食储备状况是反映粮食安全水平的一个非常重要的指标。我国人口众多且粮食生产基础相对薄弱，地域辽阔且区域差异性较大，粮食市场发育程度还不完善，基本国情决定了不能照搬国际经验。FAO 确定的年粮食消费量 17%～18%的最低储备安全线并不适合我国。建议将我国的粮食储备消费比率设计在 30%～40%，约为 4 个月消费量。粮食库存消费比＝粮食库存量/粮食消费量×100%。由于粮食库存数据属于国家机密，本书采用的

1980—2005 年粮食库存系数系国家粮食局相关部门已经公布的数据①，其他年份数据根据 USDA 数据测算估计得到。

综合考虑我国粮食长期供给能力、生产区域结构、市场发育程度以及国际经济政治环境等因素，基于经验分析和专家判断，粮食库存消费比警限界于 30%～40%时，警情为无警，警级为Ⅰ级，警灯为绿色，粮食安全指标取值为 1.0；警限界于 25%～30%和 40%～45%时，警情为轻警，警级为Ⅱ级，警灯为蓝色，粮食安全指标取值为 0.8；警限界于 20%～25%和 45%～50%时，警情为中警，警级为Ⅲ级，警灯为橙色，粮食安全指标取值为 0.6；警限界于 15%～20%和 50%～55%时，警情为重警，警级为Ⅳ级，警灯为黄色，粮食安全指标取值为 0.4；警限界于<15%和>55%时，警情为巨警，警级为Ⅴ级，警灯为红色，粮食安全指标取值为 0.2。粮食库存消费比的指标权重设定为 0.071 8。

总体上看，如图 4-9，改革开放以来，我国粮食库存消费比系数趋于上升，但在 20 世纪 90 年代中后期到 21 世纪初的几年波动较为剧烈，近几年来稳步提高。按照警限界线划分，改革开放以来 33 年间，其中有 8 个年份处于无警状态，6 个年份处于轻警状态，7 个年份处于中警状态，10 个年

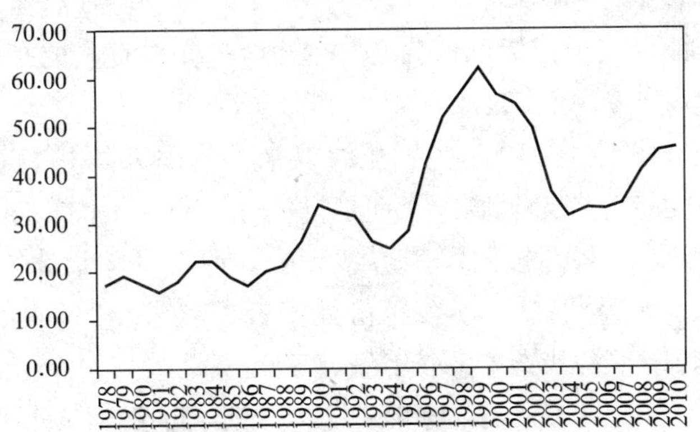

图 4-9　我国粮食库存消费比系数（1978—2010 年）

资料来源：根据国家粮食局、美国农业部（USDA）数据调整测算得到。

① 中国粮食经济学会，中国粮食行业协会.2011. 粮食安全——国计民生的永恒主题［M］. 北京：中国财政经济出版社：46.

份处于重警状态，2 个年份处于巨警状态。如 1999 年、2000 年库存消费比超过 55%，处于巨警状态，重警年份主要集中在 20 世纪 80 年代中期以前，如 1978 年、1979 年、1980 年、1981 年、1982 年、1985 年、1986 年库存消费比系数均低于 20%，另外 1997 年、1998 年、2001 年均高于 50%，处于重警状态。

5. 人均粮食占有量警情分析

人均粮食占有量是保障粮食安全的最基本内容，指在一个粮食年度内，一国粮食总供给量与该国同一时期内总人口的比例。本书用粮食产量近似代替粮食总供给数量，即：人均粮食占有量＝粮食产量/人口总数。

综合考虑我国人均粮食占有的历史水平、居民的消费习惯以及消费结构升级等因素，基于经验分析和专家判断，人均粮食占有量警限界于 390～400 时，警情为无警，警级为Ⅰ级，警灯为绿色，粮食安全指标取值为 1.0；警限界于 375～390 和 400～410 时，警情为轻警，警级为Ⅱ级，警灯为蓝色，粮食安全指标取值为 0.8；警限界于 360～375 和 410～420 时，警情为中警，警级为Ⅲ级，警灯为橙色，粮食安全指标取值为 0.6；警限界于 345～360和 420～430 时，警情为重警，警级为Ⅳ级，警灯为黄色，粮食安全指标取值为 0.4；警限界于＜345和＞430 时，警情为巨警，警级为Ⅴ级，警灯为红色，粮食安全指标取值为 0.2。人均粮食占有量的指标权重设定为 0.078 7。

总体上看，如图 4－10，改革开放以来，我国人均粮食占有量趋于提高，但是波动性趋势较为明显，特别是自 20 世纪 90 年代末期以来，呈现明显的“V”形变化趋势。按照警限界线划分，改革开放以来 33 年间，其中有 4 个年份处于无警状态，10 个年份处于轻警状态，9 个年份处于中警状态，5 个年份处于重警状态，5 个年份处于巨警状态。如 1978 年、1979 年、1980 年、1981 年、2003 年人均粮食占有量均低于 345 千克，处于巨警状态。

6. 粮食对外依存度系数警情分析

国内粮食供需的余缺调节可以通过国际粮食贸易解决。当国内粮食供需出现缺口时，则需要依赖净进口弥补，反之，当国内粮食供给过剩时可以向国际粮食市场净出口。粮食对外依存度系数＝粮食净进口量/国内粮食总需求量×100%=(粮食进口量－粮食出口量)/国内粮食总需求量×100%。粮食对外依存度是衡量一个国家粮食安全对国际市场依赖程度的指标。

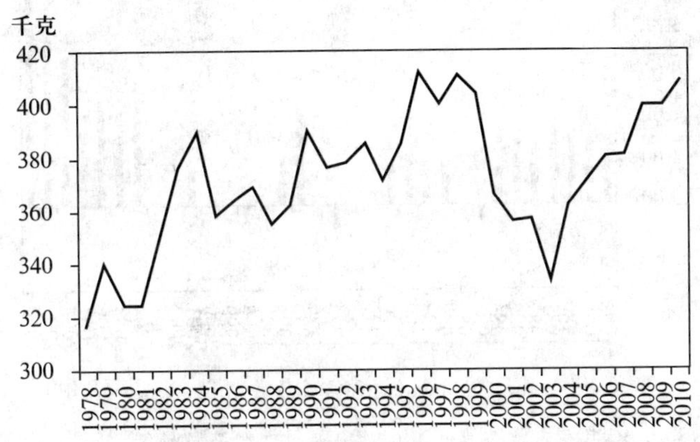

图 4-10　我国人均粮食占有量（1978—2010 年）

资料来源：历年《中国统计年鉴》。

综合考虑我国粮食生产条件和国际粮食贸易合作空间等因素，基于经验分析和专家判断，粮食对外依存度系数警限界于0～5%时，警情为无警，警级为Ⅰ级，警灯为绿色，粮食安全指标取值为 1.0；警限界于－2%～0 和 5%～7%时，警情为轻警，警级为Ⅱ级，警灯为蓝色，粮食安全指标取值为 0.8；警限界于－4%～－2%和 7%～9%时，警情为中警，警级为Ⅲ级，警灯为橙色，粮食安全指标取值为 0.6；警限界于－6%～－4%和 9%～11%时，警情为重警，警级为Ⅳ级，警灯为黄色，粮食安全指标取值为 0.4；警限界于＜－6%和＞11%时，警情为巨警，警级为Ⅴ级，警灯为红色，粮食安全指标取值为 0.2。粮食对外依存度系数的指标权重设定为 0.056 5。

总体上看，如图 4-11，改革开放以来，我国粮食对外依存度系数在波动中趋于提高，其中在 20 世纪 90 年代波动性较为突出，近年来对外依存程度增加趋势明显。按照警限界线划分，改革开放以来 33 年间，其中有 19 个年份处于无警状态，13 个年份处于轻警状态，1 个年份处于中警状态。如 2008 年、2009 年对外依存度系数均超过 7%，处于轻警状态，2010 年对外依存度系数均超过 10%，处于中警状态。

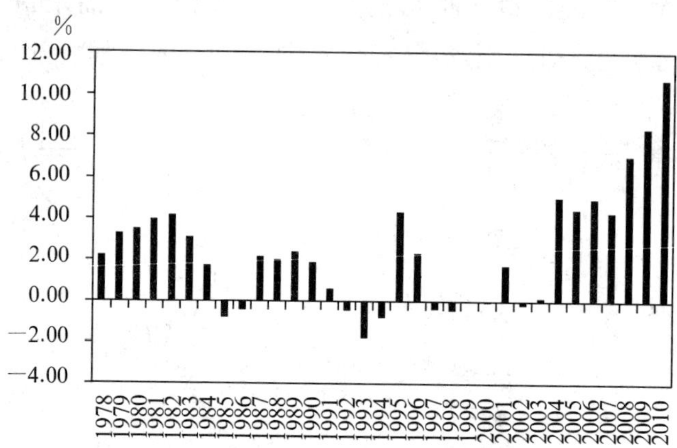

图 4-11　我国粮食对外依存度系数（1978—2010 年）

资料来源：1978—1995 年粮食贸易数据来自《中国对外经济贸易年鉴》、《中国海关统计年鉴》，1996—2010 年粮食贸易数据来自国家发展改革委统计资料。1978—1979 年粮食需求数据来自国家计委农经司和国家统计局农调总队，1980—2010 年粮食需求数据来自国家粮食局，在此基础上测算得到。

7. 粮食生产价格上涨率警情分析

在市场经济条件下，粮食生产价格的变化是引导粮食生产的重要信号，如果粮食生产价格过低，将不利于调动农民种粮的积极性，即“谷贱伤农”，影响粮食生产的稳定发展；如果价格过高，会抬高粮食消费价格，即“米贵伤民”，影响消费者特别是贫困人口的粮食购买能力，进而从两个方面影响粮食安全。本书采用的粮食生产价格上涨率为本年度粮食生产价格相对于上年度的上涨幅度。长期以来，我国粮食种植比较效益长期偏低，应当较大幅度地提高粮食最低收购价格，以调动农民种粮积极性，稳定提高粮食生产水平，保障国家粮食安全。由于统计口径的变化，2000 年及以前的粮食价格指数为粮食收购价格指数，2001 年以后停止编制粮食收购价格指数，改为农产品生产价格指数中的谷物价格指数。

基于经验分析和专家判断，粮食生产价格上涨率警限界于 5%～15% 时，警情为无警，警级为Ⅰ级，警灯为绿色，粮食安全指标取值为 1.0；警限界于 0～5% 和 15%～20% 时，警情为轻警，警级为Ⅱ级，警灯为蓝色，粮食安全指标取值为 0.8；警限界于 −5%～0 和 20%～25% 时，警情为中警，警级为Ⅲ级，警灯为橙色，粮食安全指标取值为 0.6；警限界于 −10%～−5%

和 25%～30%时，警情为重警，警级为Ⅳ级，警灯为黄色，粮食安全指标取值为 0.4；警限界于<－10%和>30%时，警情为巨警，警级为Ⅴ级，警灯为红色，粮食安全指标取值为 0.2。粮食生产价格上涨率的指标权重设定为 0.057 1。

总体上看，如图 4－12，改革开放以来，我国粮食生产价格总体趋于上升，上涨幅度波动性较为突出，部分年份出现下降，同其他时期相比，近年来粮食生产价格涨幅还有较大的提升空间。按照警限界线划分，改革开放以来 33 年间，其中有 13 个年份处于无警状态，7 个年份处于轻警状态，3 个年份处于中警状态，7 个年份处于重警状态，3 个年份处于巨警状态。如 1979 年、1994 年粮食生产价格上涨幅度均超过 30%，1999 年涨幅跌破－10%，处于巨警状态。

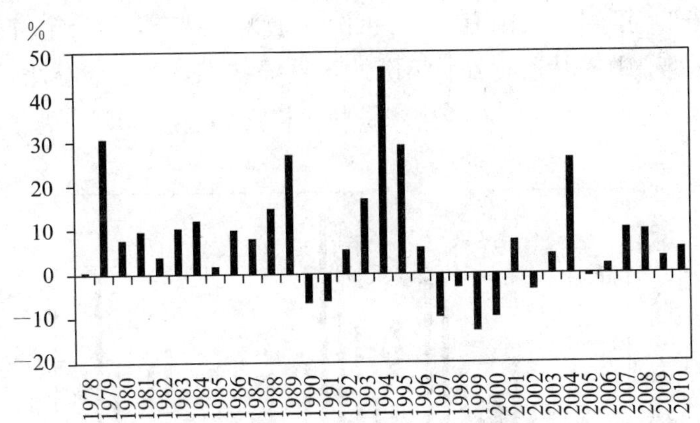

图 4－12　我国粮食生产价格上涨率（1978—2010 年）

资料来源：1978—2009 年粮食生产价格指数来源于《中国农产品价格调查年鉴》，2010 年数据为估算数。

8. 农业生产资料价格上涨率警情分析

农业生产资料费用是种粮成本的重要组成部分，如果农业生产资料价格大幅上涨，必将会挫伤农民的种粮积极性，影响粮食的生产投入，如果过低，可能会引起对农资的过度需求，下年的粮食大幅增产，带来过剩风险，不利于粮食生产的稳定发展，同时过低的农资价格也可能会对下年度农资供应造成影响，不利于农资产业的长远发展。本书采用的农业生产资料价格上涨率为本年度农业生产资料价格相对上年度的上涨幅度。

基于经验分析和专家判断，农业生产资料价格上涨率警限界于－5%～

5%时，警情为无警，警级为Ⅰ级，警灯为绿色，粮食安全指标取值为 1.0；警限界于−10%～−5%和 5%～10%时，警情为轻警，警级为Ⅱ级，警灯为蓝色，粮食安全指标取值为 0.8；警限界于−15%～−10%和 10%～15%时，警情为中警，警级为Ⅲ级，警灯为橙色，粮食安全指标取值为 0.6；警限界于−20%～−15%和 15%～20%时，警情为重警，警级为Ⅳ级，警灯为黄色，粮食安全指标取值为 0.4；警限界于<−20%和>20%时，警情为巨警，警级为Ⅴ级，警灯为红色，粮食安全指标取值为 0.2。农业生产资料价格上涨率的指标权重设定为 0.043 4。

总体上看，如图 4－13，改革开放以来，我国农业生产资料价格上涨幅度波动性较为突出，表现出先增加后下降再增加的趋势，近年来农资价格上涨幅度较大，部分年份明显高于粮食生产价格的上涨幅度。按照警限界线划分，改革开放以来 32 年间，其中有 19 个年份处于无警状态，7 个年份处于轻警状态，2 个年份处于中警状态，2 个年份处于重警状态，3 个年份处于巨警状态。如 1994 年、1995 年、2008 年农业生产资料价格涨幅超过 20%，处于巨警状态。

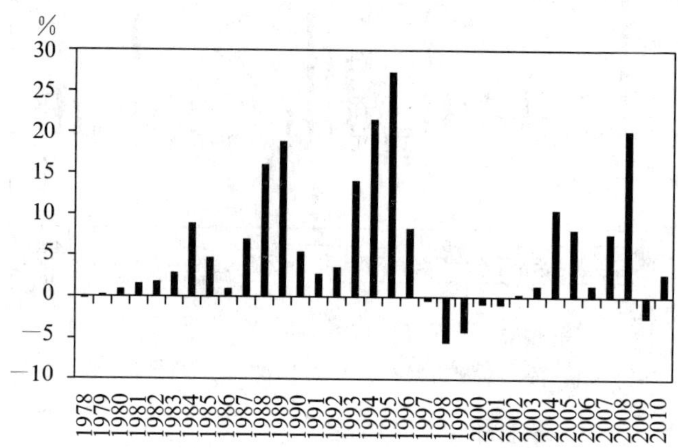

图 4－13　我国农业生产资料价格上涨率（1978—2010 年）

资料来源：1978—1993 年数据来自《中国价格及城镇居民收支调查 2004》；1994—2010 年数据来自历年《中国统计年鉴》。

三、二级粮食安全实证分析

中观层面粮食安全综合系数（λ^z）是对中观层面各项粮食安全指标进行加权平均处理后得到的综合评分值，反映了该层面的粮食安全水平。根据计算公式（4-3），得出我国1978—2010年粮食安全系数（表4-7）。

$$\lambda^z = \sum_{i=1}^{7} \lambda_{ti}^z \cdot \alpha_i^z \times 100\% \qquad (4-3)$$

其中：λ^z ——中观层面粮食安全系数，$0 \leqslant \lambda^z \leqslant 100$，$\lambda^z$ 越接近100，表示安全水平越高，λ^z 越接近0表示不安全水平越高，$\lambda^z = 100$表示处于绝对安全状态，$\lambda^z = 0$ 表示处于绝对不安全状态；α^z ——不同指标粮食安全的系数权重；t——年份；i——各项指标序号。

总体上看，如图4-14，改革开放以来，我国中观层面粮食安全系数趋于下降，但是波动性较为明显，近年来不同年份之间的粮食安全程度差异性趋于扩大。按照警限界线划分，改革开放以来33年间，其中有24个年份处于无警状态，5个年份处于轻警状态，2个年份处于中警状态，1个年份处于重警状态，1个年份处于巨警状态。如2003年中观安全系数为53.22%，处于巨警状态，1984年中观安全系数为61.57%，处于重警状态，2001年、2004年中观安全系数均低于64.51%，处于中警状态，1983年、1986年、1987年、1990年、2002年中观安全系数均低于67.16%，处于轻警状态。

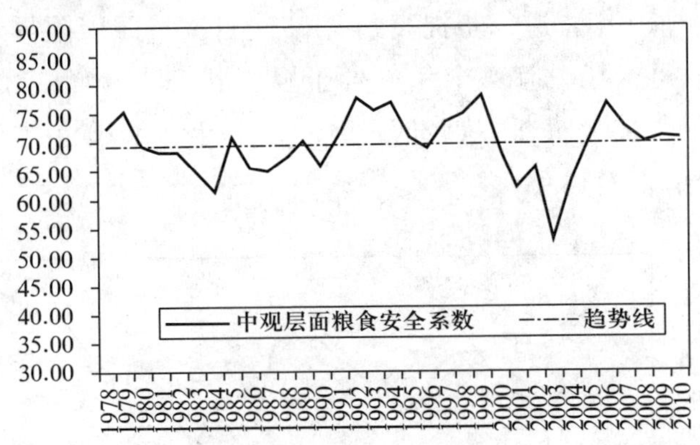

图4-14 我国中观层面粮食安全综合系数（1978—2010年）

1. 粮食主产区产粮比重警情分析

根据各区域粮食产量、粮食播种面积和提供的商品粮数量及其占全国的比重、粮食供求状况等，我国粮食和农业主管部门将全国划分为粮食主产区、粮食产销平衡区、粮食主销区三种类型。我国粮食主产区包括黑龙江、辽宁、吉林、内蒙古、河北、江苏、安徽、江西、山东、河南、湖北、湖南、四川等13个省（自治区）。如果粮食生产过度向产区集中，不同区域之间的粮食供需矛盾更加突出，这种结构性矛盾对粮食调运形成压力，同样对粮食安全带来挑战。粮食主产区产粮比重＝主产区粮食产量/全国粮食产量×100％。

基于经验分析和专家判断，粮食主产区粮食产量比重警限界于55％～65％时，警情为无警，警级为Ⅰ级，警灯为绿色，粮食安全指标取值为1.0；警限界于65％～70％时，警情为轻警，警级为Ⅱ级，警灯为蓝色，粮食安全指标取值为0.8；警限界于70％～75％时，警情为中警，警级为Ⅲ级，警灯为橙色，粮食安全指标取值为0.6；警限界于75％～80％时，警情为重警，警级为Ⅳ级，警灯为黄色，粮食安全指标取值为0.4；警限界于＞80％时，警情为巨警，警级为Ⅴ级，警灯为红色，粮食安全指标取值为0.2。粮食主产区粮食产量比重的指标权重设定为0.042 4。

总体上看，如图4-15，改革开放以来，我国粮食主产区产量比重总体趋于提高，特别是近年来这种生产集中的趋势更加明显，粮食产量占全国粮食产量的比重从1980年的不足70％，到1985—2005年逐步提高到73％左右，到2006—2010年，进一步提高到75％左右。按照警限界线划分，改革开放以来33年间，其中有4个年份处于轻警状态，26个年份处于中警状态，3个年份处于重警状态。如2007年、2008年、2010年主产区产量比重超过75％，处于重警状态。

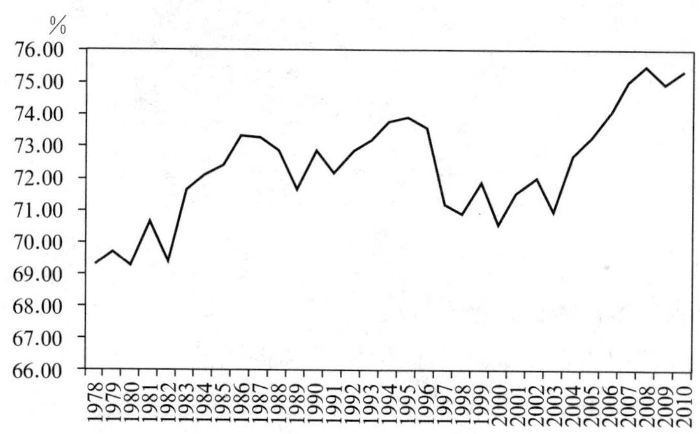

图4-15　我国粮食主产区产粮比重（1978—2010年）

资料来源：根据历年《中国统计年鉴》整理计算。

2. 粮食产销平衡区产粮比重警情分析

我国粮食产销平衡区包括山西、广西、重庆、贵州、云南、西藏、陕西、甘肃、青海、宁夏、新疆11个省（自治区、直辖市）。粮食产销平衡区产粮比重＝产销平衡区粮食产量/全国粮食产量×100%。

基于经验分析和专家判断，粮食产销平衡区粮食产量比重警限界于20%～24%时，警情为无警，警级为Ⅰ级，警灯为绿色，粮食安全指标取值为1.0；警限界于17.5%～20%时，警情为轻警，警级为Ⅱ级，警灯为蓝色，粮食安全指标取值为0.8；警限界于15%～17.5%时，警情为中警，警级为Ⅲ级，警灯为橙色，粮食安全指标取值为0.6；警限界于12.5%～15%时，警情为重警，警级为Ⅳ级，警灯为黄色，粮食安全指标取值为0.4；警限界于＜12.5%时，警情为巨警，警级为Ⅴ级，警灯为红色，粮食安全指标取值为0.2。粮食产销平衡区粮食产量比重的指标权重设定为0.028 2。

总体上看，如图4-16，改革开放以来，我国粮食产销平衡区产量比重波动性趋势明显，20世纪90年代中期以前变化相对平稳，之后趋于上升，近几年出现了下降趋势，粮食产量占全国粮食产量的比重，从2000年的约20%，到2010年下降到约18%。按照警限界线划分，改革开放以来33年间，其中有1个年份处于无警状态，13个年份处于轻警状态，17个年份处于中警状态，2个年份处于重警状态。如1986年、1987年产销平衡区产量比重均低于15%，处于重警状态。

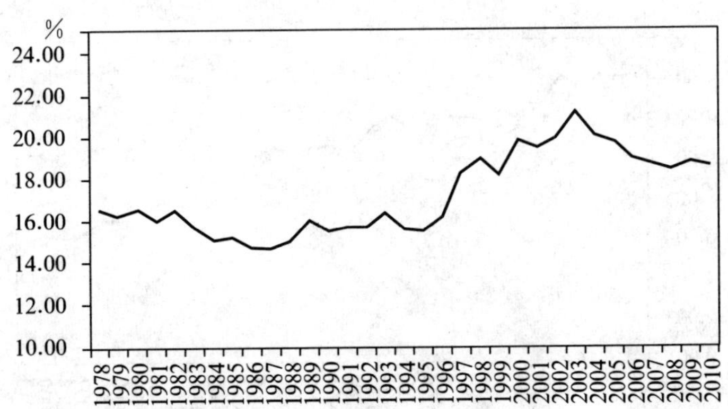

图4-16　我国粮食产销平衡区产粮比重（1978—2010年）

资料来源：根据历年《中国统计年鉴》整理计算。

3. 粮食主销区产粮比重警情分析

我国粮食主销区包括北京、天津、上海、浙江、福建、广东、海南7个省（直辖市）。粮食主销区产粮比重＝主销区粮食产量/全国粮食产量×100％。

基于经验分析和专家判断，粮食主销区粮食产量比重警限界于16％～20％时，警情为无警，警级为Ⅰ级，警灯为绿色，粮食安全指标取值为1.0；警限界于12％～16％时，警情为轻警，警级为Ⅱ级，警灯为蓝色，粮食安全指标取值为0.8；警限界于8％～12％时，警情为中警，警级为Ⅲ级，警灯为橙色，粮食安全指标取值为0.6；警限界于4％～8％时，警情为重警，警级为Ⅳ级，警灯为黄色，粮食安全指标取值为0.4；警限界于＜4％时，警情为巨警，警级为Ⅴ级，警灯为红色，粮食安全指标取值为0.2。粮食主销区粮食产量比重的指标权重设定为0.022 4。

总体上看，如图4－17，改革开放以来，我国粮食主销区呈现直线下降的趋势，粮食产量占全国粮食产量的比重，从1980年的14.2％，到1995—2000年逐步下降到10％左右，到2005—2006年，出现了更为严重的下降，已经下降到7％左右，到2007—2010年，粮食产量比重已经降低到6％左右。按照警限界线划分，改革开放以来33年间，其中有12个年份处于轻警状态，13个年份处于中警状态，8个年份处于重警状态。自2003年以来，主销区产量比重持续下降，均低于8％，处于重警状态。

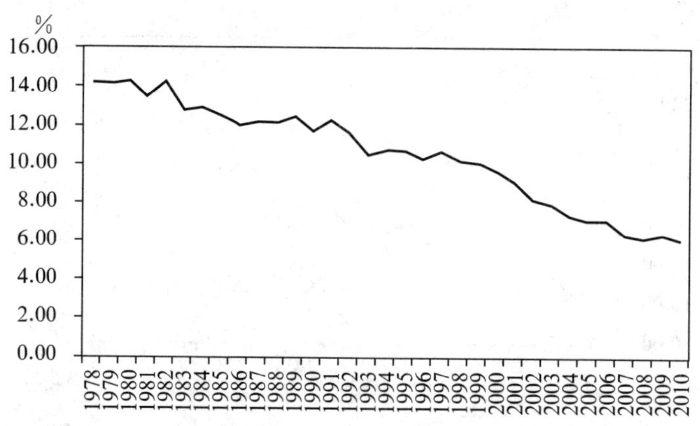

图4－17 我国粮食主销区产粮比重（1978—2010年）

资料来源：根据历年《中国统计年鉴》整理计算。

4. 稻谷供求差率警情分析

稻谷是我国重要的粮食作物，改革开放以来，稻谷产量占我国粮食总产量的35%～45%。大米是我国重要的口粮，消费占城乡居民口粮消费总量的60%左右。稻谷供求差率=(稻谷产量－稻谷消费量)/稻谷消费量×100%。

根据我国稻谷供需的历史数据，基于经验分析和专家判断，稻谷供求差率警限界于0～8%时，警情为无警，警级为Ⅰ级，警灯为绿色，粮食安全指标取值为1.0；警限界于－4%～0和8%～12%时，警情为轻警，警级为Ⅱ级，警灯为蓝色，粮食安全指标取值为0.8；警限界于－8%～－4%和12%～16%时，警情为中警，警级为Ⅲ级，警灯为橙色，粮食安全指标取值为0.6；警限界于－12%～－8%和16%～20%时，警情为重警，警级为Ⅳ级，警灯为黄色，粮食安全指标取值为0.4；警限界于<－12%和>20%时，警情为巨警，警级为Ⅴ级，警灯为红色，粮食安全指标取值为0.2。稻谷供求差率的指标权重设定为0.038 5。

总体上看，如图4-18，改革开放以来，我国稻米供给形势大致可分为两个阶段，2003年以前供需形势趋紧，由产大于需转入产不足需的局面，2003年之后逐步转变为供给略大于需求的格局。按照警限界线划分，改革

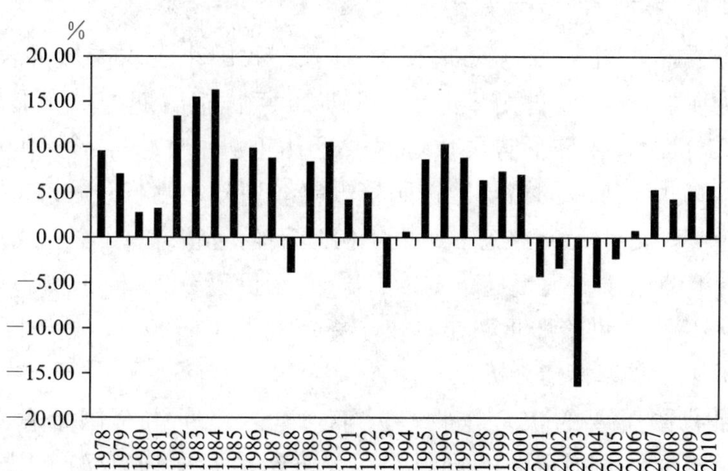

图4-18 我国稻谷供求差率（1978—2010年）

资料来源：稻谷生产数据来自历年《中国统计年鉴》；稻谷消费数据根据国家粮食局、美国农业部（USDA）数据调整测算得到。

开放以来33年间，其中有14个年份处于无警状态，12个年份处于轻警状态，5个年份处于中警状态，1个年份处于重警状态，1个年份处于巨警状态。如1984年稻谷供给过剩16.55%，处于重警状态，2003年稻谷严重供不足需，供求差率达到－16.35%，处于巨警状态。

5. 小麦供求差率警情分析

小麦是我国重要的粮食作物，产量一直占我国粮食总产量的20%左右。小麦是我国重要的口粮，小麦消费中约75%用于口粮消费，占城乡居民口粮消费总量的30%左右[①]。小麦供求差率=（小麦产量－小麦消费量）/小麦消费量×100%。

根据我国小麦供需的历史数据，基于经验分析和专家判断，小麦供求差率警限界于0～8%时，警情为无警，警级为Ⅰ级，警灯为绿色，粮食安全指标取值为1.0；警限界于－6%～0和8%～12%时，警情为轻警，警级为Ⅱ级，警灯为蓝色，粮食安全指标取值为0.8；警限界于－12%～－6%和12%～16%时，警情为中警，警级为Ⅲ级，警灯为橙色，粮食安全指标取值为0.6；警限界于－18%～－12%和16%～20%时，警情为重警，警级为Ⅳ级，警灯为黄色，粮食安全指标取值为0.4；警限界于<－18%和>20%时，警情为巨警，警级为Ⅴ级，警灯为红色，粮食安全指标取值为0.2。小麦供求差率的指标权重设定为0.033 2。

总体上看，如图4－19，改革开放以来，我国小麦供需形势长期偏紧，波动性较为明显，从20世纪80年代初到90年代中后期，供需形势趋向缓和，进入21世纪，供需形势再次趋紧，近几年，小麦供需形势由产不足需转变为供给略大于需求的格局。按照警限界线划分，改革开放以来33年间，其中有9个年份处于无警状态，9个年份处于轻警状态，8个年份处于中警状态，4个年份处于重警状态，3个年份处于巨警状态。如1980年、1981年、2003年，小麦供给严重不足，供求差率均低于－20%，处于巨警状态。

6. 玉米供求差率警情分析

玉米是我国重要的粮食作物，近年来玉米产量占全国粮食总产量的30%左右。玉米是我国重要的饲料来源，玉米消费中约有70%用于饲料消

---

① 聂振邦．2005．2005中国粮食发展报告．北京：中国财政经济出版社．

费，占全部饲料消费的50%以上[①]。玉米供求差率＝(玉米产量－玉米消费量)/玉米消费量×100%。

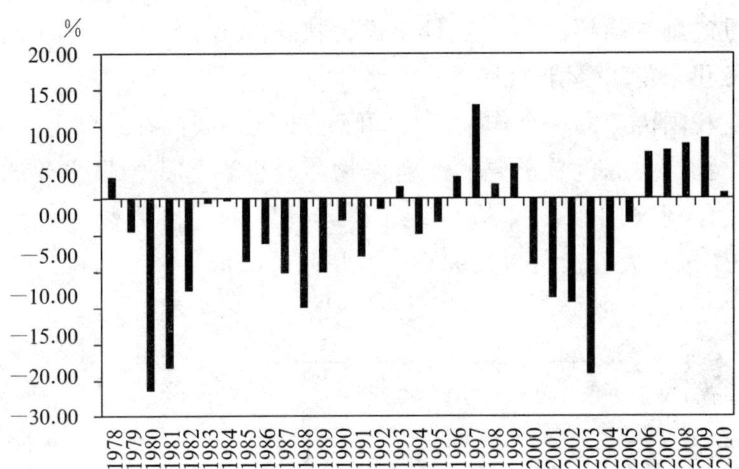

图 4-19　我国小麦供求差率（1978—2010 年）

资料来源：小麦生产数据来自历年《中国统计年鉴》；小麦消费数据根据国家粮食局、美国农业部（USDA）数据调整测算得到。

根据我国玉米供需的历史数据，基于经验分析和专家判断，玉米供求差率警限界于0～12%时，警情为无警，警级为Ⅰ级，警灯为绿色，粮食安全指标取值为1.0；警限界于－6%～0和12%～18%时，警情为轻警，警级为Ⅱ级，警灯为蓝色，粮食安全指标取值为0.8；警限界于－12%～－6%和18%～24%时，警情为中警，警级为Ⅲ级，警灯为橙色，粮食安全指标取值为0.6；警限界于－18%～－12%和24%～30%时，警情为重警，警级为Ⅳ级，警灯为黄色，粮食安全指标取值为0.4；警限界于<－18%和>30%时，警情为巨警，警级为Ⅴ级，警灯为红色，粮食安全指标取值为0.2。玉米供求差率的指标权重设定为0.029 6。

总体上看，如图 4-20，改革开放以来，我国玉米生产和消费需求均快速提高，玉米供需形势呈现趋紧态势，进入21世纪以来，连续三年出现供不足需，2003年以来，我国玉米供需形势已经由供需紧张的格局转变为供

① 聂振邦.2005.2005中国粮食发展报告.北京：中国财政经济出版社.

给大于需求的格局。按照警限界线划分，改革开放以来 33 年间，其中有 11 个年份处于无警状态，11 个年份处于轻警状态，6 个年份处于中警状态，5 个年份处于重警状态。如 1978 年、1979 年、1990 年、1996 年、1998 年玉米供给严重过剩，均超过 24%，处于重警状态。

7. 大豆供求差率警情分析

大豆是我国传统的粮食作物，与国际上不同，我国在统计上一直把大豆作为粮食作物；大豆也是重要的油料作物，大豆油是我国最主要的食用油；大豆还可用作饲料用粮，国内大豆约有 60%用于饲料消费[①]。大豆供求差率=(大豆产量－大豆消费量)/大豆消费量×100%。

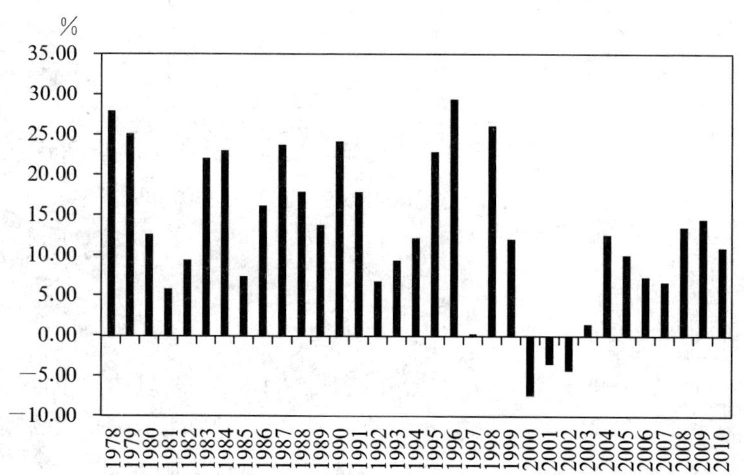

图 4－20　我国玉米供求差率（1978—2010 年）

资料来源：玉米生产数据来自历年《中国统计年鉴》；玉米消费数据根据国家粮食局、美国农业部（USDA）数据调整测算得到。

根据我国大豆供需的历史数据，基于经验分析和专家判断，大豆供求差率警限界于 0～30%时，警情为无警，警级为Ⅰ级，警灯为绿色，粮食安全指标取值为 1.0；警限界于－25%～0 和 30%～50%时，警情为轻警，警级为Ⅱ级，警灯为蓝色，粮食安全指标取值为 0.8；警限界于－50%～－25%和 50%～70%时，警情为中警，警级为Ⅲ级，警灯为橙色，粮食安全指标

① 聂振邦．2005. 2005 中国粮食发展报告．北京：中国财政经济出版社．

取值为0.6；警限界于−75%～−50%和70%～90%时，警情为重警，警级为Ⅳ级，警灯为黄色，粮食安全指标取值为0.4；警限界于<−75%和>90%时，警情为巨警，警级为Ⅴ级，警灯为红色，粮食安全指标取值为0.2。大豆供求差率的指标权重设定为0.023 7。

总体上看，如图4-21，改革开放以来，随着我国大豆消费需求的迅猛增长，我国大豆供求差率呈现明显的下降趋势，从20世纪90年代中期开始，大豆供需格局由长期供大于需转为长期供不足需。按照警限界线划分，改革开放以来33年间，其中有3个年份处于无警状态，11个年份处于轻警状态，12个年份处于中警状态，6个年份处于重警状态，1个年份处于巨警状态。自2003年以来，国内大豆生产出现严重的产不足需，如2003年、2005年、2006年、2007年、2008年、2009年，供需差率均超过−50%，处于重警状态，2010年供需差率已经超过−75%，处于巨警状态。

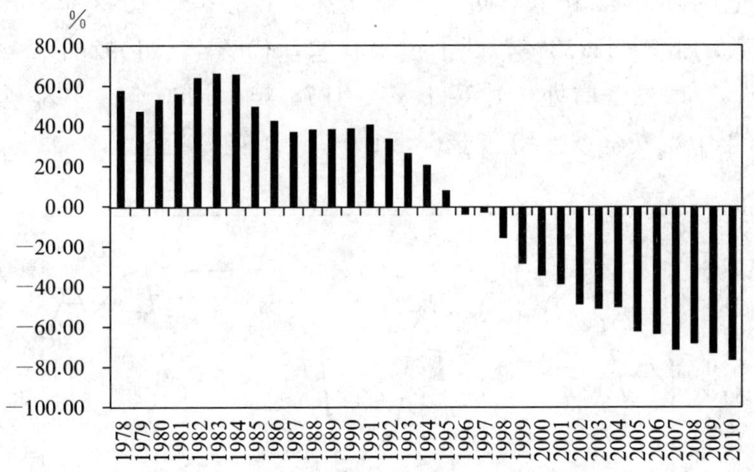

图4-21 我国大豆供求差率（1978—2010年）

资料来源：大豆生产数据来自历年《中国统计年鉴》；大豆消费数据根据国家粮食局、美国农业部（USDA）数据调整测算得到。

四、三级粮食安全实证分析

微观层面粮食安全综合系数（λ^{w}）是对微观层面各项粮食安全指标进

行加权平均处理后得到的综合评分值，反映了该层面的粮食安全水平。根据计算公式（4-4），得出我国1978—2010年微观层面粮食安全系数（表4-7）。

$$\lambda^{w} = \sum_{i=1}^{5} \lambda_{ti}^{w} \cdot \alpha_{i}^{w} \times 100\% \qquad (4-4)$$

其中：λ^{w} ——微观层面粮食安全系数，$0 \leqslant \lambda^{w} \leqslant 100$，$\lambda^{w}$ 越接近100，表示安全水平越高，λ^{w} 越接近0表示不安全水平越高，$\lambda^{w}=100$ 表示处于绝对安全状态，$\lambda^{w}=0$ 表示处于绝对不安全状态；α^{w} ——不同指标粮食安全的系数权重；t ——年份；i ——各项指标序号。

总体上看，如图4-22，改革开放以来，我国微观层面粮食安全系数趋于上升，但是波动性剧烈，不同年份之间的粮食安全程度差异性相当突出，但是这种年际间的差异性有收敛趋势。按照警限界线划分，改革开放以来33年间，其中有22个年份处于无警状态，5个年份处于轻警状态，2个年份处于中警状态，3个年份处于重警状态，1个年份处于巨警状态。如1994年微观安全系数为43.97%，处于巨警状态，1989年、1993年、1995年微观安全系数均低于52.53%，处于重警状态，1988年、1992年微观安全系数均低于58.12%，均处于中警状态，1978年、1980年、1985年、1987年、2004年中观安全系数均低于63.71%，处于轻警状态。

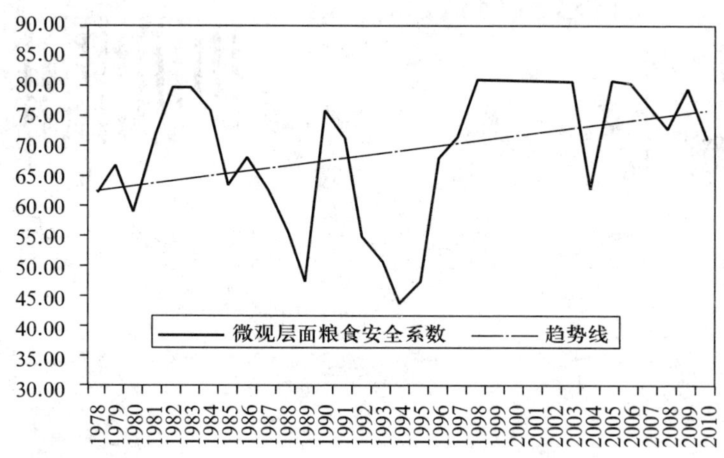

图4-22　我国微观层面粮食安全综合系数（1978—2010年）

1. 低收入群体数量警情分析

粮食安全不仅取决于粮食的供给能力，同时还取决于消费者个体的粮食有效需求水平，从国家粮食安全目标来看，要求所有人获得必需的食物，在市场经济条件下，低收入弱势群体的粮食购买力显得尤为重要。因此，绝对贫困人口的比重的目标要求为0，贫困人口的粮食安全保障水平为100%。

基于经验分析和专家判断，低收入群体数量警限为0时，警情为无警，警级为Ⅰ级，警灯为绿色，粮食安全指标取值为1.0；警限界于0～5 000时，警情为轻警，警级为Ⅱ级，警灯为蓝色，粮食安全指标取值为0.8；警限界于5 000～15 000时，警情为中警，警级为Ⅲ级，警灯为橙色，粮食安全指标取值为0.6；警限界于15 000～25 000时，警情为重警，警级为Ⅳ级，警灯为黄色，粮食安全指标取值为0.4；警限界于>25 000时，警情为巨警，警级为Ⅴ级，警灯为红色，粮食安全指标取值为0.2。低收入群体数量的指标权重设定为0.071 8。

总体上看，我国低收入群体主要集中在农村，改革开放以来，我国政府加大扶贫开发力度，农村贫困人口逐年大幅减少。如图4-23，我国低收入人口数量明显趋于下降，但农村贫困人口基数依然较大。另外，20世纪末21世纪初期，城市居民得到政府最低生活保障的人口数量增加，保障低收入群体的粮食供给需要继续关注。按照警限界线划分，改革开放以来33年间，

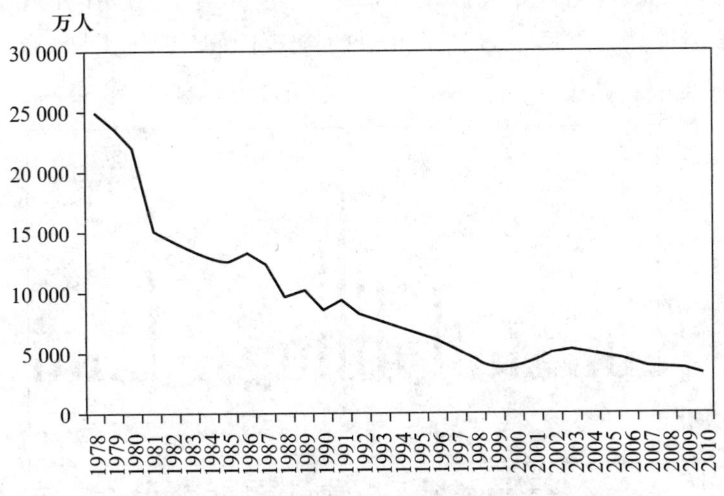

图4-23　我国低收入群体数量（1978—2010年）

资料来源：1978年、1980—2009农村贫困人口数据为绝对贫困人口数据，来自国家统计局，其中1979年、2010年数据为估算数据；1996—2010年城镇低保人口数据来自国家民政部。

其中有 12 个年份处于轻警状态，17 个年份处于中警状态，3 个年份处于重警状态，1 个年份处于巨警状态。如 1978 年我国低收入群体人口数量为 2.5 亿人，处于巨警状态。

2. 粮食消费价格上涨率警情分析

在市场经济条件下，如果粮食消费价格过高，即“米贵伤民”，影响消费者特别是贫困人口的粮食购买能力，从微观层面影响粮食安全。本书采用的粮食消费价格上涨率为本年度粮食消费价格相对上年度的上涨幅度。

基于经验分析和专家判断，粮食消费价格指数警限界于＜5%时，警情为无警，警级为Ⅰ级，警灯为绿色，粮食安全指标取值为 1.0；警限界于 5%～10%时，警情为轻警，警级为Ⅱ级，警灯为蓝色，粮食安全指标取值为 0.8；警限界于 10%～15%时，警情为中警，警级为Ⅲ级，警灯为橙色，粮食安全指标取值为 0.6；警限界于 15%～20%，警情为重警，警级为Ⅳ级，警灯为黄色，粮食安全指标取值为 0.4；警限界于＞20%时，警情为巨警，警级为Ⅴ级，警灯为红色，粮食安全指标取值为 0.2。粮食消费价格指数的指标权重设定为 0.061 3。

总体上看，如图 4－24，改革开放以来，我国粮食消费价格总体上趋于上升，上涨幅度表现出一定的波动性，20 世纪 90 年代中期以前，粮食消费价格增幅不断提高，之后一直到本世纪初持续下降，近年来增幅有所回升。

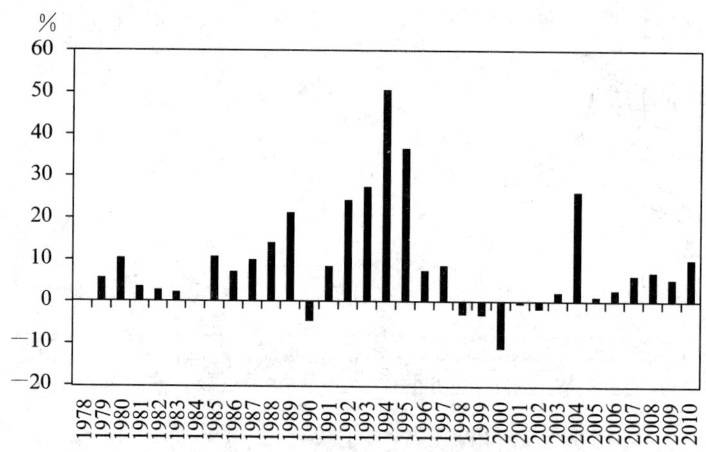

图 4－24　我国粮食消费价格上涨率（1978—2010 年）

资料来源：历年《国家统计局统计公报》、《中国统计摘要》、《中国城市（镇）生活与价格年鉴》。

按照警限界线划分，改革开放以来 33 年间，其中有 14 个年份处于无警状态，8 个年份处于轻警状态，5 个年份处于中警状态，6 个年份处于巨警状态。如 1989 年、1992 年、1993 年、1994 年、1995 年、2004 年，粮食消费价格出现暴涨，涨幅均超过 20%，处于巨警状态。

3. 基尼系数警情分析

基尼系数反映收入分配公平程度，从 0（相当均等）到 1（相当不均等）系数值越高，收入分配就越不均等，系数值越低，收入分配就越均等。基尼系数偏高会造成社会贫富两极分化，“朱门酒肉臭，路有冻死骨”，一部分人群面临过度粮食消费的困扰，肉、蛋、奶等长期摄入过多带来一系列“富贵病”，另一部分人群则挣扎在饥饿的边缘，解决温饱问题成为最大问题。按照联合国有关组织规定：基尼系数若低于 0.2 表示收入绝对平均；0.2～0.3 表示比较平均；0.3～0.4 表示相对合理；0.4～0.5 表示收入差距较大；0.5 以上表示收入差距悬殊。

基于经验分析和专家判断，基尼系数警限界于＜0.2 时，警情为无警，警级为Ⅰ级，警灯为绿色，粮食安全指标取值为 1.0；警限界于 0.2～0.3 时，警情为轻警，警级为Ⅱ级，警灯为蓝色，粮食安全指标取值为 0.8；警限界于 0.3～0.4 时，警情为中警，警级为Ⅲ级，警灯为橙色，粮食安全指标取值为 0.6；警限界于 0.4～0.5 时，警情为重警，警级为Ⅳ级，警灯为黄色，粮食安全指标取值为 0.4；警限界于＞0.5 时，警情为巨警，警级为Ⅴ级，警灯为红色，粮食安全指标取值为 0.2。基尼系数的指标权重设定为 0.049 4。

总体上看，如图 4－25，20 世纪 80 年代以来，我国基尼系数持续攀升，已经逼近国际上公认的警戒线 0.5。按照警限界线划分，改革开放以来 33 年间，其中有 5 个年份处于轻警状态，16 个年份处于中警状态，10 个年份处于重警状态，2 个年份处于巨警状态。如 2006 年、2010 年我国基尼系数为 0.5，收入差距悬殊，逼近联合国有关组织界定的警戒线，处于巨警状态。

4. 居民消费价格指数警情分析

居民消费价格指数是反映通货膨胀或通货紧缩程度的重要指标，过高的通货膨胀率，将使居民收入缩水，降低居民的实际购买力，从微观层面影响居民特别是低收入群体的粮食消费需求。本书的居民消费价格指数（CPI）为本年度居民消费价格相对上年度的上涨幅度。

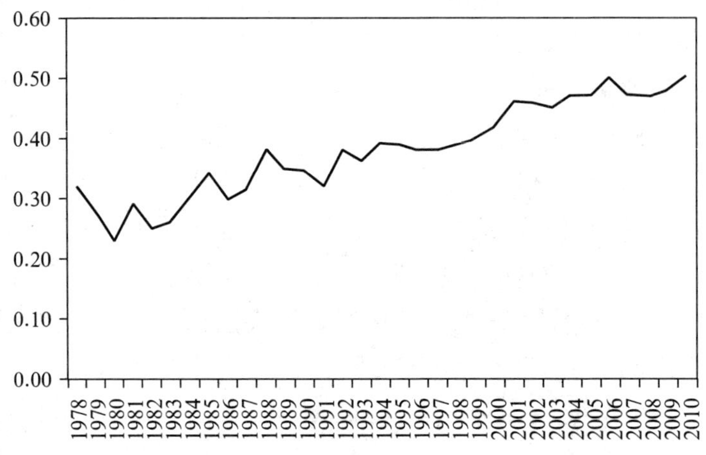

图 4-25　我国基尼系数（1978—2010 年）

资料来源：1981—2008 年数据来自国家统计局及相关机构，转引自中华粮网数据中心；1978 年、1980 年数据来自国家统计局；1979 年数据为笔者测算数据；2009 年数据来自 2011 年中国发展高层论坛，2010 年数据为估算数据。

基于经验分析和专家判断，CPI 上涨率警限界于－2%～5%时，警情为无警，警级为I级，警灯为绿色，粮食安全指标取值为 1.0；警限界于 5%～10%时，警情为轻警，警级为Ⅱ级，警灯为蓝色，粮食安全指标取值为 0.8；警限界于 10%～15%时，警情为中警，警级为Ⅲ级，警灯为橙色，粮食安全指标取值为 0.6；警限界于 15%～20%时，警情为重警，警级为Ⅳ级，警灯为黄色，粮食安全指标取值为 0.4；警限界于＞20%时，警情为巨警，警级为Ⅴ级，警灯为红色，粮食安全指标取值为 0.2。CPI 上涨率的指标权重设定为 0.048 3。

总体上看，如图 4-26，改革开放以来，我国居民消费价格指数波动性较为突出，20 世纪 90 年代中期以前 CPI 总体趋于提高，之后直到 90 年代后期趋于大幅下降，进入 21 世纪，CPI 有增大趋势。按照警限界线划分，改革开放以来 33 年间，其中有 21 个年份处于无警状态，7 个年份处于轻警状态，1 个年份处于中警状态，3 个年份处于重警状态，1 个年份处于巨警状态。如 1994 年，居民消费价格指数高达 24.1%，处于巨警状态。

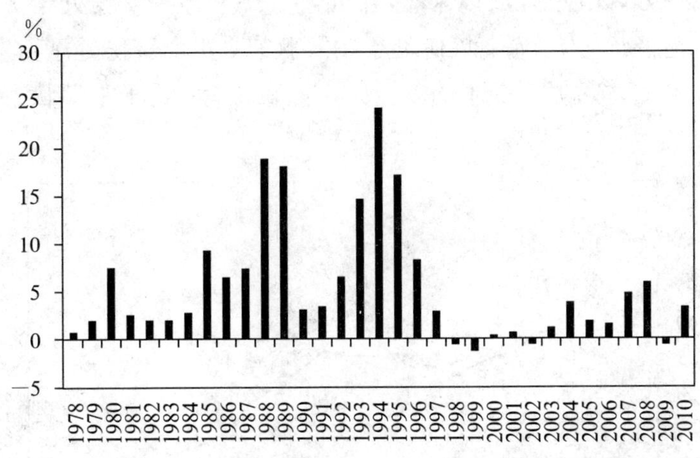

图 4-26　我国居民消费价格指数（1978—2010 年）

资料来源：历年《中国城市（镇）生活与价格年鉴》，其中 1978—1984 年全国居民 CPI 为城市居民 CPI。

5. 恩格尔系数警情分析

恩格尔系数是食品支出占全部生活消费支出的比重，是衡量一个国家或一个地区人民生活水平的重要指标。按照联合国标准，恩格尔系数在 60%以上是绝对贫困，50%～60%是勉强度日；40%～50%是小康水平；30%～40%是富裕，30%以下是最富裕。

基于经验分析和专家判断，恩格尔系数警限界于＜40%时，警情为无警，警级为Ⅰ级，警灯为绿色，粮食安全指标取值为 1.0；警限界于 40%～50%时，警情为轻警，警级为Ⅱ级，警灯为蓝色，粮食安全指标取值为 0.8；警限界于 50%～60%时，警情为中警，警级为Ⅲ级，警灯为橙色，粮食安全指标取值为 0.6；警限界于 60%～70%时，警情为重警，警级为Ⅳ级，警灯为黄色，粮食安全指标取值为 0.4；警限界于＞70%时，警情为巨警，警级为Ⅴ级，警灯为红色，粮食安全指标取值为 0.2。恩格尔系数的指标权重设定为 0.042 7。

总体上看，如图 4-27，改革开放以来，我国城乡居民恩格尔系数持续下降，按照联合国标准，已经从改革开放之初的绝对贫困水平（60%以上），转变为小康水平（40%～50%），逐步向富裕水平（30%～40%）过渡。按照警限界线划分，改革开放以来33年间，其中有4个年份处于无警状态，8个年份处于轻警状态，17个年份处于中警状态，4个年份处于重警状态。如1978—1981年，城乡居民恩格尔系数均高于60%，处于重警状态。

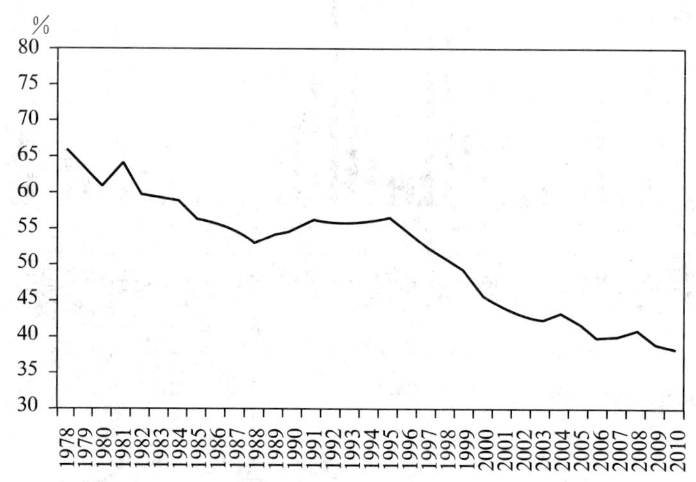

图4-27　我国城乡居民恩格尔系数（1978—2010年）

资料来源：历年《中国统计年鉴》，根据城乡人口占比为权重来计算。其中1981—1998年恩格尔系数来自汪建萍（2002）。

第四节　粮食安全的趋势预测分析

客观衡量和实证评价我国粮食安全或不安全程度，一方面包括对基于历史的现实粮食安全分析评价，另一方面也包括对基于预测的未来粮食安全分析评价，这是国家粮食政策设计和调整的重要基础。本书分别构建了全国粮食生产、全国粮食需求、主产区粮食产量、主销区粮食产量、产销平衡区粮食产量、农村绝对贫困人口、城乡恩格尔系数等7个趋势预测模型：

① 全国粮食生产趋势预测：　$\hat{Y}_t = a + b \cdot LN\ (time)$

② 全国粮食需求趋势预测：　$\hat{R}_t = a + b \cdot LN\ (time)$

③ 主产区粮食产量趋势预测：　$\hat{Y}_t^c = a + b \cdot time$

④ 产销平衡区粮食产量趋势预测：$\hat{Y}_t^p = a + b \cdot LN\ (time)$

⑤ 主销区粮食产量趋势预测：　$\hat{Y}_t^x = a + b \cdot time$

⑥ 农村绝对贫困人口趋势预测：　$LN(\hat{RP}_t) = a + b \cdot time$

⑦ 城乡恩格尔系数的趋势预测：　$LN(\hat{EN}_t) = a + b \cdot time$

式中，Y_t、R_t、Y_t^c、Y_t^p、Y_t^x、EN_t、RP_t 分别表示粮食总产量、粮食需求量、主产区粮食产量、产销平衡区粮食产量、主产区粮食产量、城乡居民恩格尔系数、农村绝对贫困人口数量，*time* 为年份。通过 EViews4.0 软件，采取 OLS 方法，利用历史统计数据，通过上述趋势预测模型，预测 2015—2030 年我国粮食总产量、粮食需求量、主产区粮食产量、产销平衡区粮食产量、主产区粮食产量、城乡居民恩格尔系数、农村绝对贫困人口数量的趋势值。

一、宏观粮食安全趋势预测

1. 粮食生产的趋势预测

通过 EViews 4.0 软件，采取 OLS 方法，利用 1978—2011 年的历史统计数据，以时间序列作为自变量 *time*，粮食总产量 Y_t 作因变量进行回归，得到如下单对数回归方程：

$$\hat{Y}_t = -64\,618.50 + 28\,532.59 \ln(time)$$
$$(-8.36) \qquad (14.12)$$

$(R^2 = 0.86 \quad DW = 0.63 \quad F = 199.43)$

其中，上式下方括号内的数字为模型系数的 t 检验值。

通过该粮食生产的趋势预测模型，测算得到 2015—2030 年我国粮食趋势总产量（见表 4-19）。

表 4-19　我国粮食产量趋势预测（2015—2030 年）

单位：万吨

年份	2015	2020	2025	2030
粮食产量预测	55 352.29	57 405.88	59 321.54	61 116.63

2. 粮食需求的趋势预测

通过 EViews 4.0 软件，采取 OLS 方法，利用 1978—2010 年的历史统计数据，以时间序列作为自变量 *time*，粮食需求量 R_t 作因变量进行回归，得到如下线性回归方程：

$$\hat{R}_t = -9\,486\,800.0 + 1\,254\,367.0\ln(time)$$
$$(-29.27)\qquad\qquad(29.40)$$

$(R^2 = 0.97 \quad DW = 0.35 \quad F = 864.61)$

其中，上式下方括号内的数字为模型系数的 t 检验值。

通过该粮食需求的趋势预测模型，测算得到2015—2030年我国粮食趋势需求量（见表4-20）。

粮食生产和粮食需求的趋势预测结果表明，到2030年粮食产量将达到61 116.63万吨，比2010年增加11.9%，而到2030年粮食消费量将达到66 196.84万吨，比2010年增加20.4%，粮食消费的增长幅度远高于产量的增加。进一步可以计算出2015—2030年我国粮食总供求差率，2015年、2020年、2025年、2030年总供求差率分别为−2.71%、−4.33%、−5.99%、−7.67%，呈现扩大趋势。因此，从中长期来看，在宏观层面国内粮食总体供求关系进一步趋紧，将更加依赖国际市场解决国内粮食缺口，从总量上保障国家粮食安全的压力巨大。

表4-20　我国粮食需求趋势预测（2015—2030年）

单位：万吨

年份	2015	2020	2025	2030
粮食需求预测	56 893.71	60 002.42	63 103.46	66 196.84

二、中观粮食安全趋势预测

1. 主产区粮食产量比重的趋势预测

通过EViews 4.0软件，采取OLS方法，利用1978—2009年的历史统计数据，以时间序列作为自变量 *time*，主产区粮食产量 Y_t^c 作因变量进行回归，得到如下线性回归方程：

$$\hat{Y}_t^c = -926\,713.67 + 480.68time$$
$$(-10.69)\qquad\qquad(11.06)$$

$(R^2 = 0.80 \qquad DW = 0.58 \qquad F = 122.26)$

其中，上式下方括号内的数字为模型系数的 t 检验值。

通过该主产区粮食产量的趋势预测模型，测算得到 2015—2030 年主产区粮食趋势产量（见表 4－21）。

表 4－21　我国主产区粮食产量趋势预测（2015—2030 年）

单位：万吨

年份	2015	2020	2025	2030
主产区粮食产量预测	41 863.48	44 266.90	46 670.32	49 073.74

2. 产销平衡区粮食产量比重的趋势预测

通过 EViews 4.0 软件，采取 OLS 方法，利用 1978—2009 年的历史统计数据，以时间序列作为自变量 *time* ，产销平衡区粮食产量 Y_t^p 作因变量进行回归，得到如下单对数回归方程：

$$\hat{Y}_t^p = 3\,195.75 + 1\,694.09 \ln(time)$$
$$(6.75) \qquad (9.61)$$

$(R^2 = 0.75 \quad DW = 0.26 \quad F = 92.32)$

其中，上式下方括号内的数字为模型系数的 t 检验值。

通过该产销平衡区粮食产量的趋势预测模型，测算得到 2015—2030 年产销平衡区粮食趋势产量（见表 4－22）。

表 4－22　我国产销平衡区粮食产量趋势预测（2015—2030 年）

单位：万吨

年　份	2015	2020	2025	2030
产销平衡区粮食产量预测	9 358.15	9 567.57	9 753.92	9 921.79

3. 主销区粮食产量比重的趋势预测

通过 EViews 4.0 软件，采取 OLS 方法，利用 1978—2009 年的历史统计数据，以时间序列作为自变量 *time* ，主产区粮食产量 Y_t^x 作因变量进行回归，得到如下线性回归方程：

$$\hat{Y}_t^x = 99\,390.22 - 47.60 time$$
$$(4.71) \qquad (-4.50)$$

$(R^2 = 0.40 \quad DW = 0.26 \quad F = 20.25)$

其中，上式下方括号内的数字为模型系数的 t 检验值。

通过该主销区粮食产量的趋势预测模型，测算得到 2015—2030 年主销区粮食趋势产量（见表 4-23）。

表 4-23　我国主销区粮食产量趋势预测（2015—2030 年）

单位：万吨

年份	2015	2020	2025	2030
主销区粮食产量预测	3 478.06	3 240.07	3 002.07	2 764.08

总体上看，粮食主产区的产量趋于增加，增幅相对较快，产销平衡区的产量趋于缓慢增加，增幅要慢于主产区，主销区的产量趋于降低，减幅较大。通过以上对粮食主产区、产销平衡区、主销区粮食产量的趋势预测，进一步计算出三类区域的粮食产量比重，2015 年分别为 76.53%、17.11%、6.36%，2020 年分别为 77.56%、16.76%、5.68%，2025 年分别为 78.53%、16.41%、5.05%，2030 年分别为 79.46%、16.07%、4.48%。从时间趋势上可见，我国粮食生产将进一步向主产区集中，到 2030 年粮食主产区的产量比重将逼近 80%，而主销区产量比重继续下降，到 2020 年下降到 5.68%，到 2030 年将低于 5%。因此，从中长期看，在中观层面我国粮食生产的区域结构性矛盾进一步显现，三类区域的粮食生产比重差距进一步拉大，对保障国家粮食安全将带来更加严峻的挑战。

三、微观粮食安全趋势预测

1. 农村绝对贫困人口数量的趋势预测

通过 EViews 4.0 软件，采取 OLS 方法，利用 1978—2009 年的历史统计数据[①]，以时间序列作为自变量 $time$，农村绝对贫困人口数量 RP_t 作因变量进行回归，得到如下单对数回归方程：

① 由于 2007 年及以前是按农村绝对贫困标准测算的绝对贫困状况，2008 年农村贫困人口数据根据新修订的农村贫困标准统计，新贫困标准将原低收入人口纳入贫困人口统计，按 2008 年农村贫困标准 1 196 元测算，2008 年年末农村贫困人口为 4 007 万人，2009 年为 3 597 万人。所以由于贫困标准存在一定差异，2008—2009 年数据和以前年份的贫困人口数量不具可比性。为了历史数据的可比性，我们采用了 2008—2009 年的农村绝对贫困人口数量。

$$\ln(\hat{RP}_t)=10.22-0.09time$$
$$(214.98)\quad(-35.95)$$

($R^2=0.98$　$DW=0.63$　$F=1\,292.46$)

其中，上式下方括号内的数字为模型系数的 t 检验值。

通过该趋势预测模型，测算得到 2015—2030 年我国农村绝对贫困人口的趋势数量（见表 4-24）。

表 4-24　我国农村绝对贫困人口数量趋势预测（2015—2030 年）

单位：万人

年份	2015	2020	2025	2030
农村绝对贫困人口数量预测	886.65	564.17	358.98	228.41

2. 恩格尔系数的趋势预测

通过 EViews 4.0 软件，采取 OLS 方法，利用 1978—2009 年的历史统计数据，以时间序列作为自变量 *time*，城乡居民恩格尔系数 EN_t 作因变量进行回归，得到如下单对数回归方程：

$$\ln(\hat{EN}_t)=4.20-0.015\,7time$$
$$(225.09)\quad(-15.90)$$

($R^2=0.89$　$DW=0.34$　$F=252.89$)

其中，上式下方括号内的数字为模型系数的 t 检验值。

通过该趋势预测模型，测算得到 2015—2030 年我国城乡居民恩格尔系数的趋势值（见表 4-25）。

表 4-25　我国城乡居民恩格尔系数趋势预测（2015—2030 年）

单位：%

年份	2015	2020	2025	2030
城乡居民恩格尔系数预测	36.73	33.96	31.40	29.03

总体上看，我国农村贫困人口数量继续趋于减少，通过趋势预测，到 2015 年、2020 年、2025 年、2030 年，农村绝对贫困人口数量分别减少到 886.65 万人、564.17 万人、358.98 万人、228.41 万人。城乡居民恩格尔系数持续降低，人民生活水平不断提高，到 2015 年、2020 年、2025 年、2030 年，

恩格尔系数分别降低到36.73%、33.96%、31.40%、29.03%。按照联合国标准，到2015年以后，我国人民生活水平将由小康水平逐步过渡到富裕水平。从中长期看，在微观层面贫困人口数量的大幅减少、人民生活水平的提高等因素都有利于提高粮食安全水平，但是隐忧在于居高难下的基尼系数，不断拉大的贫富差距将会对粮食安全形成威胁。

第五章　新型粮食安全战略的实现路径

第一节　研究的主要结论

（一）系统划分为三个层级对粮食安全进行战略定位

保障国家粮食安全，需要进行分层级的战略定位：

1. 粮食总供给量必须满足粮食消费需求的增长，通过国内自给或部分进口，达到粮食供需持续动态平衡

这是第一层级的宏观粮食安全问题，涉及整个国家，实质上是一个长期性、全局性、总量性问题。

宏观层面的粮食安全是最低层面的，也是实现粮食安全的先决条件，要想实现粮食安全，必须达到总量供需平衡，如果供应总量出现问题，必定会影响到一个国家的粮食安全。从全球范围看，①世界人口数量持续增加，已经突破70亿人口大关，到21世纪中期将再增长20亿人口，保障全球性粮食安全面临更大挑战；②世界粮食供给总量不足，粮食生产年际间波动幅度较大，粮食消费伴随着能源化趋势刚性增长，粮食库存消费比呈下降趋势；③世界粮食进口和出口比重呈现下降趋势，过分强调发挥比较优势和市场化取向有失偏颇，持续获得大规模稳定的外部粮食供给难度较大；④在科学技术进步没有从根本上弥补传统掠夺性耕作模式以及灾害影响之前，对人类可能落入“马尔萨斯陷阱”的担忧，绝非危言耸听。

2. 粮食供应结构必须高效合理配置，口粮品种供给要绝对安全，区域结构布局要科学优化

这是第二层级的中观粮食安全问题，涉及局部地区，实质上是一个局部性、结构性问题。

中观层面的粮食安全是实现粮食安全的重要内容，也是容易轻视的一个领域，如果粮食供应在区域结构和品种结构上得不到合理有效的配置，即使在总量上实现供需平衡，也同样会出现粮食安全问题。中国历史上区域性的粮食危机频繁发生。①在区域结构方面，南方粮食生产渐趋萎缩，粮食生产重心逐步北移，主销区产量比重已下滑到6%。其中，主产区粮食产大于需，余粮较多，库存较为充裕，但是主销区粮食产需缺口逐年扩大，自给率下降，库存比较薄弱。②在品种结构方面，水稻、小麦和玉米三大谷物供求关系继续呈偏紧态势，大豆对外依存度已经高达80%。其中，稻谷产量逐年提高，消费存在结构性问题，供需形势长期偏紧，小麦产量增幅较大，消费相对平稳，供需形势由产不足需转为产略大于需，玉米产量增幅明显，消费增长较快，由供需紧张转为产大于需，节余较多，大豆生产徘徊不前，需求快速增长，产需缺口不断扩大。③面对粮食大宗跨省市“大进大出”的格局，落后的粮食物流体系严重制约了现代粮食流通的发展，尽管我国粮食物流体系形成了产销区对接的五大粮食物流“大动脉”，但是我国粮食现代物流发展滞后，物流成本高、效率低、损耗大的问题仍很突出，粮食物流设施不能适应粮食现代物流发展的需要，不能适应市场经济条件下粮食跨省市流通的需要。

3. 城乡居民家庭必须满足基本的粮食消费需求，能够有充分的食物获取权，具备保障性的经济收入水平

这是第三层级的微观粮食安全问题，涉及局部人群，实质上是一个经济性、获得性问题，只要有钱就能买得到粮食。

微观层面的粮食安全是最高层面的，也是实现粮食安全的最终目标，在宏观和中观层面粮食安全得到保障的前提下，只要居民收入达到必要水平，从机制上保障居民的食物获取权，最终能够消费到所需要的粮食，就能真正实现粮食安全。①世界饥饿不但没有消除，反而在不断扩大，粮食安全一直悬而未决。发展中国家仍有近10亿人面临饥饿，即使最富裕的发达国家也有许多人得不到足够的食物，这些得不到足够食物的人往往是那些贫困人口。②作为发展中的人口大国，我国农村绝对贫困人口和城镇低保人口的数量庞大。当前世界贫困人口特别是营养不足和饥饿人口面临的突出问题是粮食和食物短缺，最重要的是解决贫困人口的脱贫问题，改善其粮食供给状况。③特定历史时期出现居民食物获取权缺失的现象，在严重的自然灾害发生后无法保证部分群体基本的食物可及性。20世纪50～60年代，国家实施了优先发展重工业的经济发展战略，在粮食统购统销制度安排下，偏向城市的粮食供应体系和对农民过高的粮食征购率，直接冲击到部分群体正常的食物获取权，加剧了饥荒程度。

（二）整个产业链条对粮食安全造成不同程度的冲击

1. 粮食生产领域

粮食供求由低水平均衡向相对高水平均衡转变，在艰难曲折中维持“动态平衡”，尽管目前我国粮食产量比新中国成立初期翻了两番多，但是供求形势依然处于紧平衡状态，并且对外依存度继续增加，从中长期看，我国粮食供求形势“紧平衡”的格局将成为常态，保障粮食安全的压力依然巨大。

粮食生产的影响因素主要有：①坚守耕地红线压力巨大，水资源总量匮乏，粮食生产长期面临资源和生态环境瓶颈制约；②粮食生产比较效益偏低，农业生产陷入“后继无人”的困境，构建新型经营体系面临新的挑战；③农田水利设施欠账较多，半数以上耕地仍然靠天吃饭，仰赖天时的局面没有得到根本转变；④农业的科技贡献率明显提高，但与世界发达国家相比仍有较大差距，传统农业生产模式有待改造提升；⑤强农惠农富农政策支撑粮食生产迈入历史上最好的时期，需要继续深化农村改革，激活内在潜力，增强粮食生产发展后劲。

本书通过实证研究表明，目前我国的粮食价格仍然处于较低的水平，并且市场风险进一步加大，1984—2010 年农业生产资料价格的上涨幅度超过粮食生产价格的上涨幅度，农资价格的上涨严重消耗了粮食补贴给农民带来的好处，粮食（稻谷、小麦、玉米三种粮食平均）生产的利润空间非常有限，近几年每亩种粮的实际利润较大幅低于 20 世纪 90 年代中期的水平，粮食生产后劲不足的问题已经显现。

2. 粮食贸易领域

保障国内粮食安全从来不排除发挥国际市场的作用，特别是在我国资源约束趋紧和全球化条件下，中国新型粮食安全战略布局更需要有选择性地利用好国内外两种资源和两个市场，问题的关键在于，必须清醒地把握粮食进口的度，理性守住立足国内自给的底线，牢牢把握粮食安全的主动权。单纯按照经济性边界设定粮食安全标准将是很危险的，就如同国家军事防御、建筑抗震级别、消防设施系统、机车安全装备的安全等级标准一样不能降低。

我国粮食进出口贸易面临新的形势：①粮食供求由低水平相对均衡向高水平均衡动态转变，对国际市场的依赖程度日益加深，粮食自给率不断下降的局面难以扭转。本书采用两种方法定量测算了我国粮食对外依存度，如果按照粮食净进口量测算，2010年我国粮食对外依存度达到11.93%，粮食自给程度为88.07%，如果按照利用境外虚拟土地资源测算，2010年我国粮食对外依存度达到24.59%，粮食自给程度为75.41%，实证结果表明我国粮食安全形势远不像想象的那么乐观；②世界粮食贸易空间有限，全球粮食出口仅占我国粮食消费需求比重一半左右，国际市场满足不了严重的供求缺口，同时中国粮食贸易的“大国效应”风险，容易引起世界粮食价格暴涨；③中国粮食进口来源地集中度较高，不利于分散进口的政治风险，部分粮食品种如大豆严重依赖进口解决，食用植物油对外依存度大幅攀升；④四大跨国粮商ABCD控制了世界粮食贸易的80%左右，贸易垄断格局增强了其话语权和定价权，并开始从产业链条向我国渗透，对我国粮食安全造成冲击。

制约我国粮食进出口贸易的风险因素主要包括：①在国际政治外交中，粮食贸易不是纯粹的经济活动，而是一种强大的政治武器；②我国粮食进出口调节机制滞后，“逆向调控”推波助澜，加剧了粮食安全的不稳定性，在国内粮食丰收的年份，供求关系缓和，需要出口粮食，而实际运行中反而进口粮食，而在国内粮食减产的年份，供求关系趋紧，粮食价格大幅上涨，需要进口粮食，而实际运行中反而出口粮食，1979—2010年，有21个年份的粮食净进口方向和当年的粮食产量增减变化相互冲突，有16个年份的粮食净进口方向和当年的粮食供需缺口变化相互冲突；③世界粮食贸易格局出现新变化，粮食禁运风险无法排除，粮食安全面临新的潜在威胁。尽管随着冷战的结束和国际贸易自由化趋势的进一步发展，粮食禁运的风险有所降低，但是作为世界粮食大国、人口大国，粮食危机一旦发生，必将带来巨大的灾难性后果。

3. 粮食流通领域

本书实证研究了粮食流通对生产的引导作用，结果表明粮食产量和粮食价格具有较高的相关性；粮食价格对粮食生产具有显著的引导作用；粮食供给弹性系数有下降趋势，带动力减弱。因此，需要进一步较大幅度提高粮食最低收购价格，促进粮食生产稳定发展。

我国粮食流通面临的挑战和影响因素主要包括：①国民经济发展是粮食流通市场化改革的物质基础，粮食供求形势的阶段性变化制约着行政调控和市场取向两者之间的权衡，在粮食供大于求的情况下，国家粮食政策调整的市场化趋向明显，但是在粮食供给短缺的情况下，倾向于采用行政手段调控粮食市场；②粮食供需格局深刻调整，粮食流通由“南粮北调”转变为“北粮南运”的局面持续强化，粮食生产区域和品种结构的变化对粮食流通形成挑战，今后一个时期，确保粮食结构平衡的难度将越来越大，粮食安全的公共性和比较效益导向的经济性存在冲突，发展非粮产业为该地区带来了更快的经济增长，粮食生产的布局不是按照资源优势而是按照经济比较利益原则调整，由此区域间粮食产需不平衡的矛盾将更加突出；③粮食主销区和主产区担负的粮食安全责任严重不平衡，产销区利益协调机制不完善，在一定程度上对粮食流通形成阻碍；④粮食生产价格增长相对缓慢，粮食流通等中间环节推高粮食消费价格，造成实际粮食生产价格的涨幅远远低于实际消费价格，并呈现两种价格差距拉大的趋势，如果剔除货币因素，1985—2010 年粮食生产价格仅增加了 13.4%，而消费价格增加了 130.2%，种粮农民得到的好处十分有限；⑤粮食储备规模不尽科学合理，过低的粮食储备难以有效平抑粮食供求波动，过高的粮食储备增加国家粮食储备财政负担。

4. 粮食消费领域

随着经济社会发展，直接及间接转化类粮食消费需求总体上呈大幅增长趋势。①居民口粮消费仍占据主体，消费总量基本保持平稳，随着居民膳食结构调整，消费比重均呈现略降趋势；②随着居民对肉蛋奶等粮食转化品的需求增加，饲料用粮需求总量大幅增加，消费比重逐步提高，与口粮消费渐趋缩小；③随着粮食能源化趋势不断深化，工业用粮增长速度超过饲料用粮，存在消费继续扩张冲动；④种子用粮需求比重较小，数量相对比较稳定，受科技进步因素的影响，亩均种子用粮数量稳中略减；⑤食物浪费折合粮食占全国总产量的 10%，整个粮食产业链条中各环节的粮食和食品浪费加剧了粮食供求关系压力。

我国粮食消费的影响因素主要包括：①我国人口基数庞大，未来 20 年将继续突破 14 亿和 15 亿关口，进入人口数量最多的时期；②城乡居民收入水平不断提高，在未来很长一段时期内，将继续推动食物消费升级，导致转化类粮食消费持续增长；③城镇化进程加快推进，大量农村人口将会转化为城市人口，饮食结构也会不断发生变化；④全球范围内生物质能源迅速发展，玉米深加工业不断扩张，成为拉动粮食需求的重要动力，短期内迅速拉高了当地粮食需求，打破国内玉米供求格局，东北地区调出玉米量将大大减少，对保障国家粮食安全形成威胁。

（三）预警机制是新型粮食安全战略框架的重要部分

1. 粮食安全预警体系科学完备，可操作性强

粮食安全预警是一个由信息收集与整理系统、预警分析系统、警示预报系统、警情调控系统等部分组成的完备体系。

（1）粮食安全警级划分为Ⅰ、Ⅱ、Ⅲ、Ⅳ、Ⅴ五个等级，相应地警情层次划分为无警（粮食安全）、轻警（轻度风险）、中警（中度风险）、重警（高度风险）、巨警（粮食危机），警示灯号依次为绿色、蓝色、橙色、黄色、红色。

（2）粮食安全预警系统的工作流程总体上分为构建粮食安全预警指标体系、预警方法选择及模型调试构建、分层面预警系统评价分析、预警模型的预测与模拟运行、发布粮食安全警示预报并启动报警程序、寻找警源并探索消警对策、粮食安全应急调整措施以及中长期政策设计等几个主要部分。

（3）本书所构建的粮食安全预警指标体系涉及宏观、中观、微观三个不同层面，涵盖生产、消费、储备、贸易等产业链条各个环节，较为系统全面地考虑了我国粮食安全的影响因素，具体包括 20 项指标，其中宏观层面 8 项指标，中观层面 7 项指标，微观层面 5 项指标。

2. 根据预警指标对粮食安全的贡献程度排序，依次为总量供求关系、粮食可获得性、结构优化程度，且三个层级内部不同指标的重要性存在一定差异

（1）通过 YAAHP 0.5.2 软件分析 35 位专家学者的调研问卷，群决策认为，按照重要程度从大到小依次为宏观层面（权重为0.508 5）、微观层面（权重为 0.273 5）、中观层面（权重为 0.218 0）。

（2）专家学者对于不同层面粮食安全的重要程度存在不同意见，大致可以分为四类，其中多数农业部门和科研机构及高校学者（26 位专家学者）

认为，宏观层面粮食安全指标重要程度最高；部分粮食部门和科研机构学者（3位专家学者）则认为，中观层面粮食安全指标重要程度最高；部分科研机构及高校学者（5位专家学者）则认为，微观层面粮食安全指标重要程度最高；另外有的专家学者（1位）则认为，宏观层面、中观层面和微观层面粮食安全重要程度相同。

（3）对于宏观层面指标，群决策认为按照各指标重要程度从大到小依次为粮食总供求差率（权重为0.083 7）、人均粮食占有量（权重为0.078 7）、粮食库存消费比（权重为0.071 8）、粮食生产波动系数（权重为0.066 3）、粮食生产价格上涨率（权重为0.057 1）、粮食对外依存度（权重为0.056 5）、粮食需求波动系数（权重为0.051 0）、农业生产资料价格上涨率（权重为0.043 4）。

（4）对于中观层面指标，群决策认为按照各指标重要程度从大到小依次为粮食主产区产量比重（权重为0.042 4）、稻谷供求差率（权重为0.038 5）、小麦供求差率（权重为0.033 2）、玉米供求差率（权重为0.029 6）、粮食产销平衡区产量比重（权重为0.028 2）、大豆供求差率（权重为0.023 7）、粮食主销区产量比重（权重为0.022 4）。

（5）对于微观层面指标，群决策认为按照各指标重要程度从大到小依次为低收入群体数量（权重为0.071 8）、粮食消费价格上涨率（权重为0.061 3）、基尼系数（权重为0.049 4）、居民消费价格指数（权重为0.048 3）、恩格尔系数（权重为0.042 8）。

3. 我国粮食安全程度总体趋于上升，但改革开放以来年际间波动性较为突出。整体粮食安全水平的提升，主要归功于粮食总量供给水平提高，以及居民食物获取权和经济收入状况的改善

（1）改革开放以来，我国粮食安全综合系数趋于上升，但是波动性较为明显，不同年份之间的粮食安全程度具有较大的差异性。按照警限界线划分，改革开放以来33年间，其中有21个年份处于无警状态，8个年份处于轻警状态，3个年份处于中警状态，1个年份处于重警状态。

（2）宏观层面粮食安全程度评价。改革开放以来，我国宏观层面粮食安全系数趋于上升，但是波动性较为强烈，不同年份之间的粮食安全程度差异性较大。按照警限界线划分，改革开放以来33年间，其中有21个年份处于无警状态，6 个年份处于轻警状态，5 个年份处于中警状态，1 个年份处于重警状态。

（3）中观层面粮食安全程度评价。改革开放以来，我国中观层面粮食安全系数趋于下降，但是波动性较为明显，近年来不同年份之间的粮食安全程度差异性趋于扩大。按照警限界线划分，改革开放以来 33 年间，其中有 24 个年份处于无警状态，5 个年份处于轻警状态，2 个年份处于中警状态，1 个年份处于重警状态，1 个年份处于巨警状态。

（4）微观层面粮食安全程度评价。改革开放以来，我国微观层面粮食安全系数趋于上升，但是波动性剧烈，不同年份之间的粮食安全程度差异性相当突出，但是这种年际间的差异性有收敛趋势。按照警限界线划分，改革开放以来 33 年间，其中有 22 个年份处于无警状态，5 个年份处于轻警状态，2 个年份处于中警状态，3 个年份处于重警状态，1 个年份处于巨警状态。

4. 对我国粮食安全的趋势预测分析表明，中长期保障我国粮食安全的压力越来越大

（1）宏观层面粮食安全趋势预测。从中长期来看，在宏观层面国内粮食总体供求关系进一步趋紧，将更加依赖国际市场解决国内粮食缺口，从总量上保障国家粮食安全的压力巨大。

（2）中观层面粮食安全趋势预测。从中长期看，在中观层面我国粮食生产的区域结构性矛盾进一步显现，粮食主产区、平衡区、主销区三类区域的粮食生产比重差距进一步拉大，对保障国家粮食安全将带来更加严峻的挑战。

（3）微观层面粮食安全趋势预测。从中长期看，在微观层面贫困人口数量的大幅减少、人民生活水平的提高等因素都有利于提高粮食安全水平，但是隐忧在于居高难下的基尼系数，不断拉大的贫富差距将会对粮食安全形成威胁。

第二节　相关的政策建议

（一）完善新型的粮食安全预警系统，建立统一领导、分级负责、属地管理为主的粮食应急管理体制，及时发布贯穿全产业链和各个层级的粮食安全预警信息

1. 加强不同区域和部门间的协调配合，厘清权责关系，建立从中央到

地方的纵向一体化的预警网络体系

在中国近代史上，因生产力水平和抗御自然灾害能力的低下，所导致的局部灾荒几乎没有断过，由于当时中央政府没有能力及时调控全国粮食在各省间的分配，所以经常会发生地方性的饥荒。新中国成立以来，经过几代人的不懈努力，粮食综合生产能力已经基本稳定在1万亿斤以上，为国家粮食宏观调控奠定了坚实的物质基础，我国解决了十几亿人口的吃饭问题，并由温饱向全面建设小康社会迈进。但是，我国地域辽阔，不同区域之间的自然禀赋条件、经济发展水平存在较大差异，粮食安全保障程度也存在较大差距。为此，要从中央到地方建立纵向一体化的粮食安全预警系统，涵盖粮食市场、粮食储备库、粮食进出口贸易等部门，健全粮食安全预警机制，加强不同地域的协调配合，进一步完善从中央到地方各层级的预警网络体系，完善粮食安全应急预案，建立统一领导、综合协调、分类管理、分级负责、属地管理为主的粮食安全应急管理体制。

2. 建立划分为三个层级并涵盖全产业链的粮食安全预警系统，早期发布警情预报和风险级别，为科学决策提供准确可靠的预测信息

建立粮食安全预警系统，对我国粮食安全状况可能出现的问题提前预报，为有关部门决策提供可靠程度较高的预测信息，进而及时作出相应的调整措施，是切实保障国家粮食安全的必然选择。粮食安全预警系统包括信息收集与整理系统、预警分析系统、警示预报系统、警情调控系统等部分。要建立粮食安全预警的信息系统，完善粮食安全预警数据的共享平台，提高信息数据的时效性、准确性、适用性，及时收集和整理有关信息资料，须预先对可能发生的问题和相关要素变量的走势作出早期预报，真正发挥预警系统的作用，防止早期的粮食安全预警变成事后的经济分析。要建立粮食安全预警的分析系统，形成一套适合我国国情的粮食安全预警指标体系，涵盖宏观、中观和微观三个层级，涉及粮食生产、消费、流通、储备和进出口贸易等整个粮食产业链条，建立科学先进的粮食安全预警方法体系和预警评价体系。要建立粮食安全预警的警示预报系统，及时发布预警分析系统的分析结果，为有关部门决策提供可靠程度较高的预测信息，预报粮食安全或不安全的程度，为警情调控系统提供依据，确保粮食安全预警系统的健康运行。要建立粮食安全预警的警情调控系统，针对不同的粮食安全警情，寻求导致粮食不安全的警源，提出各种可供选择的粮食安全调控方案，通过预警模型的政策模拟结果，权衡确定最优化的紧急调控措施以及中长期政策设计方案，进而消除警示预报信号，防止出现严重影响粮食安全的局面。

（二）提出各种可供选择的粮食安全调控方案，一旦出现粮食危机，立即启动粮食安全紧急调控预案，提高应对突发性事件的能力

当严重的粮食安全预警警情全面发生时，需要实施紧急调控措施，提高应对突发性事件的能力。短期内需要调整粮食安全调控政策，紧急动用粮食储备、进出口、应急加工等以尽快增加粮食供给，紧急调整粮食消费需求规模和结构，挺过“青黄不接”时期，减缓因粮食严重短缺而出现的危机，同时尽快调整种植业结构，增加粮食播种面积，保证粮食生产及时跟进。

1. 紧急调整粮食储备，确保畅通粮食物流主渠道，及时组织应急粮源投放市场，尽快平抑粮食市场价格，稳定社会预期

紧急调整粮食储备是缓解粮食安全警情的第一道保障。紧急状态下，第一时间打通粮食物流渠道，迅速组织粮食储备库成品粮应急供应，根据需要投放市场，并立即组织指定粮食加工企业限时应急加工，保障大批成品粮后续跟进供应，及时组织粮食储备应急粮源，缓解市场粮食供应缺口，平抑迅速暴涨的粮价。由于粮食“青黄不接”期间，粮食生产难以在短时间内供应到位，粮食储备供应总量必须维持到保证新的一季粮食收获。中央储备粮必须确保“储得好、管得好、调得动、用得上”。地方粮食必须按照“产区保持 3 个月销量，销区保持 6 个月销量”充实储备规模。

2. 紧急调整种植业结构，大规模释放非粮作物耕地储备，尽快恢复增加重点粮食品种的播种面积

根据粮食不安全等级，尽快恢复大批可耕土地为粮田，调整如蔬菜、棉麻、瓜果等农地种植规模，增加粮食种植面积，根据需要调整主要粮食作物如水稻、小麦、玉米、大豆的品种结构。农作物内部种植结构可优化调整，弹性较大。但耕地的非农化趋势，使得农作物总的播种面积可调整余地越来越小，面临很多风险，随着工业化和城镇化的快速推进，很多地方片面理解新农村建设，大搞所谓“新村庄建设”，有的地方在发展现代农业过程中，工商资本介入农业领域，建设大规模的厂房，也有的地方以各种名义跑马圈

地，侵占耕地，大批耕地变成钢筋混凝土，万顷良田不复存在。为此，必须坚守耕地红线不动摇，坚决遏制耕地面积持续下滑的趋势，为粮食安全打下坚实的调控基础。必须严格土地用途管制，坚持耕地农用原则，严格控制耕地的非农业占用，一旦出现紧急的重大粮食安全问题，我们可以释放非粮耕地储备，在相对较短时间内将耕地还原为粮田。

3. 紧急调整粮食进出口规模，简化程序提高进口决策效率，拓宽多元贸易渠道，缓解国内粮食供应缺口

全球普遍发生极端自然灾害的概率要远远小于一国普遍发生的概率。在紧急状态下，短期内可以通过国际市场弥补国内粮食供应缺口，平抑粮食价格，满足国内需求。但必须要拓宽贸易进口伙伴多元化的渠道，避免寡头垄断国家发动粮食禁运的风险。如果排除禁运风险，根据历史经验，从进出口政策出台到粮食运抵国内，一般需要半年甚至一年的时间，因此要打破正常的粮食进出口管理体制程序，由中央和国务院直接下达进口指标，提高决策效率。同时要充分考虑粮食出口国家的地域布局，尽可能选择地缘接近、运输便捷的国家，以缩短运输时间，不能使得应急的粮食大宗运输距离过长。

4. 紧急调整粮食消费需求规模和结构，立即叫停生物能源项目，压缩饲料用粮消费，重点保证口粮供给

紧急状态下，要保证粮食的紧急供应，同时也要缩减粮食消费总量，按照不同粮食消费用途的优先次序调整内部结构。首先重点保证直接粮食消费需求，缓解最基本的城乡居民口粮消费缺口。立即叫停生物能源项目，紧急控制以玉米等主要粮食品种为原料的深加工业项目，短期内大幅度缩减工业用粮，释放部分粮食原料并转到直接粮食消费用途上来。压缩饲料用粮消费，由于饲料用粮在整个粮食消费需求中的比重很大，紧急状态下，可以用饲料用粮如大量玉米和少量稻谷、小麦及杂粮部分替代直接的口粮消费，缓解口粮供给紧张状态，同时用其他非粮途径增加动物饲料。

（三）大力依靠科技创新突破资源环境约束，持续稳固提高粮食综合生产能力，完善粮食储备和进出口管理体制，从严控制生物能源盲目扩张和粮食浪费行为，适度利用国际市场资源缓解国内粮食供需紧平衡压力

从保障宏观层面粮食安全的政策框架来看，必须从中长期出发持续保障

粮食供需总量动态平衡。保障粮食安全的过程是一个在动态中实现粮食供求平衡的过程，由长期供不足需的短缺性失衡状态，到相对低水平的供求均衡状态，再到相对高水平的供求均衡状态。几十年来，我国粮食供求形势由过去的长期供给不足，转变为“总量大体平衡，丰年有余”的格局。但是，随着经济社会发展，粮食需求日益大幅刚性增长，从中长期看，我国粮食供求形势“紧平衡”的格局将成为常态，保障粮食安全的压力依然巨大。

历史经验表明，只有保持粮食供求的基本平衡，才能持续保障粮食安全，较长一段时期的供过于求和供不足需两种失衡状态，都会直接或潜在危及粮食安全。如果粮食供给水平过于落后于消费需求水平，则存在粮食短缺风险，“米贵伤民”影响低收入群体的粮食可及性，甚至有可能逐渐演变成全局性的粮食不安全问题；如果粮食供给水平过高于消费需求水平，则存在粮食过剩的风险，“谷贱伤农”挫伤农民种粮积极性，有可能加速粮食供给周期性下行拐点的来临，从而对粮食安全埋下了潜在的威胁因素。

1. 持续稳固提高粮食综合生产能力，保障粮食稳定供给

坚持工业反哺农业、城市支持农村，持续加大农业支持保护力度，努力形成长效机制，为粮食生产发展提供不竭动力。实行最严格的耕地保护制度和节约用地制度，坚守耕地红线，为粮食生产奠定坚实基础。加强农田水利设施建设，努力改变长期以来“靠天吃饭”的局面，提高农业生产的抗灾稳产能力。大力依靠科技创新突破资源环境约束，改造和提升传统农业，为粮食生产发展提供科技支撑。深化体制机制改革，激发粮食生产发展的新活力。继续稳定和完善农村基本经营制度，为粮食生产发展提供制度保障。

2. 科学规划粮食储备规模，完善粮食储备管理体制，提高宏观调控效率

健全和完善粮食储备管理体制，提高调控运作效率，避免运作程序过多、权力过于分散的弊端，防止出现“逆向调控”，从立法层面保障国有粮食企业的经济目标服务于国家宏观调控大局，避免调控目标和利润目标的冲突。合理设置粮食储备层次，提高储备粮使用效率。在粮食主产区，中央储备要在总体储备中占有绝对比重，各省可适当建立少量的应急储备；在主销区，可适当扩大地方储备的比例。科学合理设计适合国情的粮食储备规模，建议将我国的粮食储备消费比率设计在30%～40%，约为4个月消费量，如果国家粮食库存消费比低于25%（约3个月消费量），必须启动应急预案，采取应急措施防止出现粮食市场波动引发粮荒，危及社会稳定。

3. 严格控制生物能源盲目扩张，抑制不合理的粮食消费需求

坚持“不与人争粮，不与粮争地”的原则，深入调整生物能源发展战略，实施非粮的新型生物能源战略。适度控制以玉米等主要粮食品种为原料的深加工业规模，遏制盲目过快扩张重复建设的势头，支持发展以木薯、红薯、甜高粱等非粮作物生产燃料乙醇，加大政策扶持力度，鼓励技术进步和企业提高效率。发展节粮型畜牧业，降低粗放式的饲料用粮需求。从长远发展考虑，国家应当确立节粮型畜牧业作为畜牧业的根本发展战略，充分利用粮食以外的饲料资源发展草食家畜生产，促进畜牧业向规模化、集约化方向发展，提高饲料转化效率。

4. 在粮食进出口方面，要适度利用国际市场资源，调节国内主粮品种供求关系

随着世界经济贸易的不断深化，利用国际粮食贸易为保障我国粮食安全提供了一种可供选择的途径。要统筹利用国内外粮食资源，利用国际市场调剂品种余缺，建立利用国际资源弥补我国土地和水资源严重短缺的长期战略机制。调整和完善现行粮食进口管理体制，改变“逆向调控”局面，提高粮食宏观调控效率。要从被动限制进口转变为主动调控进口，切实把握进口的规模与节奏，使进口成为我国粮食宏观调控的重要工具。粮食安全的公共品属性决定了粮食安全的实现不是单纯的经济学问题，更是一个复杂的社会和政治问题。加入WTO以来，我国粮食进出口贸易格局发生了深刻变化，粮食进口量不断攀升，对外依存度持续增加的趋势强化。

因此，必须坚持立足国内的方针解决吃饭问题，避免因全球性的自然灾害等因素造成的世界性粮食减产、库存量下降的威胁，摆脱由于政治、战争等因素造成的粮食禁运和运输通道切断的制约，我国决不能也不可能过度依靠国际粮食进口保障大国粮食安全。要实现粮食贸易伙伴多元化，建立较为稳定的贸易关系，改变粮食主要进口国高度集中的局面，避免因垄断带来的政治风险。要跟踪研究粮食进口来源地的变化，适度分散粮食进口国家，推动形成世界粮食贸易多元化格局。充分利用主要粮食出口国之间的利益冲突和竞争博弈，努力掌握粮食进口的主动权。着眼中长期增加签订长期进口合同的比例，稳定长期粮食贸易关系，并通过期货交易规避风险，防止国际炒家和大粮商哄抬价格，降低粮食进口风险。

（四）逐步优化粮食生产和储备区域布局，通过建立利益补偿机制切实使各地区共同承担粮食安全责任，以保口粮自给为重点缓解品种结构性矛盾，健全粮食现代物流体系建设，进一步完善粮食价格形成机制，推进现代粮食流通产业发展

国家粮食安全不仅是一个总量问题，同时也是一个结构性问题。应该清醒地看到，我国在中观层面的粮食安全问题，如区域结构还需要进一步优化布局，品种结构有待进行战略性的调整，现代粮食物流水平亟待提升，必须着眼中长期完善中观层面粮食安全中长期政策框架，为保障粮食安全提供强有力的支撑。

1. 着力优化粮食生产和储备布局，健全粮食现代物流体系建设

要充实销区和薄弱地区粮食库存，逐步调整粮食储备区域结构，提高京津沪渝等特大城市、东部沿海主销区和贫困缺粮地区的储备比重，这些地区是粮食安全的“软肋”，容易最先出现粮食供求缺口，发生连锁效应和放大效应。同时在东南沿海将粮食储备重点布局在重要港口、大中城市和交通枢纽地带，便于粮食大宗及时运输调拨。要适应长期形成的粮食大宗“大进大出”的格局，以加强产销区对接、畅通粮食物流“大动脉”为重点，健全粮食现代物流体系建设。

2. 建立粮食主销区对主产区的利益补偿机制，使各地区共同承担起粮食安全的责任

今后一个时期，确保粮食结构平衡的难度将越来越大，粮食安全的公共性和比较效益导向的经济性存在冲突，完全靠发挥比较优势引导粮食生产布局的做法，对作出巨大贡献的主产省其实是不公平的，越是贫困的地区越种粮食，越种粮食越贫穷，同时粮食生产结构失衡也使得流通领域面临巨大压力，必须立足长远，着眼大局，由粮食主产区和非主产区共同承担起粮食安全责任，遏制主销区粮食自给率继续大幅下滑的趋势，稳住产销平衡区粮食供给水平，不能突破粮食供给水平底线。同时，要探索形成粮食主产区与主销区的利益联结机制，巩固提高主产区粮食产量。

3. 以保口粮自给为重点缓解粮食结构性矛盾，要推进粮食生产区域规划实施，优化调整粮食生产布局

水稻是我国口粮消费的主体，依靠国际市场调剂国内需求的余地极为有限，要推进实施东北平原、长江流域和东南沿海等优势区域规划建设，稳步发展粳稻，大力发展优质稻，不断优化品种和品质结构。小麦是我国的基本口粮作物，要推进实施黄淮海、长江中下游、西南、西北、东北等优势区域规划建设，确保小麦基本自给，大力发展优质专用品种，满足优质化需求。玉米是我国重要的粮食、饲料和工业原料兼用作物，要推进实施北方、黄淮海和西南等优势区域规划建设，积极发展优良玉米品种。大豆是我国进口量最大的农产品，2004 年以来进口急剧增加，长期依靠进口的态势将难以逆转，要推进实施东北高油大豆、东北中南部兼用大豆和黄淮海高蛋白大豆等优势区域规划建设，努力保证食用大豆供给，着力提高高油大豆自给率。

4. 要推进现代粮食流通产业发展，从生产关系层面加大改革创新力度，进一步完善粮食价格形成机制

从长远来看，发展粮食期货交易是粮食流通产业发展的方向和趋势。要重视增强粮食期货交易与现货市场的联动性，逐步增加粮食期货交易品种，引导生产者和经营者利用期货市场规避风险。要趋利避害，加强对粮食期货交易的监督管理，规范粮食期货交易行为，避免过度投机，发挥期货市场的价格发现作用。进一步健全粮食价格形成机制，改革完善粮食最低收购价政策，逐步建立粮食目标价格制度，借鉴农业发达国家通行做法，尊重市场规律，充分发挥市场配置资源的决定性作用，避免扭曲市场价格，加大政府补贴力度，处理好“谷贱伤农”和“米贵伤民”的关系，在综合考虑粮食生产成本和利润等因素基础上，提前设定合理的粮食目标价格，当市场形成的粮食价格低于目标价格时，对粮食生产者进行补贴，保护和调动农民种粮积极性，反之，当市场粮食价格过高时，则对低收入消费者进行补贴，保护消费者利益和贫困群体的粮食可及性。

（五）积极推进以提高低收入群体收入为重点的收入分配改革，进一步完善社会保障体系，持续提升低收入群体食物获取能力，引导科学节约用粮和健康消费的行为理念，满足城乡居民日益增长的基本粮食消费需求

城乡居民的收入水平和粮食消费价格水平是影响微观层面粮食安全的两个重要因素。要通过不断提高城乡居民收入水平，缩小日益拉大的贫富差距，进一步完善社会保障体系，稳定物价总水平防止出现大幅波动，提升城

乡低收入群体食物获取能力。同时积极倡导健康消费理念，引导科学节约用粮，提高全民粮食安全的危机意识。

1. 不断提高城乡居民收入水平，缩小日益拉大的贫富差距

收入的不稳定性和贫富差距的悬殊，导致了微观粮食安全的不稳定性和脆弱性，要建立健全有利于居民收入合理增长和缩小收入分配差距的体制机制，逐步增加低收入人群的收入，提高居民收入在国民收入分配中的比重和劳动报酬在初次分配中的比重。

2. 进一步完善社会保障体系，与经济发展水平相适应

要继续加大扶贫力度，减少绝对贫困人口的数量，要完善农村社会保障制度，逐步扩大农村最低生活保障覆盖范围，尽快推广新型农村社会养老保险，健全农村社会保障制度框架体系，不断提高农村社会保障和城镇低保支持力度，使之与经济发展相适应。

3. 稳定物价总水平，不断增强宏观调控的水平

要管理好通货膨胀预期，保持物价总水平的基本稳定。要防止粮食消费价格大幅上涨，较大幅度降低粮食中间流通环节的成本，在粮食加工和粮食物流等环节有效提高粮食流通效率，在较大幅度提高粮食最低收购价的同时，不至于引起对粮食消费价格的放大效应。

4. 倡导健康消费理念，引导科学节约用粮，提高全民粮食安全的危机意识

要充分利用“世界粮食日”、“全国爱粮节粮宣传周”等平台，按照建设资源节约型社会的要求，广泛宣传当前国际市场粮食紧缺的严峻形势[①]，使人们充分认识到爱粮节粮的重要意义，提高全民粮食安全意识，形成全社会爱惜粮食、反对浪费的良好风尚，按照营养、健康、适量、节俭的原则，引导消费者科学消费、合理消费、文明消费。切实加强节约粮食、反对浪费工作，努力降低粮食损失损耗，提高粮食综合利用率。借鉴国外的一些做法和经验，对粮食浪费行为采取切实可行的惩罚措施，并上升到法律层面，从立

---

① 在全国粮食供求紧平衡的严峻形势下，不珍惜粮食甚至浪费粮食现象却屡见不鲜，粮食浪费数量惊人。据农业部门抽样调查，每年在生产、仓储（含农户储粮和城镇家庭储粮）、运输、加工（含深加工、饲料、工业用粮加工等）、餐饮及家庭消费等诸多环节浪费的粮食占粮食总产量的17%～18%，按照2011年粮食产量计算，全国浪费的粮食就达到约1 000亿千克，相当于两个产粮大省全年的粮食产量。

法高度遏制浪费行为。

(六)加强粮食安全预警机制组织保障和法律保障，加大公共财政扶持力度，把粮食安全预警机制纳入立法程序

1. 切实转变粮食安全“九龙治水”的局面，构建跨部门的高效预警协调运作模式

由于长期以来行政管理体制滞后的原因，以及粮食安全问题的复杂性、系统性，各个职能部门分工不同，并存在一定程度的职能交叉。从粮食安全预警信息整合来看，整个产业链条上各个环节如粮食生产、流通、储备、消费、进出口的数据资料分布在不同的部门，如国家发展改革委、农业部、民政部、财政部、国家粮食局、海关总署、国家统计局、中储粮总公司、中粮集团等，由于单位职能的不同和统计口径方法的不同，数据资料存在一定程度的分散性、差异性。加强对粮食安全预警工作的领导，充分发挥各部门的优势，建立不同部门之间的协作机制，减少政府部门之间职能交叉、重叠，着力解决政出多门，沟通难、协调难等方面的问题，实现粮食安全由“九龙治水”转变为“一龙治水”，进一步理顺部门之间的职能，减少过多的协调和沟通环节，构建跨部门的高效快捷的粮食安全预警协调模式。

2. 提高对粮食安全预警体系建设公益属性和战略重要性的认识，强化政府责任，加大财政扶持力度

粮食安全在国民经济社会中具有基础战略性和特殊重要性的地位，其公共属性决定了粮食安全的实现不是一个单纯的经济学问题，更是一个政治问题、社会问题，粮食安全的责任必须由政府承担。粮食安全预警系统的建立与完善，可以及时、准确地从整体上把握粮食安全基本态势，并根据相关动态预警指标的变化对粮食安全状况可能出现的问题提前预警预报，为有关部门决策提供可靠程度较高的预测信息，为采取紧急调控措施以及设计中长期粮食安全框架提供依据，达到有效保障国家粮食安全的目标。当前粮食安全预警工作的开展在世界范围内受到普遍重视，与发达国家相比，我国的粮食安全预警体系建设还存在较大差距。粮食安全预警体系的建设具有完全的公益性，必须加大公共财政的支持力度，国家层面的粮食安全预警体系建设由中央财政全部承担，地方层面的粮食安全预警体系建设以中央财政投入为

主、地方财政配套为辅，重点加强信息收集与整理系统、预警分析系统、警示预报系统和警情调控系统建设，逐步建立起高效灵活的从中央到地方纵向一体化的粮食安全预警系统。

3. 坚决推进依法治粮，把粮食安全预警机制纳入立法程序，增强粮食安全预期调控的前瞻性

作为粮食大国，我国粮食立法工作却一直相对滞后，粮食宏观调控依然处于行政干预为主的阶段，粮食安全调控方针政策措施的贯彻执行得不到法律的保障。因此要坚决推进依法治粮，把粮食安全预警机制作为一项重要内容纳入立法程序，建立起完备的粮食相关法律制度，改变宏观调控的滞后性，摆脱计划经济体制下依靠行政命令配置资源的路径依赖，增强粮食安全预期调控的前瞻性，真正为提高粮食宏观调控能力提供坚实的法律保障。要加快出台《粮食法》，认真借鉴国外有关粮食法律法规的成功经验，全面梳理国内现行与粮食相关的法律法规，做好粮食安全预警机制与相关粮食宏观调控机制的衔接，坚持立足国内保障粮食基本自给、通过进出口调剂余缺，完善国家宏观调控下的粮食省长负责制，在国家宏观调控下充分发挥市场机制基础性作用，保护粮食生产者、经营者和消费者合法权益，坚持符合国际惯例与大力扶持国内粮食产业发展相结合，统筹协调与财政、税收、金融、社会保障体系相结合，切实提高粮食立法质量，为粮食安全提供可靠前提保障。

第三节　研究的创新与展望

总体来看，关于粮食安全的研究可谓浩如烟海，在前人研究的基础上，本书的研究亮点和可能的创新大致可以归结以下四点。

一是研究角度的新颖性，探索运用底线思维模式，将粮食安全划分为三个层级进行研究。目前对于我国粮食安全的研究多数基于宏观层面视角的粮食供求关系，而对于中观层面的结构性问题以及微观层面的家庭粮食获取问题的研究相对较少。本书运用底线思维的方法将粮食安全划分为三个层级，将粮食生产和消费的总量平衡问题界定为第一层级的粮食安全，将涉及局部地区和粮食品种的结构性问题界定为第二层级的粮食安全，将涉及局部人群的即期性问题界定为第三层级的粮食安全，从不同的层级视角全面剖析了我国粮食安全面临的问题。

二是研究范式的创新性，基于横向分层次和纵向产业链的研究，创建了粮食安全预警模型。一是目前对于粮食安全的评价研究更多的是选取宏观层面的指标，大多采用主观赋予权重的方法，本书在广泛征求政府部门、科研机构和高校专家学者意见的基础上形成了相当数量的调查问卷，并运用层次分析法（AHP）综合权衡确定不同层面指标体系以及分层面单个警情指标的权重，增强了预警指标体系科学性和可靠性；二是目前对于粮食安全的预警机制研究还属于较新的领域，在综合预警指标的筛选确定以及模型方法的设定上有待于进一步研究，本书在国内外相关研究的基础上，基于不同层面和全产业链，构建粮食安全预警模型并进行系统性的研究。

三是政策框架设计的系统性，综合提出了短期紧急调控方案和中长期政策框架体系。鉴于粮食安全的系统性、复杂性和动态性，如何在早期对粮食安全进行科学有效地预测预警，建立符合我国国情的粮食安全预警机制，具有十分重要的理论和政策价值。本书通过筛选粮食安全的预警指标体系，构建符合我国国情的粮食安全预警模型，制定粮食安全短期紧急调控方案，形成纵向一体化的预警机制，提高应对突发性事件的能力；系统提出粮食安全中长期政策框架，持续保障粮食供需总量动态平衡，优化粮食供需区域和品种结构配置，提升城乡低收入群体食物获取能力，这些对策建议具有较强的政策导向性。

四是研究视野的开阔性，全景式地考察了粮食安全的影响因素，并进行了富有价值的研究。本书提出了粮食供求由低水平均衡向相对高水平均衡转变的“动态平衡”概念，尽管目前我国粮食产量比新中国成立初期翻了两番多，但是供求形势依然处于紧平衡状态，并且对外依存度继续增加。在生产领域，通过农资价格和粮食生产价格的关系以及种粮利润成本分析实证研究了农业的市场风险，提出了粮食增产背后掩盖的深层次矛盾；在流通领域，实证研究了粮食流通对生产的引导作用，并提出粮食流通环节推高消费价格，造成实际粮食生产价格的涨幅远远低于实际消费价格，并呈现两种价格差距拉大的趋势；在贸易领域，用粮食净进口量和虚拟利用境外土地资源两种方法测算了粮食对外依存度，结果表明我国粮食安全形势远不像想象的那么乐观，并对粮食禁运等问题进行了现实分析，提出粮食安全的公共属性决定了其不是一个单纯的经济问题，更是一个政治问题和社会问题，如果按照经济性边界设定粮食安全标准将是很危险的，就如同国家军事防御、建筑抗震级别、消防设施系统、机车安全装备的安全等级标准一样不能降低。

目前国际上尚没有公认的粮食安全衡量方法，国内外专家学者一直在探索更为科学有效的粮食安全预警体系。粮食安全的复杂性、系统性和动态性决定了预警预报工作是一项十分巨大的工程，单凭个人之力完成是难以想象的，本书只是在对粮食安全进行三个层次划分的基础上，构建了粮食安全预警机制的基础性框架，初步提出了紧急调控方案和中长期政策设计。当然，还有很多问题值得继续深化研究。

一是比较研究方面，针对FAO等国际组织以及美国、日本等国家的粮食安全预警的具体做法实例，与我国情况进行比较研究，另外将本书构建的预警指标体系的应用结果与前人研究的结果进行对比分析，需要继续进行专门拓展研究。

二是预警指标选取方面，本书创新性地构建了一个多层次的预警指标体系，重点在构建粮食安全警情指标体系并注重其可操作性，理论上还需增加部分警兆指标作为综合指数和各个单项指数的补充，同时在中观层面指标上还需增加地区粮食价格差率、物流运输效率、粮食加工能力等指标，以更充分反应区域结构性差异程度，但由于数据可得性所限，需要进一步细化研究。

三是预警模型方法方面，对于局部均衡或一般均衡方法的应用显得不足。本书在研究初期拟构建一个基于局部均衡的三维均衡模型（CGTEM, China Grain tridimensional Equilibrium Model）。①构建生产函数：$GP=F(X_1, X_2, X_3, X_4, X_5, X_6, X_7, X_8)$，其中，$GP$(Grain Production)为粮食总产量，X_1 为劳动投入变量、X_2 为播种面积变量、X_3 为机械动力变量、X_4 为化肥变量、X_5 为有效灌溉率变量、X_6 为自然灾害变量、X_7 为制度变量、X_8 为技术变量。②构建消费函数：$GC=F(X_1, X_2, X_3, X_4, X_5, X_6, X_7, X_8, X_9)$，其中，$GC$(Grain Consumption)为粮食总消费量，X_1 为人口总量变量、X_2 为基尼系数变量、X_3 为城镇人口数变量、X_4 为城镇人口增长率变量、X_5 为贫困人口比率变量、X_6 为农村居民的贫困发生率变量、X_7 为城镇居民的社会保障水平变量、X_8 为人均收入增长率变量、X_9 为粮食价格上涨率变量。③库存函数：$GS=F(X_1, X_2, X_3, X_4, X_5, X_6, X_7, X_8, X_9, X_{10})$，其中，$GS$(Grain Storage) 为粮食库存量，$X_1$、$X_2$、$X_3$ 分别为主要粮食品种（稻米、小麦、玉米、大豆）供求差率变量、X_4 为不同地域粮食供求差率变量、X_5 为区域间粮食价格差异程度变量、X_6 为区域粮食物流水平及效率变量、X_7 为上年粮食安全储备率变量、X_8 为国内粮食市场价格上涨率变量、X_9 为国际粮食市场价格上涨率变量、X_{10} 为自然灾害程度变量。④贸易函数：$GT=F(X_1, X_2, X_3, X_4, X_5)$，其中，$GT$(Grain Trade)为粮食贸易量，$X_1$ 为人民币汇率变量、X_2 为国内粮食市场价格上涨率变量、X_3 为国内粮食产量增加率变量、X_4 为国际粮食市场价格上涨率变量、X_5 为世界粮食产量增加率变量。⑤市场平衡函数：$GP+GS+GT=GC$，通过中国粮食三维均衡模型（CGTEM)，一方面分析各项相关指标变量的显著性和重要性，为进一步研究提供基础，另一方面对未来粮食供需做出中长期预测。由于数据收集和精力所限，在这方面还需要继续深化研究。

四是在预测模拟方面，在后续的研究中，结合联合国粮农组织（FAO）发布的《世界粮食展望报告》，以及有关专家学者的研究，提供我国未来粮食生产供给和消费需求可能出现的几种情形，作为可供选择的情景模拟方案。

参 考 文 献

岸根卓郎．1999. 粮食经济：未来二十世纪的政策［M］. 南京：南京大学出版社．

安晓宁．1998. 粮食安全预警的理论、方法及其系统设计［J］. 世界农业（8）：6－8.

白石和良．2001. 中国的粮食安全保障和粮食贸易政策［J］. 世界农业（3）．

毕洁颖．2010. 中国农村贫困人口食物消费研究［D］. 北京：中国农业科学院.

曹树基．2005. 1959—1961年中国的人口死亡其成因［J］. 中国人口科学（1）．

曹树基．2005. 大饥荒：1959—1961年的中国人口［M］. 香港：香港时代国际出版有限公司．

陈静彬．2009. 基于熵值法和灰色关联分析的粮食安全预警研究——以湖南省为例［J］. 求索（8）．

陈绍充，王卿．2009. 中国粮食安全预警系统构建研究［J］. 宏观经济研究（1）：56－62.

陈锡文．1999. 避免反复出现“卖粮难”关键在于注重技术进步何发挥市场机制作用［J］. 瞭望新闻周刊（27）．

陈锡文．1995. 我国粮食安全问题绝不可忽视［J］. 改革内参（18）．

陈锡文．1995. 中国粮食供需前景［J］. 中国农村经济（8）：3－9.

陈锡文．1997. 论中国的粮食进出口［J］. 粮食科技与经济（3）：15－20.

陈锡文，赵阳，罗丹．2008. 中国农村改革30年回顾与展望［M］. 北京：人民出版社．

陈婷，戴尔阜，傅桦．2009. 运用AHP法构建粮食安全预警体系及对珠江三角洲地区粮食安全的评析［J］. 中国农学通报（25）．

陈永福．2004. 中国食物供求与预测［M］. 北京：中国农业出版社．

程国强，陈良彪．1983. 中国粮食需求的长期趋势［J］. 中国农村观察（3）：1－11.

程亨华，肖春阳．2002. 中国粮食安全及其主要指标研究［J］. 财贸经济（12）．

池邦劳，等．2001. 我国进口粮食的风险评价［J］. 国际技术经济研究（4）．

戴春芳，贺小斌，冷崇总．2008. 改革开放以来我国粮食价格波动分析［J］. 价格月刊（6）．

丹·摩根．1983. 粮食巨人［M］. 北京：农业出版社．

邓大才．2004. 粮食流通体制探求市场力量与政府力量的均衡［J］. 经济评论（4）：79－84.

邓乃扬，刘广利，张春华．2003. 一种新的支持向量分类方法及其在粮食安全预警系统中的应用［J］. 运筹学学报（2）：1－8.

邓亦武．2004. 粮食宏观调控论［M］. 北京：经济管理出版社（8）：164－192.

丁声俊，朱立志．2003. 世界粮食安全问题现状［J］. 中国农村经济（3）：71－80.

参 考 文 献

丁声俊.2004.关于我国粮食安全及其保障体系建设［J］.粮食问题研究（1）：15-20.

樊胜根，等.1997.中国未来粮食供求预测的差别［J］.中国农村观察（3）.

付宏.2006.国家粮食价格监测预警系统的设计与实现［J］.中国粮油学报（6）：467-472.

傅龙波，钟甫宁，徐志刚.2001.中国粮食进口的依赖性及其对粮食安全的影响［J］.管理世界（3）：135-140.

范子英，孟令杰.2007.经济作物、食物获取权与饥荒：对森的理论的检验［J］.经济学（季刊）（1）.

范子英，孟令杰.2005.有关中国1959—1961年饥荒的研究综述［J］.中国农村观察（1）.

高帆.2005.中国粮食安全研究的新进展：一个文献综述［J］.江海学刊（5）.

高帆.2005.中国粮食安全的理论研究与实证分析［M］.上海：上海人民出版社.

高峰，公茂刚，王学真.2006.微观粮食安全研究及启示［J］.经济问题探索（1）.

葛结根.2004.粮食安全：一个基于持续稳定发展的经济学分析框架［J］.农业经济问题（4）：21-25.

顾海兵.1991.我国粮食及农业生产的警度测定分析［J］.农业经济问题（8）：56-60.

顾海兵，刘明.1994.我国粮食生产预警系统的探讨［J］.经济与理论管理（1）.

顾焕章，等.1995.建立粮食供求预警系统稳定我国的粮食生产和市场［J］.农业经济问题（2）：23-26.

顾焕章，王曾金，许朗.1995.建立粮食供求预警系统，稳定我国的粮食生产和市场［J］.农业经济问题（2）.

广东省人民政府应急管理办公室.广东省粮食应急预案（修订稿）.2007-12-02.

公茂刚.2006.我国农民贫困人口的微观粮食安全研究［D］.淄博：山东理工大学.

国务院.国家粮食安全中长期规划纲要（2008—2020年）.2008.11.

国务院发展研究中心.我国粮食生产能力与供求平衡战略研究［R］.2009-04-30.

国务院发展研究中心.我国油料生产能力与供求平衡战略研究［R］.2009-05-07.

国务院发展研究中心课题组.2009.我国粮食生产能力与供求平衡的整体性战略框架［J］.改革（6）.

国家发展改革委.关于促进玉米深加工业健康发展的指导意见.2007.9.

国家发展改革委.国家粮食局.中央储备粮管理条例.2003-08-15.

国家发展改革委.国家粮食局.粮食流通管理条例.2004-05-26.

国家发展改革委.国家粮食局.粮食行业“十二五”发展规划纲要.2011-12-28.

国家发展改革委.国家粮食局.粮食法（征求意见稿）.新华网，2012-02-21.

郭书田.1997.中国粮食供求与国际贸易［J］.中国农村观察（3）：24-28.

韩俊.2010.中国食物生产能力与供求平衡战略研究［M］.北京：首都经济贸易大学出版社.

何松森 . 2011. 中国粮食英语教材［M］. 北京：经济管理出版社 .

何秀荣，等 . 2004. 中国国家层面的食物安全评估［J］. 中国农村观察（6）.

洪涛，等 . 2010. 中国粮食安全保障体系及预警［M］. 北京：经济管理出版社.

胡锋 . 2001. 中国粮食生产与消费价格指数波动比较研究（1990—2009）［J］. 辽宁经济（1）.

胡红帆 . 1999. 中国粮食安全预警系统研究［D］. 北京：中国农业大学 .

胡靖 . 1999. 中国渐进粮食安全研究［D］. 北京：中国人民大学 .

胡靖 . 2003. 入世与中国渐进式粮食安全［M］. 中国社会科学出版社：279 -285.

胡靖 . 2000. 自产底线与有限 WTO 区域——中国粮食安全模式选择［J］. 经济科学（6）：27 - 35.

胡荣华 . 2002. 中国粮食安全成本分析［J］. 统计研究（5）：58 - 61.

黄季焜，S. Rozelle. 1998. 迈向 21 世纪的中国粮食经济［M］. 北京：中国农业出版社 .

黄季焜 . 2004. 中国农业的过去和未来［J］. 管理世界（3）：95 -101.

黄季焜 . 2004. 中国的食物安全问题［J］. 中国农村经济（10）：4 - 10.

黄季焜，李宁辉 . 2003. 中国农业政策分析和预测模型——CAPSiM［J］. 南京农业大学学报（3）：30 - 41.

黄季焜，等 . 2009. 发展生物燃料乙醇对我国区域农业发展的影响分析［J］. 经济学（季刊）（1）.

黄燕 . 2000. 中国粮食安全预警的系统动力学研究［D］. 北京：中国农业大学.

黄祖辉 . 2007. 市场化、国际化背景下中国粮食安全分析及对策研究［M］. 杭州：浙江大学出版社 .

冀名峰 . 2003. 国有粮食企业行为研究［D］. 北京：中国农业大学 .

江涌 . 2008. 直面世界粮食危机：一场沉默的海啸不期而至［J］. 求是（7）.

柯炳生 . 1995. 中国粮食市场与政策［M］. 北京：中国农业出版社 .

柯炳生 . 2008. 财政支农资金比重下降不容忽视［N］. 农民日报，2008 - 07 -16.

李成贵 . 2002. 中国的粮食安全与国际贸易［J］. 国际经济评论（5）：57 -59.

李国祥 . 1999. 建国以来我国粮食生产循环波动分析［J］. 中国农村观察（5）：44 - 51.

李福君 . 2005. 我国粮食储备布局研究［D］. 北京：中国农业大学 .

李萌 . 2005. 中国粮食安全问题研究［D］. 武汉：华中农业大学 .

厉为民，黎淑英 . 1988. 世界粮食安全概论［M］. 北京：中国人民大学出版社.

李鹏，谭向勇，王玉斌 . 2005. 从食物保障状况看中国当前粮食安全［J］. 中国农村经济（6）.

李勇，蓝海涛 . 2007. 中长期中国粮食安全财政成本及风险［J］. 中国农村经济（5）.

李志强，赵忠萍，吴玉华 . 1998. 中国粮食安全预警分析［J］. 中国农村经济（1）：27 - 32.

李岳云，等 . 2001. 中国粮食波动论［M］. 北京：中国农业出版社 .

梁子谦 . 2007. 中国粮食综合生产能力与安全研究［M］. 北京：中国财政经济出版社 .

林毅夫 . 2004. 入世与中国粮食安全和农村发展 [J]. 农业经济问题 (1) .
刘传江 . 2000. 中国粮食流通体制的制度安排及其变迁 [J]. 经济评论 (2)：48-58.
刘甲朋 . 2004. 中国粮食储备问题研究观点综述 [J]. 经济纵横 (7) .
刘润芳，杨建飞 . 2011. 我国居民收入份额下降的原因分析及对策建议——基于 1992—2008 年资金流量表数据分析 [J]. 西安财经学院学报 (9) .
刘明，顾海兵 . 1993. 我国粮食生产警情的确定 [J]. 中国农村经济 (3) .
刘淑 . 2002. 云南省粮食生产预警系统的构建研究 [J]. 运筹与管理 (5) .
刘晓梅 . 2004. 关于我过粮食安全评价指标体系的探讨 [J]. 财贸经济 (9)：56-61.
刘晓梅 . 2004. 我国粮食安全战略研究 [M]. 北京：中国市场出版社 .
刘晓梅 . 2004. 我国粮食安全战略与粮食进口规模 [J]. 宏观经济研究 (9) .
刘颖 . 2002. 关于我国专项粮食储备规模的定量研究 [J]. 华中农业大学学报 (3)：26-28.
刘振伟 . 2004. 我国粮食安全的几个问题 [J]. 农业经济问题 (12) .
刘志仁 . 2012. 国务院参事刘志仁：不要让“八连增”掩盖“三农”深层次矛盾 [EB/OL]. 人民网“两会深阅读”，http：//lianghui. people. com. cn/2012cppcc/GB/17364270. html，2012-03-13.
隆国强 . 1999. 大国开放中粮食流通 [M]. 北京：中国发展出版社 .
龙方 . 2007. 新世纪中国粮食安全问题研究 [M]. 北京：中国经济出版社 .
娄源功 . 2003. 基于国家粮食安全的专项储备粮规模研究 [J]. 农业技术经济 (4) .
娄源功 . 2004. 中国粮食安全规模及布局研究 [D]. 北京：中国农业大学 .
卢波 . 2006. 中国储备粮管理机制研究 [D]. 乌鲁木齐：新疆农业大学 .
卢锋，彭凯翔 . 2002. 中国粮价与通货膨胀关系 (1987—1999) [J]. 经济学季刊 (4)：821-835.
卢锋 . 2004. 半周期改革现象——我国粮棉流通改革和食物安全研究 [M]. 北京：北京大学出版社 .
卢锋，谢亚 . 2008. 我国粮食供求与价格走势 (1980—2007) [J]. 管理世界 (3) .
卢锋 . 1997. 我国粮食贸易政策调整与粮食禁运风险评价 [R]. 北京大学中国经济研究中心，Working Paper，No. C1997007，1997. 8.
鲁靖，许成安 . 2004. 构建中国的粮食安全保障体系 [J]. 农业经济问题 (8) .
卢良恕，王健 . 2007. 粮食安全 [M]. 杭州：浙江大学出版社 .
吕耀，等 . 1999. 中国食物保障可持续性及其评价 [J]. 中国农村经济 (8) .
吕新业，王济民，吕向东 . 2006. 我国食物安全的短期预测与预警研究 [J]. 农业经济问题 (5) .
吕新业 . 2003. 我国粮食安全现状及未来发展战略 [J]. 农业经济问题 (11) .
门可佩，等 . 2009. 基于 AHP-GRA 集成的中国粮食安全预警研究 [J]. 统计与决策 (20) .

梅方权，张象枢，黄季焜，方瑜，等．2006. 粮食与食物安全早期预警系统研究［M］. 北京：中国农业科学技术出版社．

苗齐，钟甫宁．2006. 我国粮食储备规模的变动及其对供应和价格的影响［J］. 农业经济问题（11）．

马九杰，张传宗．2002. 中国粮食储备规模模拟优化与政策分析［J］. 管理世界（9）：95－105.

马九杰，等．2001. 粮食安全衡量及预警指标体系研究［J］. 管理世界（1）：34－40.

马九杰，张象枢，顾海兵．2001. 粮食安全衡量及预警指标体系研究［J］. 管理世界（1）：154－162.

马文杰．2010. 中国粮食综合生产能力研究［M］. 北京：科学出版社．

马晓河，等．1998. 中国粮食贸易的不稳定性及其影响［J］. 管理世界（1）．

聂振邦．现代粮食流通产业发展战略研究［M］. 北京：经济管理出版社．

宁自军．2003. 贝叶斯矩法在粮食安全预警中的应用［J］. 统计与信息论坛（18）：45－47.

农业部．全国粮食生产发展规划（2006—2020 年）．

齐援军，蓝海涛．2006. 我国中长期粮食安全若干重大问题研究综述［J］. 经济研究参考（73）：36－48.

世界银行．1988. 中国的粮食安全：长期问题与可选方案［M］. 北京：中国财政出版社．

尚长风．2009. 1961 年中国粮食进口研究［J］. 中共党史资料（3）．

邵鲁．2009. 我国粮食供求、价格波动与安全问题的实证分析［D］. 长春：吉林大学．

石如东．1995. 粮食：美国对外政策中的战略武器［J］. 当代思潮（2）．

田维明．1990. 我国粮食收购体制对粮食生产的影响［J］. 农业经济问题（12）．

田野．2004. 关于粮食安全问题的几个认识误区［J］. 中国农村经济（3）．

王川，王克．2008. 基于 BP 神经网络的我国农产品市场风险预警研究［J］. 山西财经大学学报（S2）．

王定祥，等．2005. 中国粮食安全的预警系统及长效机制研究［J］. 重庆社会科学（4）：32－36.

王健，陆文聪．2007. 市场化、国家化背景下中国粮食安全分析及对策研究［M］. 杭州：浙江大学出版社．

王培志．2008. 经济全球化背景下中国产业安全预警机制研究［M］. 北京：中国财政经济出版社．

王秀清，等．2004. 1981—2000 年中国农产品价格上涨的波及效应［J］. 中国农村经济（2）．

王雅鹏．2005. 对我国粮食安全路径选择的思考［J］. 中国农村经济（3）．

王轶群，何秀荣．2008. 生物乙醇燃料发展对我国粮食的影响及原料替代研究［C］. 2008 年全国中青年农业经济学者年会．

王珍．2005. 新中国最惨痛的灾害记忆三年大饥荒［J］. 文汇读书周报，2005－11－18.

闻海燕，杨万江．2006. 主销区粮食安全预警指标体系的构建与测度［J］. 农业经济（8）：6－8.

吴宾，党晓虹．2008. 论中国古代粮食安全问题及其影响因素［J］. 中国农史（1）．

吴旋．2003. 中国粮食价格预警系统研究［D］. 北京：中国农业大学．

吴志华．2003. 以合理成本保障粮食安全［J］. 中国农村经济（3）：10－17.

吴志华，等．2001. 中国粮食安全与成本优化研究［M］. 北京：中国农业出版社．

吴志华，施国庆，胡荣华．2002. 中国粮食安全储备及其规模确定［J］. 中国农村观察（1）．

鲜祖德，盛来运，等．2005. 我国粮食安全评价指标体系研究［J］. 统计研究（8）．

肖春阳，等．2005. 国有粮食企业改革［M］. 北京：经济管理出版社．

肖国安，等．2006. 粮食安全预警研究综述及一种新的预警模型［J］. 湘潭大学学报（哲学社会科学版）（1）.

肖国安．2005. 中国粮食安全研究［M］. 北京：中国经济出版社．

肖国安，王文涛．2009. 中国粮食安全报告：预警与风险化解［M］. 北京：红旗出版社．

肖海峰，何秀荣，李鹏．2004. 中国城乡居民对粮食安全的态度、风险承受能力及其影响因素分析［J］. 中国农村经济（1）．

谢颜，李文明．2010. 从消费需求角度探索保障我国粮食安全的新途径［J］. 中国粮食经济（5）．

徐逢贤，唐晨光，程国强．1999. 中国农业扶持与保护［M］. 北京：首都经济贸易大学出版社．

许经勇，等．2004. 中国粮食安全问题的理性思考［J］. 厦门大学学报（哲学社会科学版）（1）：38－43.

许学政．2008. 粮食企业不容外资并购［J］. 中国粮食经济（10）．

严瑞珍，程漱兰．2001. 经济全球化与中国粮食问题［M］. 北京：中国人民大学出版社．

杨万江．1999. 危机与出路：中国粮食结构与农业发展新论［M］. 北京：社会科学文献出版社．

游建章．2002. 粮食安全预警与评价的评价［J］. 农业技术经济（2）：11－14.

尤利群，范秀荣．2009. 粮食出口禁运的福利及政策效应分析［J］. 财经论丛（9）．

于航，周林，袁鹏．2009. 中国燃料乙醇产业发展概况［J］. 粮食与食品工业（4）．

于旭波．2009. 粮油食品安全与产业发展［C］. 北京：中国农业大学论坛，2009.6.

约翰·马德莱．2005. 贸易与粮食安全［M］. 北京：商务印书馆．

云南农科院．2007. 云南省粮食安全问题及对策研究［M］. 北京：中国农业科学技术出版社．

张晓涛，王扬．2009. 大国粮食问题：中国粮食政策演变与食品质量安全监管［M］. 北京：经济管理出版社．

赵阳．2007. 公有与私用：中国农地产权制度的经济学分析［M］. 北京：生活·读书·新知三联书店．

赵瑞莹，杨学成．2008. 农产品价格风险预警模型的建立与应用——基于 BP 人工神经网络［J］. 农业现代化研究（3）：172－175.

郑有贵.1998. 粮食流通体制改革：政策演变及其绩效分析 [J]. 当代中国史研究（4）.

中国粮食经济学会，中国粮食行业协会.2011. 粮食安全——国计民生的永恒主题 [M]. 北京：中国财政经济出版社.

中国粮食研究培训中心.2009. 国家政策对粮食产业发展的绩效评价 [R]. 国家粮食局软科学课题.

中国粮食研究培训中心.2008. 我国粮食安全的实证分析和政策研究 [R]. 国家粮食局软科学课题.

周艾婷.2009. 从世界粮食危机看中国粮食安全问题 [D]. 广州：广东外语外贸大学.

周光杨.潘基文呼吁尽快解决粮食危机 [EB/OL]. 新华网，2008-04-22.

钟甫宁，朱晶，曹宝明.2004. 粮食市场的改革与全球化：中国粮食安全的另一种选择 [M]. 北京：中国农业出版社.

钟甫宁.2009. 世界粮食危机引发的思考 [J]. 农业经济问题（4）.

钟甫宁.1995. 稳定的政策和统一的市场对中国粮食政策的影响 [J]. 中国农村经济（7）.

朱晶.2000. 贸易、波动、可获性与粮食安全 [D]. 北京：南京农业大学.

朱晶.2003. 农业公共投资、竞争力与粮食安全 [J]. 经济研究（1）.

朱晶.2003. 贫困缺粮地区的粮食消费和食品安全 [J]. 经济学（季刊）(4).

朱晶，钟甫宁.2000. 从粮食生产波动的国际比较看我国利用世界市场稳定国内供应的可行性 [J]. 国际贸易问题（4）.

朱晶，钟甫宁.2004. 市场整合、储备规模与粮食安全 [J]. 南京农业大学学报（社会科学版）(9).

朱希刚.1997. 跨世纪的探索：中国粮食问题研究 [M]. 北京：中国农业出版社.

朱泽.1997. 中国粮食安全状况研究 [J]. 中国农村经济（5）.

朱泽.1998. 中国粮食安全问题：实证研究与政策选择 [M]. 长沙：湖北科学技术出版社.

Bouis，H. 1993. Food consumption surveys：how ran - dom are measurement errors[R]. In：von Braun，J.，Puetz，D.(Eds.)，Data Needs for Food Policy in Developing Countries，International Food Policy Research Institute，Washington，DC.

Bruins，Hendrik J.，Bu，Fengxian. 2006. Food Security in China and Contingency Planning：the Significance of Grain Reserves. [J]. *Journal of Contingencies and Crisis Management*，September，vol. 14：114 - 124.

Byerlee，Derek，Sain，Gustavo. 1986. Food Pricing Policy in Developing Countries：Bias against Agriculture or for Urban Consumers[J]. *American Journal of Agricultural Economics*，Vol. 68，No. 4(Nov.，1986)：961 -969.

Carter，C. and F. Zhong. 1991. China's Past and Future Role in the Grain Trade[J]. *Economic Development and Cultural Change*，Vol. 39，No. 4，July：791 - 814.

Chung, K. Haddad, L. Ramakrishna, I. Riely. 1997. Identifying the Food Insecure: The Application of Mixed—Method Approaches in India[R]. *International Food Policy Research Institute*. Washington. DC.

Ehrlich, Paul R., Ehrlich, Anne H., Daily, Gretchen C. 1993. Food Security, Population and Environment[J]. *Population and Development Review*, Vol. 19, No. 1 (Mar.): 1-32.

Falcon, Walter P., Naylor, Rosamond L. 2005. Rethinking Food Security for the Twenty-First Century[J]. *American Journal of Agricultural Economics*, Vol. 87, No. 5, Proceedings Issue(Dec.): 1113-1127.

Fan, Shenggen, Gail Cramer, Eric Wailes. 1994. Food demand in rural China: evidence from rural household survey[J]. *Agricultural Economics*, Vol. 11, Issue 1, September: 61-69.

Fan, Shenggen, Zhang, Linxiu, Zhang, Xiaobo. 2004. Reforms, Investment, and Poverty in Rural China[J]. *Economic Development and Cultural Change*, Vol. 52, No. 2 (Jan.): 395-421.

Fan, Shenggen, Mercedita Agcaoili-Sombilla. 1997. Why Do Projections on China's Future Food Supply and Demand Differ[R]. *IFPRI*, 1997. 3.

Gong, Jianhua, Lin, Hui. 2000. Sustainable development for agricultural region in China: case studies [J]. *Forest Ecology and Management*, Vol. 128, Issues 1～2, 15 March: 27-38.

Grumbine, R. Edward. 2007. China's Emergence and the Prospects for Global Sustainability[J]. *BioScience*, Vol. 57, No. 3 (Mar.): 249-255.

Haddad, L. Kennedy, E. Sullivan. 1994. Choices of indicators for food security and nutrition monitoring [J]. *Food Policy*. 19(3).

Hamilton, w. Cook, J. T. Thompson, W. Buron. 1997. Household Food security in the United States in 1995[J]. *Office of Analysis and Evaluation*, *Food and Consumer Service*, *United States Department of Agriculture*, Washington. DC.

Huang, Jikun, Rozelle, Scott, Rosegrant, Mark W. 1999. China's Food Economy to the Twenty-First Century: Supply, Demand, and Trade[J]. *Economic Development and Cultural Change*, Vol. 47, No. 4(Jul.): 737-766.

Johnson, D. 1998. Gale, Food Security and World Trade Prospects[J]. *American Journal of Agricultural Economics*, Vol. 80, No. 5, Proceedings Issue(Dec.): 941-947.

Lin, Justin Yifu. 1992. Rural Reforms and Agricultural and Growth in China[J]. *American Economic Review*: 82, 34-51.

Lin, Justin Yifu. 1991. Public Research Resource Allocation Chinese Agriculture: A Test of Induced Technological Innovation Hypotheses[J]. *Economic Development and Cultural*

Change. 40(1)：55 - 73.

Mark W. Rosegrant，Michael S. Paisner，Siet Meijer，Julie Witcover. 2001. Global food Projections to 2020：emerging trends and Alternative futures[R]. *International Food Policy institute*：206.

Maxwell，S. 1992. Frankenberger Household Food Security：Concepts，Indicators，Measurement，A Technical Review[M]. CNICEF，*New York and IFAD*. Rome.

McBeath，Jerry，McBeath，Jenifer. 2009. Environmental Stressors and Food Security in China [J]. *Journal of Chinese Political Science*，Mar，Vol. 14 Issue 1：49 - 80.

Park，Albert，Jin，Hehui，Rozelle，Scott，Huang，Jikun. 2002. Market Emergence and Transition：Arbitrage，Transaction Costs，and Autarky in China's Grain Markets[J]. *American Journal of Agricultural Economics*，Vol. 84，No. 1(Feb.)：67 - 82.

Parry，Martin，Rosenzweig，Cynthia，Livermor，Matthew. 2005. Climate Change，Global Food Supply and Risk of Hunger，*Philosophical Transactions*：*Biological Sciences* [J]. Vol. 360，No. 1463，Food Crops in a Changing Climate(Nov. 29)：2125 - 2138.

Patel，Raj. Stuffed，Starved. 2008. Markets，Power and Hidden Battle for the World Food System[M]. *Oriental Press*.

Reutlinger，Shlomo，Poverty，Hunger. 1986. Issues and Options for Food Security in Developing Countries[R]. A World Bank Policy study. *The World Bank*.

Rose，Oliveira. 1997. Validation of a self—Reported Measure of Household Food Insecurity with Nutrient Data，Economic Research Services Technieal Bulletin No. 1863[J]. *US Department of Agriculture Washington. DC*.

Rosegrant，Mark W.，Sombilla Mercedita A. 1997. Critical Issues Suggested by Trends in Food，Population，and the Environment to the Year 2020[J]. *American Journal of Agricultural Economics*，Vol. 79，No. 5，Proceedings Issue(Dec.)：1467 - 1470.

Rozelle，Scott，Rosegrant，Mark W. 1997. China's Past，present，and future food economy：can China continue to meet the challenges[J]. *Food Policy*，Vol. 22，Issue3，June：191 - 200.

Rozelle，Scott，Boisvert，Richard N. 1993. Grain Policy in Chinese Villages：Yield Response to Pricing，Procurement，and Loan Policies[J]. *American Journal of Agricultural Economics*，Vol. 75，No. 2(May)：339 - 349.

Scanlan，Stephen J. 2001. Food Availability and Access in Lesser - Industrialized Societies：A Test and Interpretation of Neo - Malthusian and Technoecological Theories[J]. *Sociological Forum*，Vol. 16，No. 2(Jun.)：231 -262.

Sen，Amartya. 1982. The Food Problem：Theory and Policy[J]. *Third World Quarterly*，Vol. 4，No. 3(Jul.)：447 - 459.

Sen，Amartya. 1981. Ingredients of Famine Analysis：Availability and Entitlements Ingredients of Famine Analysis：Availability and Entitlements[J]. *The Quarterly Journal of Economics*，Vol. 96，No. 3(Aug.)：433 - 464.

Smith L. Obeid，A. Jensen. 2000. The geography and causes of food in security in developing countries[J]. *Agricultural Economics*：22.

Tang，Anthony M. 1982. China as a Factor in the World Food Situation[J]. *American Journal of Agricultural Economics*，Vol. 64，No. 2(May)：323 -331.

Tweeten，Luther. 1999. The Economics of Global Food Security[J]. *Review of Agricultural Economics*，Vol. 21，No. 2(Autumn - Winter)：473 -488.

Xu，Zhigang，Xu，Jintao，Deng，Xiangzheng，Huang，Jikun，Emi Uehida，Scott Rozelle. 2006. Grain for Green versus Grain：Conflict between Food Security and Conservation Set - Aside in China[J]. *World Development*，Vol. 34，Issue l，January：130 - 148.

Yu，Xiaohua，Abler，David. 2009. The Demand for Food Quality in Rural China[J]. *American Journal of Agricultural Economics*，Vol. 91，No. 1 (Feb.)：57 - 69.

Zhang，Bin，Carter，Colin A. 1997. Reforms，the Weather，and Productivity Growth in China's Grain Sector[J]. *American Journal of Agricultural Economics*，Vol. 79，No. 4(Nov.)：1266 - 1277.

图书在版编目（CIP）数据

大国粮食安全的底线思维：预警机制与实现路径 / 李文明著 .—北京：中国农业出版社，2014.11
ISBN 978-7-109-19021-4

Ⅰ.①大… Ⅱ.①李… Ⅲ.①粮食问题-经济预测-研究-中国 Ⅳ.F326.11

中国版本图书馆 CIP 数据核字(2014)第 059260 号

中国农业出版社出版
（北京市朝阳区麦子店街 18 号楼）
（邮政编码 100125）
责任编辑 姚 佳

北京中兴印刷有限公司印刷 新华书店北京发行所发行
2014 年 11 月第 1 版 2014 年 11 月北京第 1 次印刷

开本：720mm×960mm 1/16 印张：15.25
字数：225 千字
定价：35.00 元